法府拾穗

III

主编 冯 姣

浙江工商大学出版社 ZHEJIANG GONGSHANG UNIVERSITY PRESS | 杭州

图书在版编目(CIP)数据

　　法府拾穗. Ⅲ / 冯姣主编. —杭州：浙江工商大
学出版社，2019.4
　　ISBN 978-7-5178-3153-2

　　Ⅰ. ①法… Ⅱ. ①冯… Ⅲ. ①法学—文集 Ⅳ.
①D90−53

　　中国版本图书馆 CIP 数据核字(2019)第 029787 号

法府拾穗Ⅲ

FA FU SHI SUI Ⅲ

主编 冯　姣

责任编辑	刘淑娟　白小平
责任校对	饶晨鸣
封面设计	林朦朦
责任印制	包建辉
出版发行	浙江工商大学出版社
	（杭州市教工路 198 号　邮政编码 310012）
	（E-mail：zjgsupress@163.com）
	（网址：http://www.zjgsupress.com）
	电话：0571-88904980,88831806（传真）
排　版	杭州朝曦图文设计有限公司
印　刷	杭州恒力通印务有限公司
开　本	710mm×1000mm　1/16
印　张	14.25
字　数	252 千
版 印 次	2019 年 4 月第 1 版　2019 年 4 月第 1 次印刷
书　号	ISBN 978-7-5178-3153-2
定　价	50.00 元

实践教学成果编纂委员会

序

　　法律人才培养是一项富有挑战性的任务。为了适应我国法治发展的新常态，培养满足社会需求的高端复合应用型人才，从 2014 年 9 月起，我校从刚入学的新生中，按照"优中选优"的原则，每年选拔 30 名优秀学生组建非诉法律实验班，进行法学拔尖人才的培养试点，其目标是培养掌握基本诉讼技能，熟悉非诉业务类型与流程，具备从事非诉法律业务能力的高层次法律人才。

　　五年来，法学院对传统法学教育进行了全方位改革，充分依托学校财经特色资源，开设"经济学""会计学""财务管理"等课程，形成了一个既能满足社会对非诉专业法律人才特殊需求，又能充分利用学校优势资源的培养方案。

　　现在，法学院已经形成了非诉法律人才的"五个一培养机制"，即一份独立培养方案、一个独立的教学环境、一位实务导师、一月一场实务讲座（读书会）、一项课题研究。特别值得一提的是，凡实验班学生，在学校配备一位综合导师的基础上，又聘请了一位校外精通非诉业务的优秀律师担任实务导师。实务导师与校内综合导师一起指导学生的专业实习与实践，引领学生进行实务课题的探索与研究，整合校外的实务力量与校内的学术资源，能够更好地培养学生的实践能力。

　　实务导师的成功聘请离不开社会各界，特别是浙江浙联律师事务所的无私支持。实验班组建以来，实务导师团队为学生讲授课程、解答疑惑、指导实习。浙江浙联律师事务所还捐资 100 万元专门用于非诉实验班的人才培养，并与法学院联合组建律师学院，成为实验班人才培养的重要物质基础与组织形式。

　　非诉法律实验班运行以来，同学们精神状态昂扬，教学效果优异，取得了良好的效果，毕业生或考取中国政法大学、华东政法大学等高校的研究生，或在国家机关、商业银行、律师事务所等部门从事法务工作。作为法学教育的创新，非诉法律人才实验班已经在省内外引起了关注。2015 年 10 月 19 日，浙江教育报头版头条刊发《"卓越"引领"实务"为先——我省高校探索法学教育改革》的报道，其中我校非诉法律人才实验班就是创新重点内容之一。在全国法学教育研究会年会、全国财经高校法学教育论坛、上海法学教育研究会年会、浙江法学教育研究会年会上，非诉法律人才培养的理念与做法在同行中引起了强烈反响。

　　本书汇集了 2017 级非诉实验班同学的法学论述和实习体会。这些作品不仅记录了同学们学习中的知识沉淀、实践中的酸甜苦辣，也记载了各位实务导师对他们的殷切希望，还有法学院老师对他们的谆谆教诲。

　　在此，我衷心希望这本书能够成为同学们走向人生未来之路的一抹靓丽色彩，衷心感谢社会各界对浙江财经大学法学院，对非诉法律实验班的关心和支持。"丘山积卑而为高，江河合水而为大"，希望非诉法律实验班越办越好！

浙江财经大学副校长

2019 年 3 月

主编寄语

　　《法府拾穗Ⅲ》一书是浙江财经大学法学院 2017 级非诉法律实验班学生成果的汇编。考虑到丛书体例上的连贯性,本书内容依旧由"凤雏新声"和"律海初航"上下两编构成。"凤雏新声"主要收录学生的读书报告和学术论文;"律海初航"则是学生暑期在各大律所的实习感悟,其中包括了实务导师的"导师寄语"。

　　2017 年是我入职浙江财经大学的第一年。机缘巧合之下,我担任了 2017 级非诉法律实验班的班级导师。从学生到导师的身份转换,于我自身而言,是一个巨大的挑战。在一年多的时间里,在与学生的交流过程中,我明显感受到一些学生的焦虑、迷惘与不知所措,当然,也有不少学生的积极进取、乐观向上,给我留下了深刻印象。

　　这是一个特殊的时代。互联网、大数据、人工智能和云计算等的发展,已对现有的司法制度和法律职业造成了巨大冲击。英国的理查德·萨斯坎德教授曾在《法律人的明天会怎样?》一书中写道:作为法律人,我们确实需要解放思想,因为我们正处于史无前例的技术大变革时代。[1] 无论对于法律人抑或是在校的法科生,如何更好地把握信息技术带来的机遇及应对随之而来的挑战,是一个现实性的难题。

　　事实上,在各种场合,我传递给学生最多的信息就是不要浮躁,静心看书,扎实的专业功底是一个法律人立身之本。遗憾的是,不管基于自身的体会,还是基于与任课老师的交流,仍有部分学生,虽经一年多的法学训练,却始终徘徊于法的门前,迟迟不得要领。

---

　　[1]　[英]理查德·萨斯坎德:《法律人的明天会怎样?》,何广越译,北京大学出版社 2016 年版,第 22 页。

《法府拾穗Ⅲ》收录的文章都是学生对阶段性成果的记录；部分观点的论证，虽存在不尽完善之处，但都凝聚着他们独特的思考。希望在余下的大学时光里，他们能够借助非诉这个平台，取得更大的突破。

2017 级非诉法律实验班班级导师

冯　姣博士

2018 年 10 月

目　　录

上编　雏凤新声

上 编

雏凤新声

读伯尔曼《法律与宗教》有感

陈怀政

在我以往看过的有关法律的书中,许多作者都探讨了法律与社会的关系、法律与国家的关系、法律的本质、法律的原则、法的精神等一系列问题,但是我从来没有阅读过一本探讨法律与宗教关系的书。所以,当我发现伯尔曼所著的《法律与宗教》这本书时,就十分感兴趣。因为在我的认知中,法律与宗教的关系是我所掌握的法律知识中的一个死角,是我从来没有了解和涉猎过的领域,这无疑激发了我强烈的好奇心。同时,"宗教"这个词在我的印象里带有强烈的西方色彩,在西方历史的长河中,宗教的地位是稳固而不可撼动的,所以宗教和法律的关系在西方的历史演进过程中是有一定的体现的,而我正是想在这本书里去探索这种关系。

作者哈罗德·J.伯尔曼是当代美国最具影响力的法学家之一,是世界知名的比较法学家、国际法学家、法史学家、社会主义法专家,以及法律与宗教关系领域最著名的先驱人物。他对中国当代法学界也产生过重大影响,是中国法学界比较熟悉的外国法学家,他的法律名言是:"法律必须被信仰,否则它将形同虚设。"《法律与宗教》是哈罗德·J.伯尔曼写的一本历史书、哲学书,是他 1971 年在波士顿大学罗威尔神学讲座所做的一系列演讲的整合。这本书谈了法律,也谈了宗教,但不是流俗意义上的那种。在本书的译者前言里,本书译者梁治平指出:"哈罗德·J.伯尔曼的意图,似乎只是要为解决他的国家和人民正置身其中的冲突提供某种理论指导,然而体现的作者对问题把握之中的深邃的历史意识与不同寻常的哲学领悟力,却使这部小书具有了普遍意义。"①所以,从译者梁治平的观点中可以得知,《法律与宗教》的历史性和哲学性让这本书具有了普遍意义。同时,作者哈罗德·J.伯尔曼出生于 1918 年,作者的儿时正处于第一次世界大战的阴云下。这段时间标志着人类历史长河中的一次厄运,人类在

---

① 参见〔美〕伯尔曼:《法律与宗教》,梁治平译,中国政法大学出版社 2003 年版,第 1 页。

短短 40 年的时间里,经历了世界大战和全球性经济崩溃的打击,所以那是一个动乱飘摇的时期。在这段时间出生的哈罗德·J.伯尔曼,由于受儿时经验的影响,产生了"忧患意识"。哈罗德·J.伯尔曼所著的《法律与宗教》是一次有益的试验,其也在书中体现出了真知灼见。

在《法律与宗教》中,法律被看成用以解决纷争及通过权利、义务的分配创造合作纽带的程序,宗教则被界定为对于生活之终极意义和目的的集体关切和献身。它们代表了人类生活中两个基本的方面,法律意味着秩序,宗教就意味着信仰。哈罗德·J.伯尔曼所担心的是西方社会对法律与宗教的信仰的严重丧失,我认为这在《法律与宗教》一书中也有体现:没有法律,人们便无法维系当下的社会;没有宗教,人们则会失去信仰,无以面对未来的世界。整本书的主体内容分为四章,分别是:法律中的宗教、基督教对西方法律发展的影响、宗教中的法律,以及超越法律超越宗教。这四章分别从人类学的角度、历史学的角度、哲学的角度,以及末世学的角度来论述法律与宗教的关系。在我看来,现代法律是世俗化以及理性化的,它是客观的,不容许亵渎、侵犯的,同时,它也是国家为了贯彻特定的政治、经济以及社会政策而不可或缺的一种工具。在第一章"法律中的宗教"中,伯尔曼批判了法律的这一种世俗理性的模式,因为在这种模式之下,法律仅仅是用于诉诸人的理性和权衡利弊的,完全不考虑人感性的一面,类似激情、梦想、信念等。伯尔曼认为这无法解释他所认为的法律,也无法用这种理性的法律去阻止任何犯罪,即使这法律再严苛;相应地,伯尔曼认为这种理性的法律无法承载我们对正义的需求。在伯尔曼看来,法律不仅仅是一套规则,它应该是一项积极的人类活动,包含着人类所应有的激情信念。它需要理性,但也不仅仅需要理性,更应该是一种包含超越理性的存在。这就需要引入宗教了,众所周知,宗教可以看作是信仰的集合,而信仰正是人们对超越理性存在的一种追求,既像是一种对未来的期待,也像是一种激情、信念、梦想的糅合,宗教充满了人类的情感。伯尔曼指出,法律与宗教具有相同的要素:仪式、传统、权威和普遍性。所以法律并不是完全对立于宗教的,法律也应该包含着情感与信仰,承载着人类对正义的诉求,没有信仰的法律将退化为僵死的法条。以上是对法律中的宗教方面的论述,那宗教中又是如何体现出法律意义的呢?在第三章"宗教中的法律"中,伯尔曼提出,正如法律中存在着宗教要素一样,宗教中也存在着法律要素,任何一种宗教中都存在着对社会秩序和社会正义的关切。正是因为伯尔曼有这样的认知,所以他才批判了那些认为法律与爱、法律与感性中存在着不可调和的矛盾的观点。伯尔曼表示:"爱需要法律,法律乃是爱的仆从,通过创造爱得以繁盛的土壤来服务于爱。"①所以宗教并不排斥法律,因为任何教会都需要秩序和权威。在《法律与宗教》一书中,伯尔曼从"法律中的宗教"和"宗教中的法律"两个方面论述了法律与宗教的关系,其观点十分明确,文字富有激情且富有文采,能够让人产生情感共鸣;而且伯尔曼在书中的论述方式、思考方法都不缺历史性和哲学性,这本"小书"能够广为流传,正是因为即使作者伯尔曼所提出的观点并不适用于那些宗教信仰薄弱的地区和国家,但伯尔曼的思考方式是具有哲学性和历史性价值的。

阅读伯尔曼所著的《法律与宗教》,让我对法律的世俗理性模式有了一定的看法。在这种模式中,法律仅仅是一种治理社会的工具,就像一台复杂而庞大的机器,里面充满了设定的程序,繁杂僵化,只要往其中投入案件和法条就能产出结果,代表着理性的运算和机器的运转,无关信念和梦想。伯尔曼对这种理性模式的批判,我是认可的,当法律沦为工具,终有一天它会变成可有可无的摆设,这种模式贬低了法律的自身价值,也贬低了人的价值,好像人类只会权衡利弊,而没有情感和梦想。我认为法律应该拥有理性,但不应该在演化的过程中因为充满理性而完全僵化,因为人的情感和内心的认同也同等重要。我心中的法律应该是理性与感性并存的,它既拥有相应的程序,同时也要注入公平、正义的情感理念,这样它才具有力量。

---

① ［美］伯尔曼:《法律与宗教》,梁治平译,中国政法大学出版社 2003 年版,第 106—107 页。

"校园贷"乱象背后的法律分析与规制

陈婷婷

无须提交担保,无须审查任何资质,只要动手填一填表格,就可以贷到数额不小的款项,校园贷使没有任何收入来源的学生也可以轻松拥有"有钱任性花"的快感。校园贷所具有的便捷、高效和低门槛等特质,解决了一些无力承担学业费用的家庭的燃眉之急,满足了那些囊中羞涩却有着难以压抑的物质需求的大学生的消费欲。然而,近年来,校园贷却背离了受众对其解决大学生资金短缺困境的期望,反而让贷款学生不堪重负,在大学生荒废学习、生活混乱、价值观崩塌甚至放弃生命的过程中扮演着重要的角色。校园贷逐渐成为"校园害",屡屡被推上舆论的风口浪尖。2018 年上半年,400 多名大学生因借校园贷购高档手机,在贷款到期时声称校园贷属于非法放贷而拒绝还款被告上法庭,这一事件又不出意料地成了公众热议的话题,社会对于校园贷性质的质疑也不断发酵。

一、校园贷的产生背景与发展现状

(一)产生背景

1.学生信用卡的取消

2009 年 7 月,银监会出台《关于进一步规范信用卡业务的通知》,要求银行不得向未满 18 周岁的学生发放信用卡,向已满 18 周岁无固定工作、无稳定收入来源的学生发放信用卡时,须落实具备偿还能力的第二还款来源方,这大大提高了发放学生信用卡的门槛,以致各大银行逐渐取消这一业务,相继退出大学生信贷市场。

2.互联网金融的发展

技术与资金的结合,催生了互联网金融这一新兴产业,大学生信贷市场被银行抛弃后,获得互联网金融的关注。校园贷作为互联网金融的产物,依托其便捷、高效的优势进军大学校园。

3.学生消费市场的庞大

易观智库 2016 年 1 月的报告指出,2015 年,2600 多万名在校生以每人每年分期消费 5000 元估算,大学生的消费市场规模可高达千亿元,[1]加之大学生缺乏理性的消费观念,这一消费市场有着巨大潜力。校园贷在大学生信用卡被叫停后便乘"需"而入。

(二)发展现状

实际上,因为国家和学校针对家庭经济困难的学生都有相应的资助政策,以校园贷作为学费支出来缓解家庭经济压力的情况并不常见,较为普遍的是某些高利贷捕捉到了大学生追求物质、盲目攀比的不良消费观,在大学生消费市场的诱惑下,披着"校园贷"的外衣将魔爪伸向学生,通过"无抵押""放钱快""多分期"等方式引诱他们借款,借款到期后无力偿还便引导他们借新贷还旧债,利滚利产生巨大数额,让很多学生落入了"连环贷"的陷阱。"校园贷"逐渐暴露了"校园高利贷"的真实面目,成为众多校园悲剧的导火索。

虽然校园贷不断以一桩桩挑动社会敏感脆弱神经的负面事件刷新公众的厌恶度,但不可否认其仍处于迅速扩张期,而这一过程中产生的种种问题都亟待治理和规范。

二、校园贷的法律定性

近年来,校园贷因造成无数悲剧,以"校园杀手"的形象深入人心。但就在 2018 年上半年,校园贷以难得一见的弱势受害者角色将 400 多名大学生告上法庭。这 400 多名来自各地高校的大学生借校园贷后,多将贷款用于购买高档手机等电子产品,而贷款到期后,他们以校园贷违法为由拒绝还款。在法院开庭时,也没有一名学生出庭应诉,甚至对法官跨省调解不予理睬,仍声称国家打击高利贷、非法放贷,而校园贷属于非法放贷,所以他们的钱可以不用还。对于这一案件的真实情况暂且不表,但其引发的社会各界关于校园贷法律性质的讨论值得关注。校园贷违法?借后真的可以不还?

一般来说,校园贷就是在校学生通过针对大学生的网络贷款金融机构和平台在网上申请获得信用贷款的行为。校园贷所设立的是民间借贷法律关系,只不过其依托互联网,才与普通民间借贷关系有所不同。首先,大学生大多都是

---

[1]　郑春梅、贾珊珊:《国内外校园贷平台比较及规制分析》,《财经界》(学术版)2016 年第 17 期。

已满 18 周岁的成年人,具有民法意义上的民事行为能力,属于完全民事行为能力人,能够认识到自己贷款行为的法律性质和法律后果,能够控制自己的意志和行为,他们以真实意思表示设立的合法有效的民事法律关系受法律保护;其次,校园贷平台基本上都是非国有性质的金融机构,其运营资金为民间资本,具有明显的民营性,只要校园贷平台正规合法,在与大学生订立借贷合同过程中达成合意且不涉及裸贷、欺诈、胁迫等违法情节,那么借贷合同就有效,本金和法律规定范围内的利息受法律保护,双方也应按照约定履行相应的合同义务。

显然,正规的校园贷本身是合法的,借款学生负有按照借贷合同约定按时还清本金和利息的义务,否则,需要承担违约责任。然而这只是理想状态,实际生活中的校园贷十分复杂,往往处处是陷阱。

(一)陷阱一:提前扣除手续费、部分利息

许多校园贷平台在与借款大学生签订借贷合同时,要求在贷款本金中先提前扣除手续费、服务费等额外费用以及部分利息,如果学生不同意,就不放贷,甚至以胁迫方式强行扣除,而在之后逾期利息的计算中,仍按照扣除前的数额计算本金。例如,校园贷平台放贷 1 万元,约定每月利息 10%,一个月到期还款,从中扣除手续费 1000 元、首月利息 1000 元,大学生实际到手金额只有8000 元,但如果逾期未还,对方仍然按照本金 1 万元计算利息。

根据《合同法》第二百条,借款的利息不得预先在本金中扣除,利息预先在本金中扣除的,应当按照实际借款数额返还借款并计算利息。同时《最高人民法院关于审理民间借贷案件适用法律若干问题的规定》第二十七条规定:"借据、收据、欠条等债权凭证载明的借款金额,一般认定为本金。预先在本金中扣除利息的,人民法院应当将实际出借的金额认定为本金。"因此,所有提前扣除的利息或手续费等费用都不计算在本金范围内,在实际偿还时,学生完全有权要求按照实际借到的金额计算本金。

(二)陷阱二:暗藏高额违约金、滞纳金

在各种隐形费用的压迫下,借款大学生还难逃逾期赔上翻倍违约金、滞纳金的后果。虽然各个平台收取的违约金不尽相同,但都高得离谱,一些平台每天会收取逾期未还款项的 0.5%—1% 作为违约金,个别甚至高达 8%。[①] 而在学生前期咨询时,平台一般都不会将这些重要信息明确告知。收取高额利息后,再要求高额违约金并不合理,但这成为一些校园贷平台牟取利润的重要方

---

① 邓雁玲、杨亚强:"'校园贷'的犯罪风险及防范对策",《浙江警察学院学报》2017 年第 5 期。

式之一。

《最高人民法院关于审理民间借贷案件适用法律若干问题的规定》第三十条规定："出借人与借款人既约定了逾期利率,又约定了违约金或者其他费用,出借人可以选择主张逾期利息、违约金或者其他费用,也可以一并主张,但总计超过年利率的 24％的部分,人民法院不予支持。"因此,不管双方在借贷合同中约定了多少数额的违约金、滞纳金,只要这些费用与逾期利息相加,总计超过年利率的 24％,借款大学生就可以拒绝支付超过部分的金额。

(三)陷阱三:利息计算方式复杂,实际利率远超标准

校园贷打着"零利率""零首付"的幌子引诱大学生贷款,虚假宣传后又隐瞒利息以及其他收费项目的实际计算标准和计算方式。大学生们享受完肆意挥霍的快感后,面临的是在不知不觉中累积的巨额欠款,其中一部分是"利滚利"而来的高额利息,另一部分则是为了掩人耳目而被精心包装成各种服务费的隐形利息。而这些骗术是涉世未深、急于借款的大学生们始料未及的。

《最高人民法院关于审理民间借贷案件适用法律若干问题的规定》第二十八条规定:"借贷双方对前期借款本息结算后将利息计入后期借款本金并重新出具债权凭证,如果前期利率没有超过年利率 24％,重新出具的债权凭证载明的金额可认定为后期借款本金;超过部分的利息不能计入后期借款本金。约定的利率超过年利率 24％,当事人主张超过部分的利息不能计入后期借款本金的,人民法院应予支持。按前款计算,借款人在借款期间届满后应当支付的本息之和,不能超过最初借款本金与以最初借款本金为基数,以年利率 24％计算的整个借款期间的利息之和。出借人请求借款人支付超过部分的,人民法院不予支持。"因此,不论非法校园贷约定的利率标准和利息计算方式如何,只要利率标准超过年利率 24％,超过月利率 2％,超过周利率 0.46％,超过日利率0.065％,就算是出借人起诉,借款人也有权拒绝偿还超过的利息部分。

三、校园贷疯狂扩张的违法犯罪风险分析

(一)暴力催收

从关于校园贷的新闻报道来看,比贷款本身的高利率更可怕的,是一些校园贷平台的催款方式。如果平台合法合规,面对借款学生不能按期还款的情况,按照正常的法律程序,应告知放贷者(即投资者)无法收回欠款的情况,由放贷者向法院起诉逾期未能归还欠款的借款者,胜诉之后再申请法院强制执行,依靠法律武器来维护自己的合法权益,追回全部或部分欠款。这样的合法追讨

方式不会存在让大学生的父母代为偿还的问题,也不会威胁到借款者的人身自由和生命安全,更不至于出现大学生被逼至穷途末路而选择自杀的惨剧。

但实际上,一些校园贷平台为了催讨欠款,并不会诉诸司法,而是选择暴力催收,甚至可以说是"无所不用其极"。他们采取的催款方式包括各种骚扰、胁迫、跟踪、盯梢、非法拘禁甚至还有某些更加极端的手段,对借款者的人身自由与身心健康造成了严重影响,迫使借款者不得不听从催款者看似周全的建议,举新债还旧债来"平账"。可是这也并不是想象中的宽限和出路,只是走投无路者暂时的岔口,最终要面对的是经历"被催债后借款还债,又被催债"的死循环后的绝望。上述种种暴力催收的方式,已经超出合法范围,甚至有极大的涉黑犯罪风险。

1.危害人身安全

一些借款大学生在贷款逾期后,就会不断收到诸如"还想不想活命""送你上天"的威胁短信,这严重影响了他们的正常生活,使他们日夜不安。更为恐怖的是,若索要欠款未果,校园贷平台就会将这些言语威胁付诸行动,有的直接手持铁棍、木棒上门逼债,也有的雇用艾滋病团队协助讨债,甚至还有光明正大绑架借款者并进行毒打的。

【相关案例】

杭州经济技术开发区法院2017年审理了一起因大学生无力偿还高利息"校园贷"而导致的非法拘禁案。在杭大学生杨某,被涉事借款中介4人连续非法拘禁将近一周,其间多次遭遇殴打。4名参与非法拘禁及殴打杨某的被告人被该院一审以非法拘禁罪分别判处有期徒刑一年零一个月到一年零四个月不等的刑罚。

在催债过程中,采取暴力方式进行殴打、辱骂,扰乱社会公共秩序的,可能构成寻衅滋事罪;故意伤害借款人身体,造成一定后果的,可能构成故意伤害罪;以拘押、禁闭或者其他强制方法,非法剥夺借款人人身自由的,可能构成非法拘禁罪,具有殴打、侮辱情节的,从重处罚。

2.侵犯人格尊严

催讨欠款者除了实施人身威胁和伤害之外,对借款学生进行精神压迫也是他们的常用手段。由于放贷时学生被要求提供照片、身份证和家属的电话号码等信息作为贷款所需的个人资料,一旦学生无法如期还款,这些掌握在放贷方手中的信息便成了逼迫还款的筹码。催讨者先以发布这些个人信息要挟学生,然后想方设法骚扰学生家长、朋友、师长等,若无作用,就毫不犹豫地公布这些信息,更为狂妄的是,他们还会在微博、学生所在的学校贴吧等社交平台发布类似该学生"品格低劣""私生活混乱不堪"等污秽的不实信息,进行侮辱、诽谤,破坏其名誉和形象。有些学生自尊心较强、心理素质较差,就容易被这种损害个人名誉的违法行为攻破心理防线,以致走向极端。

催讨者未经同意擅自公布借款学生的肖像、身份证号码、家庭住址等个人信息,侵犯了借款学生的隐私权;在社交平台发布不实信息,进行侮辱、诽谤,侵犯了借款学生的名誉权,情节严重的可能构成侮辱罪、诽谤罪。

(二)裸条贷款

在被视为毒害千万学子的众多校园贷中,裸条贷款可以说是最令人闻之色变的一种。裸条贷款,简称"裸贷",是指女大学生向校园贷平台申请贷款时,以本人的裸照作为抵押,替代借条,一旦借款人逾期无法还款,平台就以公布其裸照并与其父母联系作为要挟进行逼债。而这种"裸贷"一时盛行,甚至已经成为公开的秘密,2016 年的"裸贷风波"曝光了校园贷的乌烟瘴气,也曝光了"裸贷"所形成的灰色产业链——逾期未还款就公布裸照,需要面对的是裸照被发布至社交网站叫卖的后果和放贷人要求"肉偿"的威胁。"裸条"无疑已成为女大学生的卖身契。

作为校园贷中一种异化的民间借贷行为,裸条贷款极易触碰法律的红线。

裸照不能作为合法的质押物来担保债权的实现,放贷人公开借款人的裸照属于违法行为。《中华人民共和国担保法》第二条规定:"在借贷、买卖、货物运输、加工承揽等经济活动中,债权人需要以担保方式保障其债权实现的,可以依照本法规定设定担保。本法规定的担保方式为保证、抵押、质押、留置和定金。"而裸照涉及个人隐私,不能作为担保物来保证债务的履行,债权人即放贷人也无权在借款人无法履行债务时,公开借款人的裸照。因此,放贷人以在网上公布借款人裸照来胁迫还款,以及要求"肉偿"的行为往往涉及刑事犯罪:

1.涉嫌敲诈勒索罪

对于逾期未能还款的借款人,放贷人以公布其裸照或视频为威胁,这一行为符合敲诈勒索罪的客观要件;敲诈勒索罪作为一种侵犯财产罪,其主观要件——非法占有他人财物的目的不可或缺。因此在此类校园贷案件中,如果威胁仅仅是针对返还本就合法的本金,尚不能构成敲诈勒索罪;当索还包括了本金和超出法律保护的高额利息部分,并且非法高息部分达到入罪数额,情节严重的,就构成了敲诈勒索罪。

2.涉嫌传播淫秽物品罪和传播淫秽物品牟利罪

一旦裸照被公布,公布者、出售者、转手者、传播者都涉嫌传播淫秽物品罪。

此时判断是否构成该罪的主要标准是情节是否严重,即看他们传播的数量,比如,看被发布到网上的淫秽视频、照片等的点击率和阅读量。当这些参与者以牟利为目的,且实际获利达到一定数额,情节严重的,就构成传播淫秽物品牟利罪。

3.涉嫌侮辱罪

放贷人将受害的女大学生裸照或视频放到网上的行为,足以造成贬损他人人格、破坏他人名誉之后果,属于侵犯借款人名誉权的行为,应当承担民事侵权责任,情节严重的,可以构成侮辱罪。

严格来说,并不是所有的民间借贷都被法律承认并受法律保护。《民法总则》第八条规定,民事主体从事民事活动,不得违反法律,不得违背公序良俗;《最高人民法院关于审理民间借贷案件适用法律若干问题的规定》第十四条更是明确指出违背社会公序良俗的民间借贷合同无效。显然,裸条借贷违背了公序良俗原则,通过此种方法签订的合同应属无效合同,对双方都没有法律约束力。

(三)泄露个人信息

虽然校园贷都以"动动手指,马上放款"的零手续申请方式作为噱头,但是实际借贷过程中,还是需要借款人提供照片、身份证、联系方式等个人信息。然而,由于金融网贷行业监管缺失、准入门槛低,部分校园贷平台只顾疯狂抢占市场,而对运营系统漏洞百出、内部管理制度不够完善的情况不管不顾,因此常常不可避免地造成借款人个人信息的泄露。

然而,也有不少具备成熟信息管控能力的平台以此为由,掩盖其出售借款人个人信息的故意性,无视国家关于公民个人信息保护的法律规定,将所收集掌握的公民个人信息出售或非法提供给他人。此类非法行为情节严重的,可构成侵犯公民个人信息罪。

四、"失控"校园贷的法律规制

互联网金融作为新兴领域,以技术与资金相结合所特有的"低交易成本"和"高运转效率"博得了市场经济的青睐,为众多小微企业融资创业提供了动力,提高了实体经济的活力,激发了传统银行业的创造力,从而赢得了蓬勃发展的空间。而任何新生事物都需要法律及时跟进、保驾护航,校园贷也不例外。对于校园贷,不能忽视其在鼓励大学生创新创业中起到的积极作用,不能采取"一刀切"的方法全盘否定。应对野蛮扩张的校园贷,不只需要大学生树立正确的消费观、学校加强有效的引导和管理,用法律红线矫治畸形校园贷也应该成为社会共识。

校园贷作为一种民间借贷方式,在我国现行的《民法总则》《合同法》《侵权责任法》和《刑法》等部门法中也能找到规制其风险的一般性法理依据。但校园贷是一种新兴的民间借贷方式,与传统的民间借贷方式相比,其具有借款对象特殊、扩展速度快、潜在危害大等特点,因此对其风险的规制仅靠上述一般法的规定,显然是不够的,[①]还需要有针对性地对其进行规范。当然,校园贷兴起发展以来,我国各地也已有相关规制措施出台,但是作为区域规定,还是无法避免地方性、短期性的局限,各金融协会的"通知"也缺乏强制力。因此,我国出台规范校园贷的法律法规迫在眉睫,以期建立和完善校园贷法律规制体系。

针对校园贷行业现存的法律问题,制定相关政策和规范需要重点关注并解决以下几点内容:

(一)建立和完善市场准入机制

校园贷属于一种金融服务,金融行业的风险性决定了其建立和完善市场准入机制的必要性。从这一行业的组成结构来看,校园贷需要兼顾平台和人员的准入机制建设。

1. 校园贷平台准入机制

在《公司法》不断降低设立公司条件的背景下,校园贷等网贷公司成堆出现,造成了良莠不齐、难以管控的混乱局面。因此,必须提高校园贷行业的准入门槛,做好源头性"过滤"。这需要由有关部门制定统一的校园贷平台准入标准,然后由金融监管机关按照这一标准对申请设立的金融机构和平台加强资质审查,进行严格的调研和评估,对符合准入标准、审核通过的,出具证明准予其办理相关手续,支持其开展校园贷业务。同时,对允许其开展的业务范围也需要做出限制,严厉打击裸贷业务。

2. 校园贷从业人员准入机制

校园贷平台的工作人员没有严格的资质要求,往往就由一些中介人员招揽客户。更为普遍的是,为了挖掘更多客户,扩大市场,在校大学生常被招募成为校园代理人。利用这些大多任学生干部的校园代理人所拥有的宣传力和影响力,校园贷收获了源源不断的客源。但不论是中介还是学生,都缺乏必备的金融知识和法律知识,面对自我保护意识淡薄的大学生客户,他们只会极力推销,没有尽到风险告知义务。因此,校园贷从业人员必须接受专业的培训,考核通过才可从业,对聘用不合标准的工作人员的平台要进行处罚。

---

① 孙结才:《"校园贷"风险法律规制探究》,《怀化学院学报》2017年第1期。

(二)加强平台运营的监管力度

1.监管平台自身建设

风控对于平台和客户都是最重要的保护伞。校园贷以互联网为媒介,风控难度比传统金融服务大大增强,因此校园贷平台成立以后,必须要求其不断提高风控能力,并由相关机构进行审查和监管。同时,不能忽略大数据时代下数据和信息的重要价值,监督平台必须建立规章制度来规范内部人员的行为,并严格管控和保护借款人员信息。

要求平台对其校园贷产品的推广策略、利息标准、收费项目等产品信息做出详细报告,交由相关机构审查,严厉打击变相高利贷、套路贷,审查通过的允许上市,并向客户公开产品信息报告,不得隐瞒重要信息,尊重客户的知情权和选择权。

2.要求建立审核程序

校园贷为了抢占市场、牟取利润,争相压低借贷门槛,让大学生轻而易举地想借就借,而对风险状况和还款能力都不做考虑,这无疑是校园贷引起众多校园惨案的原因之一。因此,必须以法律法规对校园贷做出建立审核程序的要求。校园贷放贷前,要对借款学生进行信用信息查询、贷款记录调查以及偿还能力评估,必要时可以要求借款学生出具父母愿意代其还款的证明。审核流程由金融监管机构负责监督和规范,对不严格审核借款人信息的平台做出相应处罚。

3.严格规范催收方式

针对校园贷中违法犯罪高发的暴力催收问题,法律法规应规定一定的宽限期,宽限期过后仍未还款的,允许进行催收,但应对催收行为严加管制,并由相关部门先引导双方进行协商,协商不成则走法律程序。不得采用暴力手段催收,不得进行电话短信轰炸、人身攻击、泄漏个人信息等,并设置相应的投诉制度,支持借款人维护自身合法权益,对非法催收的平台可以采取暂停其开展业务的措施。

(三)明确借贷纠纷的解决路径

目前,校园贷发生借贷纠纷时,多是借贷双方私下解决,先行协商值得支持,但是也容易出现协商不成、动用非法手段的情况。借贷纠纷的解决亟待规范,相关法律法规应明确规定合法有效的解决路径。

从现实情况来看,校园贷纠纷可能的解决方法包括协商、调解、投诉、仲裁、诉讼等,诉讼作为最后一道防线,虽然可靠,但时间线长、程序复杂,其他的解决方法在某些情况下,也都不尽人意。校园贷不同于传统金融行业,作为互联网金融的产物,具有网络化特点,因此,同样依托互联网的在线纠纷解决方式或为最佳选择。法律可对在线调解、在线投诉等网站的建立和规范做出具体规定。

五、结　语

　　互联网金融迅猛发展,也获得了国家和政府的鼓励和支持,而其最终目标是发展"普惠金融"。但从目前的市场环境来看,要实现这一目标,任重而道远。在 2016 年全国两会的政府工作报告中,"规范发展互联网金融"被列入 2016 年重点工作,从此,互联网金融行业进入监管时代。作为互联网金融的一支"特种兵",校园贷存在着诸多问题,缺乏监管和整治。本文从校园贷乱象丛生的复杂现状出发,对校园贷进行法律定性,对其野蛮发展过程中的违法犯罪风险进行法律分析,并针对现存矛盾,从建立和完善市场准入机制、加强平台运营的监管力度、明确借贷纠纷的解决路径即从三个方面对法律规制方法提出建议,希望能以法律思维和法治方式促进校园贷加强行业自律,规范运营,推动互联网金融有序、健康发展。

价值位阶原则下的利益衡量与法内容情

——《我不是药神》的法律思考

樊雪平

今天的我不断提醒自己需要减肥,同时今天的我遇到了美食又垂涎欲滴。那如果今天的我选择了减肥而不去理会眼前的美食,我想我在减肥的道路上又前进了一步;如果今天的我选择了美食而将减肥置之一旁不管不顾,那今天的我能感受到美食入口的那一瞬间及消化过程中短暂延续的美味与肚腩上的满足。美食与减肥,该如何做出选择? 我犹豫不决。美食与减肥之间的冲突,所代表的是个体对于生活资料的需求与个体对于体形纤细的追求之间的冲突。但是这时候,肚子传来了"咕"的一声,我知道我已经一天没吃饭了,如果再不吃饭,会对我的身体造成伤害。最终我选择了美食。内心选择的过程,美食与减肥较量、博弈的过程,正是我内心对于这两者价值重要性大小的确信过程。价值重要性大小指的是给价值做排序。产生于日常生活中的价值冲突,在客观事实中即可简易形成自我对价值排序的内心确信。在法律中对价值重要性的排序以及取舍,属于法的价值原则中价值位阶原则的体现。

那么当我们在面对司法过程中所产生的价值冲突时该如何选择? 2018 年暑期热映的一部国产电影《我不是药神》引发了一系列大众对于法内容情以及刑事司法应有的价值观的思考。电影中的故事取材于真实故事。主人公原型陆勇被确诊为慢粒白血病,吃了两年的瑞士药格列卫,足足花了 56.4 万元,这是天价的救命药,寻常人家无法负担的救命药再吃下去只能是家破人亡。可是如果断了药,结果只会是不断承受折磨与痛苦的生命的消逝。偶然间陆勇得知了印度的仿制药与瑞士药药效大致相同,价格将近是瑞士药的 1/20。他去印度购买并使用后感觉疗效不错,于是在互联网群内告知同他一起的病友并帮助病友代购。

可是根据我国的现行法律,《中华人民共和国药品管理法》第三十九条规定,药品进口须经国务院药品监督管理部门组织审查,经审查确认符合质量标准、安全有效的,方可批准进口,并发给进口药品注册证书;《药品管理法》第四十八条规定,禁止生产、销售假药。依照本法必须批准而未经批准生产、进口,或者依照本法必须检验而未经检验即销售的,为假药。陆勇所使用并帮病友代购的印度药虽然在印度是属于合法药品且药效较好,但是未经国家批准而进口,未经临床检验,属于假药之列。与此同时,刑法第一百四十一条规定了生产、销售假药罪,即生产、销售假药的,处 3 年以下有期徒刑或者拘役,并处罚金;本条所称假药,是指依照《中华人民共和国药品管理法》的规定属于假药和按假药处理的药品、非药品。

要么吃印度药,要么家破人亡;要么触犯国法,要么渐渐失去生命。在活着与遵守国家秩序的冲突下,陆勇选择了活着。除却价值位阶原则,从刑法中的期待可能性来说,我想选择活着也是于情于理的无奈之举罢了。后来陆勇还是因"涉嫌妨害信用卡管理罪和销售假药罪"被捕,在看守所里待了 135 天,面临被起诉审判的制裁。陆勇曾经帮助过的 300 多名病友得知后,联名书信请求法院免于对陆勇的刑事处罚。

湖南高检最终对陆勇做出了不起诉的判决。不起诉决定书中写道,如果认定陆勇的行为构成犯罪,将背离刑事司法应有的价值观。在面对众多病友的生命健康法益与国家的药品监管秩序法益的冲突时,检察官权衡法益价值,最终认定病友的生命健康法益高于国家对于药品市场的监管秩序。当自由与秩序发生冲突的时候,个体的生命健全是自由的基础与保障,是为自由。国家对于进口药品的严格管理,须经严格的临床试验和许可,是为药品监管秩序。自由与秩序的冲突是法的价值冲突中不可避免的冲突,一般情况下自由的价值位阶要高于秩序的价值位阶,即保护多数病友的生命健康法益要优先于保护国家药品监管秩序。

这种冲突为何在时下的中国仍然如此尖锐?社会体制与经济发展中带来的多重因素与此有关。我国为加入 WTO 做准备时,整体拔高了专利法的水平,甚至可以说是超前保护,为了国民经济的快速发展,符合西方国家的严格标准,这也是不得已之举;但是加入世贸组织后,我国对于强制许可的规定做出了很大的限制,即国家在紧急情况下,可以允许违反对专利保护的药品的制造与使用的规定。然而,这些年我国对于药品的强制许可没有做出限制,同时只在一些传染病药品领域设定了强制许可机制,强制许可或成为一道摆设。而隔壁印度在加入 WTO 后陆续做出了多次强制许可,所以单就格列卫这一种药品来说,价格就比我们国家市场上所销售的同类药物价格低很多。陆勇案最终被湖南高检做出了不起诉决定,对于陆勇的行为不认定为销售,而只是作为购买的帮助行为。可是对于这种不但没有给患者带来身体上的损害反而有着实在的疗效的救命药是否属于假药这一点,相似的判例中还存在很多遗憾。在多数案例中,行为人只要在中间加收了一些费用,最终就被评定为销售假药罪并且受到了刑事处罚,而不管这种药给患者带来的是身体损害还是十足的疗效。如何改变这种现状?陆勇案绝对不该只是个案平衡原则的体现。销售假药罪在刑法中被归类为侵犯社会主义市场经济秩序法益的犯罪,此罪所侵犯的法益是国家对药品的管理秩序。同时此罪属于抽象危险犯,刑法传统理论认为是行为犯,只要行为人所实施的行为被认定是销售假药的行为,即使未产生足以造成人体严重损害的危险以及未造成实害结果,也会受到刑法的制裁。这样的话,只要满足了销售这一行为,同时符合《药品管理法》中对于假药的认定,那么行为人就会被评定为销售假药罪。这种做法即是将刑法对于假药的认定无条件、无差别地适用于行政管理中对于假药的认定,这种做法的缺点在其他相似的适用中均有所体现,如:将刑法中所保护的野生动植物适用于行政管理中未及时更新的濒危保护物种的名单所导致的罪刑不适应的结果,将枪支管理中的枪支完全照搬公安部等对于枪支的认定以至于将公园里的老奶奶经营气球摊的行为认定为非法持有枪支。销售假药罪是抽象危险犯,不能仅依传统观点来判定,抽象危险不代表不需要产生危险即可定罪,所以对于假药的认定除了需要参照行政管理中的规定,同时也应考虑药品的现实药效价值及对人体的损益程度,综合考量后,才能认定其是否为假药。

面对价值冲突,利益衡量,以价值位阶原则为中心从而使内心确信。

自由、正义、秩序,这是法律所维护的价值。当不同的利益需求触碰相撞时,在保护较重法益的时候做到最小损害,公平公正。所以我们说,法律是一台天平、一杆秤,这杆秤应是把科学理智同时又不失情趣的秤。

邓小平民族工作思想的启示

唐 勇 胡昕瑜

国家主席习近平同志在 2018 年的新年贺词中提到：改革开放是当代中国发展进步的必由之路，是实现中国梦的必由之路。我们要以庆祝改革开放 40 周年为契机，逢山开路，遇水架桥，将改革进行到底。2018 年 3 月 11 日党的第十三届全国人大一次会议通过宪法修正案，第三十三条和第三十五条修正案将宪法序言中关于国家"革命和建设"的表述修改为"革命、建设、改革"，更是进一步强调了改革开放对中国发展的历史意义以及在新时代全面深化改革的坚定决心。改革开放总设计师邓小平同志针对少数民族和民族地区开展各项工作所做的讲话和部署，在实现"两个一百年"奋斗目标的实践中依然具有指导意义。

一、民族工作的中心环节是团结问题

依据法律团结各族人民是我党民族工作的宝贵经验。在 1949 年中华人民共和国成立之时，《中国人民政治协商会议共同纲领》（简称《共同纲领》）发挥临时宪法的作用，成为党和国家制定政策、检查工作、讨论问题的准则。《共同纲领》第五十条确立国家民族关系原则，即各民族一律平等，实行团结互助。1950年，邓小平在中央人民政府委员会第六次会议上报告西南工作情况时指出西南少数民族工作极端重要；而工作的基本思路是本着人民政协《共同纲领》，团结各民族共同建设西南，巩固国防；主要的工作方法是开各界人民代表会议和农民代表会议。在中华人民共和国民族法制和政策的初创时期，邓小平对民族工作已经有了深刻的认识。第一，民族工作是党和国家各项事业的有机组成部分，其地位极端重要。因为我国是一个多民族国家，无论开展什么工作，归根结底就是做"人的工作"，人的民族身份和民族认同是绕不开的。只有处理好民族关系，才能确保各项事业的顺利推进。第二，民族工作的思路是依据法律团结建设。依法为工作设定轨道，工作过程就具有规范性，工作成果也就有了预见性。《共同纲领》是当时的根本法,民族工作就依据《共同纲领》来开展;团结为工作注入动力,国家事业和社会事务关乎每个民族成员的利益,通过民族团结调动各族人民的积极性,才能保证工作的效率;团结的目的在于搞建设而不是斗争,把民族地区的政治经济建设好,反过来进一步加强民族团结。第三,主要的工作方式是发扬民主,运用各界人民代表会议,听取各民族的意见,照顾各族人民利益。在西南民族学院开学典礼上,邓小平强调,有了民族团结,才可以谈到国家强盛、国防巩固、经济繁荣、人民生活改善。1952年,他在西南军政委员会会议上的讲话中明确提出,现在民族工作的中心环节是团结问题,不是所谓"阶级斗争"。

西南地区的减租、退押和土改,是邓小平坚持民族团结所开展的一项具体工作。1950年,邓小平给中共中央的报告中提出民族杂居地区的土改必须具备两个条件:其一,认真实行了区域自治或联合政府;其二,必须是少数民族人民大多数赞成,自己举手通过。关于土改前的减租、退押,对少数民族的工作方法也有两条:其一,广泛运用民族代表会议的形式,去团结教育和争取少数民族,调解民族间的纠纷;其二,在地区专署和县政府两级设委员会,容纳少数民族代表参加具体工作。团结建立在尊重的基础上,各民族相互尊重,尤其是重视少数民族的具体要求,邀请少数民族的代表参与决策并参加工作,这样的民族团结才是真实的。依据《共同纲领》的基本精神,在民族杂居地区建立的民族民主联合政府,保障了少数民族在地方政权中的平等权利,为随后的自治州、自治县和民族乡的政权建设积累了经验。

2018年3月,十三届全国人大一次会议通过宪法修正案,将"中华民族伟大复兴"作为国家目标写入序言,为加强民族团结,筑牢中华民族共同体意识,提供根本法依据。宪法将民族团结与国家统一结合起来,中华人民共和国是56个民族统一于中华民族这个大家庭的互相依存的命运共同体和法律共同体。同时,宪法统帅国家的法律体系,《教育法》《教师法》《公务员法》等多部法律从作为义务的角度规定了促进民族团结的内容,《治安管理处罚法》《反恐怖主义法》《刑法》等多部法律从不作为义务的角度禁止煽动民族仇恨、民族歧视,这些条款的上位法依据就是宪法对平等团结互助和谐民族关系的规定。在新时代,民族团结依然是民族工作的中心环节,并将通过依法治理民族事务得以实现。

二、发展民族地区是体现社会主义优越性的需要

中国共产党领导全国各族人民经过长期的革命、建设和改革,确立社会主义基本制度,推进社会主义建设。1990年,邓小平在同几位中央负责同志谈话

时指出:社会主义最大的优越性就是共同富裕,这是体现社会主义本质的一个东西。因此,发展民族地区、实现各民族共同富裕是社会主义制度的本质要求。

在不同时期,邓小平对民族事务的安排和部署始终没有脱离民族地区的发展和少数民族的富裕的标准。1952年,邓小平在西南军政委员会民族事务委员会第三次全体会议上讲了一个朴素的道理:各族人民摆脱奴役歧视,实现当家做主,这是不够的。"如果过去吃不到盐,现在还是吃不到盐;过去穿不上衣,现在还是穿不上衣;过去吃不饱,现在还是吃不饱,这个国家究竟可爱不可爱呢?还是值得怀疑的。所以,我们一方面要从政治上坚决实行民族区域自治和民族民主联合政府,而更重要更根本的问题,是要使各兄弟民族人民的经济生活一天天好起来。"①这是民族地区实行"两手抓"的工作思路,一手抓政治建设,实行民族平等,维护民族团结;一手抓经济建设,发展农业和工商业,改善人民生活。1961年,邓小平在主持中共中央书记处会议听取西藏工作问题汇报时指出:"政策要让农民富起来","农民富要放在一家一家上,不要放在一团一团上,包括牧区,要一家一家算"。② 这个要求与当下精准扶贫的思路是一致的,社会主义的共同富裕,不仅是各民族之间的共同富裕,还应当精确到各家庭之间的共同富裕。1987年,邓小平会见美国前总统卡特,谈到西藏问题时指出:"我们帮助少数民族地区发展的政策是坚定不移的","不仅西藏,其他少数民族地区也一样。我们的政策是着眼于把这些地区发展起来"。1992年,邓小平发表著名的南方谈话,社会主义建设经验正在日益积累,而社会主义达到共同富裕的本质始终不变。

改革开放之后,我国社会主义现代化建设朝着"三步走"的战略目标,提前实现人民温饱和总体小康。在这个基础上,要实现"两个一百年"的奋斗目标。从十九大到2020年是全面建成小康社会的决胜期,也是发展民族地区、"不让一个民族掉队"的关键时期。2018年国务院政府工作报告强调继续加强对民族地区、人口较少民族发展的支持。发展是硬道理,促进全国各族人民的共同繁荣,既是党对人民的庄严承诺,又是宪法确立的国家义务。

三、实行正确的民族政策必须尊重少数民族宗教信仰自由

"五四宪法"规定公民有宗教信仰的自由,并为"七五宪法""七八宪法"和"八二宪法"所延续和保留。邓小平在处理民族事务时体现了对少数民族宗教信仰自由的尊重。1950年,邓小平为中共中央西南局起草电报,确定和平进军

---

① 《邓小平文集(一九四九——一九七四年)》(上卷),人民出版社2014年版,第348页。
② 同①,第67页。

西藏谈判基础的十条条件,其中第四条是"实行宗教自由,保护喇嘛寺庙,尊重西藏人民的宗教信仰和风俗习惯"。1979 年,邓小平在同英国知名人士代表团的谈话中指出:"宗教信仰自由涉及到民族政策,特别是我们中国,一般都是少数民族在宗教信仰方面问题最多。我们要实行正确的民族政策,必须实行宗教信仰自由。"①1980 年在同班禅额尔德尼·确吉坚赞的谈话中强调:"对于宗教,不能用行政命令的办法","宗教方面也不能搞狂热,否则同社会主义,同人民的利益相违背"。②

国家维护民族团结,既要筑牢中华民族共同体意识,又要尊重各族人民对本民族的认同,而宗教信仰是民族认同的一个重要元素。同时,宗教信仰自由是联合国承认并保护的一项基本人权。国务院新修订的《宗教事务条例》已于 2018 年 2 月 1 日起开始施行,这是依法处理宗教事务、保护少数民族宗教信仰自由的行政法规。条例确立了宗教事务管理坚持保护合法、制止非法、遏制极端、抵御渗透、打击犯罪的原则,为依法开展民族工作提供宗教事务领域的制度保障。宗教信仰的现象在社会主义初级阶段仍将长期存在,少数民族宗教信仰自由依然是制定民族法律、实施民族政策、开展民族工作时应当予以尊重和保护的权利。

---

① 李资源等:《中国共产党少数民族文化建设研究》,人民出版社 2011 年版,第 98 页。
② 《邓小平思想年谱》,中央文献出版社 1988 年版,第 167 页。

让暴力犯罪止于萌芽

——读《创新社会管理视角下的青年学生暴力犯罪预防机制研究》有感

黄雪倩

近年来,我国青年学生暴力犯罪问题愈发引人瞩目。2000 年以前的青少年暴力犯罪不甚严重,而 2004 年云南大学马加爵事件曾一度引起轩然大波,也激发了社会对于青少年学生暴力犯罪问题的广泛研究和思考。

《创新社会管理视角下的青年学生暴力犯罪预防机制研究》一书采用内容分析法,即通过选择新闻媒体报道的有代表性的大学生极端暴力犯罪案例组成随机样本,经过对新闻报道的编码和统计来定量描述和概括,深刻探究了青年学生暴力犯罪的根源和预防措施。作者提出了"暴力犯罪系统预防控制链"的概念,将"当下预防"和"早期预防"有机结合,对社会实践具有较大的借鉴意义。书中摘取了不少社会热点案例,其中不乏许多发生在名牌高校的暴力性犯罪,对此,我不禁产生疑问:既然高学历并不意味着高素质,那么这些青年学生暴力犯罪的诱因又是什么呢? 如何能够在一定程度上遏制这些犯罪呢?

一、暴力犯罪的心理学与社会学解释

奥地利心理学家弗洛伊德曾用精神分析学来解释犯罪问题。他认为,犯罪在于人与生俱来的本能;人类有"生存本能"和"死亡本能"这两种本能驱使力,而"死亡本能"会使人趋变成受虐狂或具有暴力倾向。在弗洛伊德"死亡本能"产生攻击和暴力的观点基础上,一批心理学家又提出了暴力犯罪的挫折攻击理论。该理论认为,当人的一个动机、行为遭遇挫折后,就会产生攻击和侵犯性反应,从而引起犯罪。此外,社会学家的研究显示,犯罪行为的发生与社会失序存在一定联系。关注社会新闻的人不难发现,偏远、穷困地区的犯罪率普遍高于发达地区,社会矛盾激烈的地区往往容易发生严重的暴力性犯罪。这说明,暴力犯罪与行为人的心理状况及所处环境密不可分,这些犯罪往往是一个家庭乃至一个社会的产物,是社会阴暗面所映射出的现实。

二、青年学生极端暴力犯罪根源:不良情绪管理失控和不法欲求管理失控

青年学生生活环境较单一,暴力犯罪的动机也较为单一。总的来说,除了暴力犯罪加害人及暴力犯罪受害人的自身因素外,家庭、学校以及社会大环境对青年学生暴力犯罪行为产生的影响最大。根据媒体广泛报道的现有案例,我们可以将青年学生暴力犯罪的根源大致分为两类——不良情绪管理失控和不法欲求管理失控。

如2001年史辉捅死女友案,行为人史辉被女友言语所激,又遭受了被害人的恐吓和虐待,愤怒难以自制,故用剪刀杀死了女友。而2003年陈连钢杀死警察案,陈在交代作案动机时称:"原因有两个,一是没钱花了,想去搞些钞票;二是觉得自己生活太平淡,想找点刺激。"综合这些案例,我们可以将此类犯罪归结为行为人长期以来的负能量管理失控。因此,对其的预防和治理要从源头开始。

三、青年学生极端暴力犯罪预防:家庭预防与学校监管

鉴于青年学生犯罪的原因,我们应当对其负能量进行管理调控,其中,家庭和学校的作用至关重要。

首先,父母要注重培养子女的情绪控制能力。我们皆知,除了部分策划已久的犯罪行为,许多犯罪都因一时冲动而酿成悲剧。2004年,云南大学学生马加爵因被室友嘲笑,一气之下将4名室友杀死;同年,中山大学学生蓝庆庞因与女友发生口角,冲动之下在出租屋将其勒死;北外女生罗卡娜因琐事与同学李某产生矛盾,一时激愤,用水果刀猛刺李某17刀,致其失血过多而死亡……凡此种种,皆是不良情绪集中爆发而造成的惨痛后果。因此,正确教育子女,科学引导子女控制和排解负面情绪,能够减轻子女积蓄的精神压力,进而保持身心健康,遏制暴力性犯罪。

其次,爱的教育也必不可少。我曾看过一场复旦与台大学生之间精彩绝伦的辩论赛,其辩题是"人性本善还是人性本恶";其间,反方复旦大学曾多次提出一个问题,"善花是如何结出恶果的呢?"我们从小就习读《三字经》的"人之初,性本善",可那些缺失了爱的教育、最终走上歧途的人,本性真的如此吗?在我看来,每个人出生时都是一张白纸,而最初的图案,都由父母指引我们去谱写涂画;早早地在子女心中种下爱的种子,有助于从小塑造子女健全的人格。爱的教育,包括从小教育子女爱自己、爱自己的名声、爱他人以及爱护动植物。同情心与仁爱之心的塑造,将有益于子女与他人的和睦相处。

此外,学校要加强素质培育功能。学校的职能不仅仅在于传道授业解惑,更在于将学生培育成德、智、体、美全面发展的社会主义接班人。因此,学校自然而然地具有犯罪预防的功能,其一就体现在对学生"越轨"行动的纠正上。《中华人民共和国预防未成年人犯罪法》第二条规定:"预防未成年人犯罪,立足于教育和保护,从小抓起,对未成年人的不良行为及时进行预防和矫治。"可见,立法者虽然对未成年人犯罪持略为宽容的态度,但主张教育为主,惩罚为辅。如今,学校的吸引力与权威性正面临日渐下降的危机,这不利于学校对学生各方面的教育。2013年,武汉一大学生王某抢劫手机并强奸女生,后因害怕事情败露,狂捅女生160多刀,残忍地将其杀害!据悉,当时王某准备在另一教室对一独处女生实施犯罪,但该女生见其拉上窗帘,便收拾书包离开了。可见,防人之心不可无,必要的警惕心理有时能助我们逃过一劫。由此观之,学校教育不能曲高和寡、脱离现实,而是应当建立更健全、先进的教育体系,着重提高学校的权威性与吸引力;切实提高思想品德课的实际价值,使这类课程的作用不再流于表面;合理安排各阶段素质教育的侧重点,提高学生的危机防范意识与人际交往能力。

综上所述,青年学生负能量情绪管理失控、家庭与学校的教育缺失是此类人群暴力犯罪的主要原因。因此,创造良好的原生家庭环境,切实完善学校的素质教育职能,努力消除暴力犯罪易致情景,是青年学生暴力犯罪预防的关键。社会各界应当同心协力,构建完善的预防机制。长此以往,青年学生暴力犯罪的风险必有望得以下降。

律师实务十字诀

——《律师办案的思维和方法》读书报告

李俊森

人生在世,不能不相信缘分。

2018 年的暑期,我有幸跟着自己的实务导师实习一月,深入律师实务的工作之中。时值导师迁所,我帮着整理往年的案卷,真正走进了一个律所的内室,也感受了一个律师的家底。恰逢这次机会,导师将《律师实务技能十字诀》一书赠予我,我翻看半晌,颇感欣喜,在实务方面,太稀缺这样言之有物又言简意赅的佳作了。

此书是由朱加宁律师与徐鹏律师所著,前者是北京浩天安理(杭州)律师事务所主任,在中国人民大学律师学院等多所高等院校担任兼职教授和硕士生导师,曾获浙江省优秀律师、浙江省司法行政系统先进工作者称号,在业内可谓是成名已久。后者为北京浩天安理(杭州)律师事务所合伙人,在最高人民法院和多省高级人民法院成功代理过多起民商事、行政案例,曾获杭州市优秀青年岗位能手称号,在全国性法学刊物上发表过多篇论文,也可谓是业内的一名大咖。由这两位前辈强强联手共同写著,这本书的含金量也是可想而知。

本书全名叫《律师实务技能十字诀——律师各项业务的特点和操作要领》,于 2013 年 1 月由法律出版社出版发行,出版后在多地律师上岗培训中作为教材或辅助读物。导师将此书赠予我大概也正基于此吧。我国法治建设的逐步完善,除了立法者、司法者、学者等群体的努力,律师这一社会群体所起的作用也不容忽视。律师在维护社会公平正义中所肩负的特殊使命也要求律师要拥有自己独到的律师思维,把握每种业务的特点,在实务操作中做到对症下药,化繁为简,争取达到最好的办案效果,而本书针对律师实务中常见的十类业务,将每类业务的特点用一个最为核心贴切的字加以提炼,正所谓大道至简,万变不离其宗。而这十字诀分别为——行政诉讼代理要"稳",商事诉讼代理要"狠",刑事辩护要"准",民事诉讼代理要"细",申诉案件代理要"韧",非诉讼业务要"专",调解和仲裁代理要"和",法律顾问要"勤",法律咨询要"全",法律文书要"精"。

本书第一章说的便是行政诉讼代理要"稳",鉴于导师本身也是主攻行政诉讼的,这便勾起了我的兴趣。细细研读,本章节第一句便告诉我们,行政诉讼第一点就是不要草率开打。行政诉讼在实践中以原告代理居多,即"民告官"的诉讼。而"稳中求胜"的原因,在本章中也仔细阐述了。首先便是行政机关"居高临下"占尽先机,虽然行政诉讼法规定当事人在行政诉讼中的法律地位平等,但实践中行政诉讼双方在实质上并不平等。究其原因,是对行政机关的"自由裁量权"以及对行政诉讼的艰难性估计不足。行政机关"居高临下"是指其具有诉讼资源和财力上的优势。其次,除了行政机关的先天优势,行政诉讼中律师还需要面对的是诉讼制度"关卡重重"、逾越艰难的情况。如《行政诉讼法》第十八条规定行政相对人无论诉在作出原行政行为的行政机关所在地法院,还是诉在复议机关所在地法院,均是在行政机关所在地,均无法改变同一区域行政机关与审判机关的"近亲"关系,增加了原告胜诉的难度;而第七十条规定的判决撤销重作等制度也削弱了胜诉的实际效果。因为以上两点,律师的代理工作需要瞻前顾后,只有步步为营,才能稳中求胜。以上是"稳"的原因,而如何"稳",即诉讼战略和战术如何稳?主要从以下三方面考虑:一是要不要打;二是在哪里打;三是怎么打。也就是,开打之后如若败诉会不会加重当事人的行政责任或是否有可能转为刑事责任;是先选择行政复议还是直接行政诉讼,是向本级人民政府申请复议还是向上级行政机关;是主攻执法主体资格还是主攻行政程序等。这一切都需要我们未来不断在实践中摸索。

行政求"稳",并不是"怕"。讲"稳"是为了取得好的代理效果,况且,对于原告而言,行政诉讼不以成败论英雄,不少案件,原告虽败犹荣。通过行政诉讼,可以改变行政机关的执法理念和工作作风,解决与原告之间的行政争议。因此,只要在未来行政诉讼中稳扎稳打,讲究战略与战术,依法击中行政机关的"软肋",就能最大限度地维护行政相对人的合法权益。

谈完行政的"稳",便能来说我自己所感兴趣的刑辩的"准"了。刑事辩护要有的放矢,不能狂轰滥炸。用一"准"字概括刑辩精髓最根本的一点是:刑事诉讼主要是"官告民"的诉讼,处理力度大,可抗辩理由少。因此在三大诉讼中,刑事辩护的抗辩准确度要求是最高的。而律师办理刑事辩护案件,可从以下三个层面逐一分析考虑:首先是考虑被告人有罪还是无罪;如果排除了无罪,则考虑是此罪还是量刑更轻的彼罪;如无法排除此罪,则再考虑是罪重还是罪轻,找出从轻减刑的法定和酌定情节。如果刑辩不讲究一个"准"字的话,"狂轰滥炸"往往会"殃及池鱼"。在刑事辩护中,被告人和辩护人要面对的是强大的公权力,过度的不适当辩护,不仅无济于事,反而会"越辩越重"。而做到"准"的第一步便是要熟练驾驭刑诉规则。刑事法律有其特殊的规则,这些规则相较于民商事法律缺乏足够的弹性,往往让初涉刑事辩护的律师感到无所作为,但事实上,"死板"的刑事法律规则正是刑辩律师大展拳脚的有力武器。刑事诉讼中的严格证明标准、疑罪从无、刑法谦抑性等原则,也是刑辩律师很好的辩护武器。而刑辩的"准"主要体现在三个阶段。(1)侦查阶段,提供法律帮助要"准"。在这一阶段,更要做到三点:提供法律咨询要"准";代理申诉控告要"准";申请取保候审要"准"。(2)审查阶段,审查起诉阶段的工作要"准"。在这一阶段,有两点需要注意,即分析案卷材料要"准"与起草律师意见书的工作要"准"。(3)审判阶段,对罪与非罪、此罪与彼罪、罪轻与罪重的辩护要"准"。而如何做到准,在此书中也是逐条陈述,只可惜自己才疏学浅,没有自信能够将其精练的话语提炼出来,所以未加细说。刑事辩护只有珍惜自己手中的"炸弹","有的放矢",炸在点子上,辩在关键上,才能达到一个事半功倍的效果。

由于这两章分别是导师的专攻与自己的特长,因而,自己有所思有所想,这里将自己的所感梳理出来呈现于读者,而之后的八字诀,在此便简单说一说:(1)商事诉讼代理要"狠",商场如战场,瞬息万变,各方当事人在诉讼方案和诉讼手段上要既快又狠,实现自身合法权益的最大化;(2)民事诉讼代理要"细",民事案件的当事人大多是个人,双方之间的纠纷特别是人身和财产损害赔偿的案件,往往缺乏书证等客观证据,作为代理律师,更要做细致工作,代理工作丝丝入扣,方能见微知著,发掘有利于己方的案件事实;(3)申诉案件代理要"韧",申诉和再审代理是针对已经发生法律效力的判决和裁定启动新一轮审判程序的代理,是律师诉讼代理中最难的工作,因此,代理申诉案件,要有坚韧不拔的意志和不畏艰难的勇气,成功与失败往往在"再坚持一下的努力"之中见分晓;(4)非诉讼业务要"专",非诉讼法律事务既涉及法律事务,又涉及行业专业知识,且各项非诉讼法律事务专业跨度大,因此律师办理要向专业化发展;(5)调解和仲裁代理要"和",由于调解和仲裁的对抗性没有诉讼强,故律师参与时需要柔性和适度,在确定和解方案时,要尽可能在形式上"和",做好"和事佬",促成和解,在结果上"和",尽可能兼顾双方利益,实现共赢;(6)法律顾问要"勤",即担任法律顾问要勤勉尽职,不要顾而不问;(7)法律咨询要"全",解答法律咨询是律师的基础工作,也是律师业务中最复杂、要求最高的工作,是律师业务水平的试金石和敲门砖,只有通过全面的成功的法律咨询服务,才能得到当事人对律师业务能力的认可,进而获得当事人的信任和委托;(8)法律文书要"精",法律文书是律师的"脸面",既是律师的外部形象,更是律师内在实力的体现。

在中国律师制度恢复重建之初,囿于实务类型和知识结构,绝大多数从业者都是"万金油"式的律师,而历经30余年,律师业务范围越来越广,分工越来越细,专业化已是大势所趋,而这又加固了律师行业业务领域彼此间的森严壁垒,不见融会贯通。如此说来,这本《律师实务技能十字诀》便显得难能可贵,正如孙国栋前辈在序中所说:"它几乎涵盖了律师业务的所有门类,不可谓不博;又准确提炼出每个门类的特点,均以单字名之,不可谓不精。你不能不佩服作者慧眼独具,概括精当。"

若不是遇到导师,若不是恰逢导师迁所,若不是导师知道我爱书,我与此书可能也无缘,正如开篇所说:人生在世,不能不相信缘分。此书与我便是有缘。

何处资本

——读《资本的秘密》有感

刘婧怡

1998 年,电视剧《还珠格格》开播,一时风靡大陆,创下中国电视剧有数据统计后的收视纪录。2018 年,同样以乾隆时期作为背景的网剧《延禧攻略》登陆爱奇艺,创下网播收视纪录。从 1998 年到 2018 年,这二十年间不乏表现出彩的清宫剧为广大观众所喜爱,但以现象级论,这两部是能担此殊荣的。

都说现象级的作品是难以复制的,它能刺激资本流动。当然,现象级的作品一定离不开社会环境的变化,同样的一个题材,为什么《如懿传》远不及同时期的《延禧宫略》? 社会心理的变化对作品的影响是难以估量的。除此之外,回归作品最本质的要素,出色的剧本、优异的演员、精致的场景,是哪一个起主导作用,点燃了观众的需求,使得作品得到市场的广泛认可,并令其释放出巨大的经济潜在价值而成为成功的商业案例? 每一个爆款都值得研究和借鉴。

这种探索便是资本的一个特性,也是市场经济条件下必然会有的竞争现象。秘鲁作家赫尔南多·德·索托在他的著作《资本的秘密》中指出,资本具有两个含义:表示资产的物质存在和它们创造剩余价值的潜能。在一般情况下,资本以货币、股票、证券以及基金等具体形式为世人所理解,并往往以投资和盈亏的手段及结果来表现。但从广义上来讲,资本其实并非积累下的资产,而是蕴藏在资产中、能够开展新的生产的潜能。故资本的价值是无形的,这也意味着它实际上无法轻易与货币等经济产品直接画上等号。

一个国家中能引发剩余价值的生产、提高生产力的那部分资产便是资本。无论是经济发达的西方国家还是充斥着贫困与动乱的第三世界,资本存在于人们生活的每一处,却因为其潜能被释放的差异而造成截然不同的经济局面。

"我迷失在伟大的巴比伦城……因为我没有钱。"[1]马努·查奥如是说。赫尔南多引用了该句话,生动形象地阐述第三世界国家为何无法建立起资本主义

---

[1] 赫尔南多·德·索托:《资本的秘密》,江苏人民出版社 2001 年版,第 182 页。

制度的原因——法律体制不完善所导致的所有权缺失致使资本无法获得其正确的定义表达。

从 15 世纪到 17 世纪,新航路的开辟使世界市场粗具规模。此后,经历两次工业革命的洗礼,最终成型的世界市场特别是西方市场因资本的流通性而建立起资本主义,使得西方各国很快走向了经济高速发展的道路,为后来其迅速跻身发达国家打下坚实的基础。

然而,资本主义并非万能的,俄罗斯等前社会主义国家抱着不同的热情建立资本主义制度,却收获了痛苦的失望。此外,第三世界的国家也普遍存在人民失业、通货膨胀、政局动荡等社会经济问题,资本主义的生存和发展寸步难行。

赫尔南多曾在 20 世纪末带领研究小组在亚洲、非洲、中东与拉美等地区和国家进行了为期五年的广泛调查,搜集了大量的事例和数据,并在此基础上得出了他的研究结论:第三世界国家人民并非缺少企业家意识,也不缺乏资产,他们无法创造资本,只因他们的资产僵化,而被制约了潜能。这并非由于文化的因素,而是因为他们没有健全的所有权制度,导致资本在市场流通过程中无法被"信赖"而困难重重。

建立恰当的所有权表述以及所有权表达凭证是发现资本、创造资本的过程。正规的所有权制度就是资本的诞生地,其提取资产的经济潜能,并把它们转化成便于运送和控制的形式。而这恰恰提供了使人们可以把资产体现为活跃的资本所需的过程、形式和法律的条件。

因此,资本主义在这些国家失败是由于孤立的、迷茫的、不合法的市场还没有融入一个有影响力的扩大化市场。它们所缺少的是一个能使资产进行互相交换、能建立起人们的责任制度、能在当地共识范围之外保障履行合同的所有权制度。

而赫尔南多从历史的角度切入,详细阐述了美国当年因大量不合法移民的存在而造成其努力和成就逐步破坏重商主义秩序的最本质基础的现象,体现了这一问题的常态性。常言道,所有的历史都依赖于它的社会意图。巨量的人口迁移为法律制度带来巨大压力,当时并没有与时俱进的所有权制度,无法庇护这些外来者所创造的财富,导致这些不合法居民一边制定自己的交易规则,一边酝酿出对法律的激烈的、不可平息的仇恨情绪。这恰恰是造成资产无法充分被激发潜能进而形成强力有序的资本主义制度的重要原因。

要知道,世界上没有足够的钱使每个人都摆脱贫困,而解决的办法就是为穷人创造法律上的条件,使他们能够用自己的资产创造资本,自己摆脱贫困。一个国家若想令这些杂乱无序的不成规的协定向综合的合法所有制转变,其关键性的变革在于调整法律,使法律适应于大多数人的社会和经济需求。这正如美国联邦最高法院大法官奥利弗·W.霍姆斯所说的:"法律的本质不是逻辑,而是经验。"①

　　法律是来自人民口中的。法律的制定者离开办公室,走到田间地头去倾听狗的叫声,他们会发现大量的不合法的民间契约早已存在,法律制定者需要做的仅仅是把民间契约纳入正规的法律制度,这样就可以建立一个有效的所有权制度,而非照搬西方现在的法律文本或关在办公室里异想天开。相对于法律的误区,政治上的障碍是更强大的反对力量,特权集团和官僚阶层等既得利益者是改革最大的阻力。只有克服法律上和政治上的种种困难,才能建立起一个有效的所有权制度。

　　当一个完善的所有制建立之时,资产便能尽情地释放出蕴藏的潜能,在市场中积累起有效而活跃的资本,而这大概便是资本最本质的秘密。

---

① 霍姆斯:《普通法》,中国政法大学出版社 2001 年版,第 1 页。

抄袭有罪,绝不轻饶

潘 璐

前两天看到了朋友圈里某公众号的一篇文章,是为《从于正身上,我看到了抄袭者的道德沦丧》,直指最近凭借做工精良、历史背景考究的《延禧攻略》成功翻身的编剧、制片人于正以及身陷抄袭丑闻的《如懿传》编剧兼作者流潋紫。说实话,看完非常震惊却又觉得在意料之中,在《延禧攻略》与《如懿传》成为热潮时,终于有人站出来,再一次指出"抄袭"这件事。

几年前,"琼瑶诉于正"一案闹得轰轰烈烈,最终的结果当然是于正败诉,被判公开道歉、停止继续传播涉嫌抄袭的电视剧及与其他被告一起赔偿 500 万元。而当时的舆论也可以说是"一边倒",都在声讨于正、支持琼瑶正版。可 3 年后的今天呢?于正依然没有如判决所说的进行公开道歉,仅仅是被法院强制着完成了赔偿。且于正在这 3 年期间接受某次采访时也这么回应抄袭:"我就是不理你们,我气死你,现在我觉得我写得爽就可以,我收视第一就可以了。"那我们是不是可以理解成,于正根本就不觉得自己做错了?

我以为,这已经不单单是道德层面上的问题,还有作为公民的于正对于遵守法律的意识缺失问题。《中华人民共和国著作权法》第四十七条规定:"有下列侵权行为的,应当根据情况,承担停止侵害、消除影响、赔礼道歉、赔偿损失等民事责任:……(六)未经著作权人许可,以展览、摄制电影和以类似摄制电影的方法使用作品,或者以改编、翻译、注释等方式使用作品的,本法另有规定的除外。"最开始,于正紧紧攥着他的"20%理论"跟法院躲猫猫,而当法院找上他时,就赔点钱了事,一转身继续让自己收视长虹。确实,他可以算是一个好的制片人,不遗余力地发掘新人、带着团队努力还原史实,但他也的确不是一个良好公民,在尊重原著这方面,更像是"老赖",毫无信用可言。

那究竟为什么会这样?是我们的法律还不够普及吗?不,我们的普法工作已经相当细致,连于正都知道"20%"是认定抄袭的一条"红线"。从时间线上来看,于正的想法很简单:大不了我再多赔个几十万,想让我公开道歉是不可能的。对于"于正们"来说,判决书的下达只意味着这一阶段的事了结了,几个被告一起赔偿的钱分配到各自的身上对他们来说可能只是这样一部剧"成本"的一部分。手头的新戏照样上,等这波风头过去了再寻找一个新的人设,照样可以混得风生水起。因此历时 8 个月寄到他们手中的终审判决书对他们来说或许就只是一张缴费单,还是一张可以 3 年后再缴清的单子。人们想象中的公平正义即使经过了法院审判也到底没有实现。

不过于正现在确实小心了一些,他换了一种更为高级的方式:他作为新丽传媒的股东,将《延禧攻略》排档在《如懿传》的前面,首先奠定了观众基础,而《如懿传》的投资方恰恰是新丽传媒。这就叫夺人眼球,抢热点。即使与《如懿传》撞梗也没有什么关系,只要《延禧攻略》先出现在大众眼前就已经掌握了话语权。可见 3 年前这场轰轰烈烈的判决对他来说没有丝毫影响,反倒教会了他"人设立得好,准备工作做得多,占据先机",就依旧可以重回巅峰。

因此我觉得,不应只是让其公开赔礼道歉、赔偿损失,或许我们可以效仿体育界对使用兴奋剂的选手进行禁赛,对这类有着屡次抄袭经历、不加悔改的制片人、编剧等实施"禁拍令"等等,在一定时期内限制他们的表演权、放映权等,在其重新进入影视圈前也要进行调查,确认此人再侵犯他人著作权的可能性是否已经很低。对于一些思想不正确的人,我想只有击中关键点才能真正打击他们的气焰,才能更好地维护原作者的著作权。

说完了于正,再接着看《如懿传》的编剧兼作者流潋紫。说实话,网络小说比电视剧这块更为复杂,因为当今网络小说平台繁多,网络写手更是数不胜数,这样的"数量众多"造成的不是"百花齐放",而是"众多相似雷同",一旦一个新鲜题材取得了成功,所有人都想来分一杯羹。我原本是一个小说爱好者,对这一现象深有感触:同一类型小说中的情节大抵都是相同的,主人公们也总是从辉煌到跌落谷底再到重新登上顶峰,唯一能吸引读者流量的也就是作者的文笔以及细节处理。明明大家写的都是差不多的东西,可以说是抄袭吗?这很难说,也很难去一一鉴定。但流潋紫的情况确实不大一样。根据网上网友晒出的证据,这位作者在一部小说里搬用了几十部不同小说中的语句、情节,确实是板上钉钉的抄袭。可这位作者坚称自己是原创的,除了被"请"出原创网就再也没有受到任何损失,到现在热播的《如懿传》依旧涉嫌抄袭。更有意思的是,在 2018 年 7 月份,流潋紫以侵害著作权的事由将擅自向用户提供其小说的公司告上了法庭并索赔 20 万元。一个侵犯他人著作权的人反倒开始维护起自己的"著作权",真是令人啼笑皆非。

但确实,网络小说管理难度大。在有一个网络 ID 就可以上传自己文字的前提下,对每一部作品都加以实际的规范也确实是一件有难度的事。即使发现这样的事,平台能做的也仅仅是将这样的写手移出该平台,而该写手换一个平台,照样可以继续做"老本行"。

我的看法是,对于抄袭,观众、读者都应认真关注、审视各类电视剧、小说。不要遗忘过去发生的侵害,不要袖手旁观。很多观众会说,某某电视剧是抄袭的,可是这其中我喜欢的演员是无辜的,他们也辛辛苦苦拍了这么久。那我想说的是,拍戏的演员确实辛苦,可这样的辛苦也是先牺牲了原创作者的合法权益才出现的,一个演员少了一部戏的流量并不会造成太大的负面影响,反而会让他们在下次挑选剧本的时候更为慎重。对于已经造成侵害的涉事电视剧、小说,不管它的外表多么华丽,投入了多少资金,作为观众的我们都不应进行二次侧面侵害,只有这样"于正们""流潋紫们"才会有所收敛改进,原作者们的著作权才能得到更好的保护。

读《原则问题》

瞿一敏

　　《原则问题》的作者是罗纳德·德沃金。罗纳德·德沃金是著名的哲学家、法学家。先后在牛津大学和哈佛大学获得学士学位,在耶鲁大学获得硕士学位。他是公认的当代英美法学理论传统中最具影响的人物之一,当今世界最伟大的思想家之一。他建立了一种政治自由主义指导的法理学,关注人类的尊严与权利。在德沃金的法理学体系中,有四个主要观点:第一,批判并超越法律实证主义;第二,坚持认为法律理论依赖于政治与道德理论;第三,把法律理论根植于一种解释理论;第四,将平等的政治价值作为法律理论的核心部分。

　　《原则问题》是一部探讨政治哲学和法理学基本问题的理论著作。整本书对法律的政治基础、立宪意图、法律解释、法律的完备性、疑难案件、司法正义、公民权利和自由、法律的经济分析的利弊、优待措施的局限性、新闻审查制度等重要问题做了深入细致的探讨。

　　刚刚结束大一学习的我,并不能完全理解书中的理论或是由自己完全独立地对书中内容进行思考,所以我就书中几点我比较感兴趣的内容做简单的讨论,讲讲自己的读后感。

一、法官判案的实践问题

　　"政治法官和法治"是全书的第一部分,主要研究了政治信念在各种官员和公民判断"什么是法律"以及"何时应当实施和服从法律"问题时所起到的作用。作者认为法律和政治并非属于两个完全独立的世界,也并非正好是一回事。

　　作者首先提出两个问题。第一个问题是一个实践问题:法官实际上如何判决疑难案件以及法官应当如何判决疑难案件? 美国和英国法官做了政治判决吗? 他们的判决是政治判决吗? 首先,在一些案件中,若法官做出的判决会产生一定的政治后果或对政治有所影响,则此判决在某种意义上一定是政治判决。如在美国,联邦最高法院对美国宪法争议所做的判决等。既然是政治判决,法官所做的判决必定会受到某些政治团体的影响。德沃金在《认真地对待权利》中提到了法官判决所依赖的两种政治论证之间的重要区分依据并做了说明和论证。一种论证是诉诸个别公民政治权利的政治原则论证,另一种是主张特殊判决将有助于倡导总体福利观或公共利益观的政治政策论证。作者的观点是,在处理疑难案件时,法官事实上应当基于诉诸个别公民政治权利的政治原则论证进行判决,而不是做出政治团体所希望的判决或是主张特殊判决有助于倡导总体福利观或基于公共利益观的政治政策论证进行判决。这也是他在《认真地对待权利》中所主张的:政府必须平等地尊重和关心个人权利,不得为了社会福利或者社会利益牺牲人权。

美国和英国都是资本主义国家,法官保护的利益归根结底都是属于资产阶级的,这时对于资本主义国家中的底层人民来说,他们的利益和权利在一定程度上受到了抑制和不公平的对待。而罗纳德在其研究的过程中一直十分关注人类的尊严与权利,且他坚持认为法律理论依赖于政治与道德理论,同时他所提到的两种政治原则论证都不同程度地与保护公民的平等相关,因此罗纳德所提出的观点实际上是符合人类社会发展的方向的,是有助于法律进步的。

二、自由主义

自由主义一词源出西班牙语"Li-berales",19世纪初被首次用作西班牙自由党的名称,表示该政党在政治上既不激进也不保守的折中态度,后在欧洲、北美广泛流行使用,成为一种资产阶级思想流派的代名词。自由主义以维护个人自由为目的。作者提到,之前英国和美国的政治哲学家和法哲学家几乎全都赞成某种平等的自由主义,他们以为政治应当具有两个普遍的野心:其一是提高公民能力,使每位公民都能过上一种自认为最美好的生活;其二是在共同体内部的不同民族和团体中,减少资源方面的重大不平等。而现在的政治家们则否认自己与上述理念的关系。作者认为,反自由主义新共识是由于自由主义政治伦理家无法确认自由主义根本原则且无法阐明自由主义形式而得以流行的。

书中提到,自由主义是一个真正的且连贯的政治道德。自由主义离不开平等,而平等是极其重要的政治理念之一。作者的观点是,我们必须区分作为政治理念的平等的两个不同原则。第一个原则要求,政府把其所有公民当作平等的人来对待,即给所有公民以平等的关切和尊重。第二个原则要求,在分配某些机会资源或者至少是工作资源的过程中,政府平等地对待其所有公民以保障这样一些态势:在那个方面,他们是平等的或比较接近平等的。自由主义,并不是自相矛盾的,平等的自由观是政治组织原则,那个原则为正义所需要,而不是个体的一种生活方式。

在我国,平等也是国家、社会建设各方面所积极追求的。给予公民平等的权利、尊重,平等保护公民的合法权益等都是现代国家一直倡导的理念以及对工作的要求。罗纳德·德沃金所提出的观点符合这个时代的发展方向,有助于保护公民的平等,发展自由主义。

三、审查制度和出版自由

关于"审查制度和出版自由",受到广泛讨论的主要是关于性暴露图书、影片和照片的问题。确实,这些超过一定限度的刊物、影片等会对社会造成不良影响。当时反对审查制度的有两条途径,而作者认为:第一个政策论证途径中,《威廉斯报告》主张的"至少在一定程度上,为了创造人类繁荣的条件,表达自由必须得到保护"中的自由程度并不一定恰当;第二个途径中,人们必须具有性选择自由权利,但他们的选择从长远来看是无益于整个人类共同体的。

另外,在审查的过程中也存在一个审查对象的选择和审查要求的把关的平衡问题。在某些情况下,通过平衡,审查比公开能够使公众的真正利益得到更好的对待,但找准审查过程中的度极为重要。

四、总　结

其实我对整本书的理解并不是十分透彻,甚至可以说是一知半解,但是我凭借自己的理解所得到的启示还是十分深刻的,上面提到的仅仅是全部启示中的一小部分。《原则问题》仅仅是罗纳德·德沃金理论体系著作之一而已,要想彻底理解他的理论体系还需要通过时间的沉淀和不断积累。虽然他的法律思维方式并不是完美无缺的,但德沃金所构建的法律理论体系对法律、法学的发展确实有着不可磨灭的重要作用。

律师为什么替"坏人"辩护

宋 慧

《律师为什么替"坏人"辩护？——刑事审判中的真相与谎言》这本书的书名很有意思。律师为什么要替"坏人"辩护？刑事审判中到底哪些是真哪些是假？这两个问题可以说是非常贴近实际的问题。如 2017 年 6 月 22 日发生的"杭州保姆纵火案"，该事件中由于保姆蓄意放火，导致四人死亡，在社会上引起了巨大的反响。大家都认为此人罪大恶极，罄竹难书，应该直接判死刑，很难理解居然还会有律师为她辩护，这简直就是为虎作伥，为坏人说话。律师为什么要替坏人辩护？

同样地，在本书的序言中，作者也提到他亲身经历的一件事。若干年前，他和他的老师正准备为一起凶案中的嫌疑人辩护，有一个女孩拦住他问，为什么要替"坏人"辩护？良心会不会受到谴责？当时，他的回答是："在被定罪之前，人们都是无罪的。"

就如同我国《刑事诉讼法》第十二条明确规定："未经人民法院依法判决，对任何人都不得确定有罪。"每个人在被定罪前都是无罪的。我认为"坏人"这个概念并不适用于法律，这只是人们主观感受的判断，而更进一步讲，即使是"罪人"也只是某件事的罪人。我们所要针对的是犯罪人所犯的罪行，而并不是犯罪人本身，犯罪人只需要对自己所犯的罪行负责。更何况，即使是警察法官也会出错，又怎么能够肯定地说未经定罪的人是"坏人"？为委托人的利益全身而战，是一个律师应尽的责任。即使委托人是十恶不赦的人，但他也只需要对自己所犯的罪行负责，他依旧有自己的权利，依旧可以维护自身的利益。我们都不是当事人，对其中的情感纠结、悲欢离合并不能切身体会，我们所能做的只是通过剖析、通过程序让他们接受法律上的裁决。真正的正义是通过程序来实现的，而不是凭借人们的主观臆断。

在本书中，作者呈现的并不是完美的形象。作为刑事律师，他讨厌为青少年之类的小案子辩护，他想出名，享受在法庭上与对方律师斗智斗勇、找到语言逻辑漏洞的感觉，同时也会和对方私下商量让步，为己方谋取利益最大化，这也不一定谈得上是公平正义。但这就像在序言中提到的："律师的辩护职责与职业伦理，对应的是他的体制角色，严格遵守刑事诉讼程序，通过程序功能尽早发现任何可能存在的司法程序错误，才是现代政治人和法律人应有的本分。"①

塞缪尔·约翰逊指出："既然报复本身不能被正当化，由此得出的结论就是，正如人对人所实施的任何其他行为一样，惩罚的自然正义必须只能视他的效用而定，因而只有在它所包含的善要比它必然带来的恶多的时候，惩罚的目的才是正当的。"②刑法的最终目的不是为了惩戒坏人，而是使人改过，给人新生。套用流行小说的话就是，爱才是世间最有力量的。通常监狱使我们觉得安全是因为它把囚犯都关押起来，他们不能犯罪了，监狱具有威慑和剥夺再犯的能力。但要注意的是，虽然确确实实有很多令人不安的人被关在里面，不能跑出来伤害我们，但并不是所有犯罪都会被判处长刑期，极少人是在监狱待到死的。倘若这些短刑期的人没有得到教化，那么他们再犯的可能性就很大了，甚至手段会更加残忍老练，因此矫正才是监狱的最大作用。虽然矫正也不是万灵丹，它会占用更多的社会资源，但相比之下，它带来的社会效益更具有长期性和有效性。

在结尾，书中写道："我们必须做出决定，到底什么更重要，还无辜者清白，还是将罪人定罪？要正确回答这个问题，你必须先问另一个问题：什么是更有悖于正义观念的，是目睹一名无辜者含冤入狱，还是一名罪人逃脱惩罚？"③我认为，让无辜者含冤入狱是比罪人逃脱惩罚更为耻辱的事。

国家的弯路、司法的弯路最后还是要我们民众来承担。让无辜者入狱即使当时看起来维护了公平正义，但这也只是表面。若干年后，当真相被揭露，所有牵扯其中的人都将成为受害者，没有一个人可以置身事外。罗曼·罗兰认为世界上只有一种英雄主义，就是看清生活的真相后依然热爱它。学习法律，并不是对法律盲目崇拜，盲目跟从，而是了解到这只是一种秩序，即使是再给它披上神圣的光环，它也只是一种人为制定的秩序。即使我们秉着要追求公平正义的自然理念，但在制定中也会出现漏洞，在执行中也会有不到位之处。但不可否认的是法律所传达的是一种超越暴力、超越权利的声音，它所划定的权利边界虽然无形，却深深刻画在人们的心灵之中。

① 亚历克斯·布克布赖德著：《律师为什么替"坏人"辩护？——刑事审判中的真相与流言》，周远、汪雪译，北京大学出版社2017年版，第4页。
② 同①，第159页。
③ 同①，第220页。

网络热点案件报道中的司法信任

——针对浙江省大学生的实证研究[①]

王 璐

一、引 言

随着互联网的广泛运用,信息传播速度与广度迅速发展,越来越多的事件经过媒体报道,突破了时间与空间的限制,被置于大众视野之中,成为社会性事件,受到社会各界人士的关注。作为一类特殊的社会性事件,热点案件往往投射出现实社会中存在的种种矛盾。随着案情的公开跟进、司法机关的介入,热点案件不断激发着民众关注与评论的热情,最终形成了全民性舆情。

在热点案件被民众了解的过程中,报道本身担任着至关重要的媒介角色。民众通过阅读热点案件的报道文本,获取案情内容,跟进案情发展,了解相关法律信息,知晓案件审理程序和审判结果,最终有意或无意地通过以上认知对我国当今司法体系做出评价,而评价的具体内涵包括了对司法机关的信任。

民众对国家的政治机构,特别是对作为政治体制重要组成部分的司法机构的认可和信任,在很大程度上反映了人们对公平正义和良好社会秩序的期许。对司法的不信任会大大增加社会的运行成本,引起政府与民众、民众与民众之间的怀疑、猜忌和冲突,构成对社会共同价值理念的冲击,并导致社会共有的伦理秩序的混乱。如果任由司法信任流失,民众对国家和政府的合法性认同则会下降,使得国家政令不畅、法律不彰,甚至还会引发社会动荡乃至统治危机。[②]

大学生作为一类热点案件报道的特殊受众,有其群体特征,他们最终将走出学校,踏入社会,成为社会生产活动的主要参与者。他们对司法的信任度体

---

① 指导老师:周浩、唐勇。

② 苏新建:《城市化中的司法信任——基于浙江省 X 镇的实证研究》,《云南大学学报(法学版)》2015 年第 1 期,第 66—75 页。

现了对国家司法体制的认可度、对公平正义的感知度。这些都直接影响着他们在涉及社会公共秩序的问题上的价值判断与选择,进而影响我国新时代的法治进程。

因此,本次调查旨在探究阅读网络热点案件过程中,影响大学生司法信任度的因素,并予以重视,加以利用,为未来网络热点案件报道的文本编辑提供指导,这对引导大学生客观、理性地评价我国司法体系,信任司法机关,具有一定的现实意义。

二、研究设计

(一)研究思路

习近平总书记指出:"司法公正对社会公正具有重要的引领作用,司法不公对社会公正具有致命的破坏作用。我们提出要努力让人民群众在每一个司法案件中都感受到公平正义。"①社会公众对公平正义的感受度和对司法机关、司法人员的信任度正是司法公信力的体现。提高司法公信力成为深化司法体制改革之路上的一大重要任务。近年来,司法信任度也已引起学术界的关注和研究。在当下中国司法改革的背景下,越来越多的学者和司法人员意识到,司法公信力对司法权威和效能有着重大影响。

当今司法公信力情况不尽乐观已被公众感知,但是影响司法公信力的因素到底有哪些呢? 纵览各法院的调研报告和各学者的学术研究成果,我认为有如下两点可在此次调查研究中有所改进或深入:

其一,司法信任度是一个较为主观的范畴,不可避免地缺乏客观性和稳定性,这一点增加了准确测量的难度。虽然近年来越来越多的学者通过调查,得出数据并加以分析,做出结论,避免了仅凭感觉得出结论而导致的不严谨,但这只降低了研究过程中的主观随意性,而无法避免被测者填写问卷时对于"信任程度"这一抽象概念进行随意而简单的推定的情况,致使回收的数据未能反映民众对司法体系的真实信任度。因为被测者极易受近来的见闻或某件社会性热点案件的影响而产生短期的情绪起伏,干扰其对司法信任做出真实而稳定的评价。

在发放问卷前,我们将近五年的社会性热点案件报道进行整理、概括、汇编,并要求被测大学生在填写调查问卷前加以阅读。被测大学生对近五年的热点案件信息有了全面认知后,能更加准确、具体地把握、判断自己对司法体系的

---

① 新华社:《中共中央关于全面推进依法治国若干重大问题的决定》,《中国法学》2014 年第 6 期。

主观态度,在此前提下完成其中涉及的主观评价的题目以提高数据的准确度。为了避免个案中人物关系、适用法律、涉及的社会矛盾的特殊性干扰被测大学生,在进行筛选整理后确定了十个热点案件,分别为:于欢案、张扣扣案、周远案、江歌案、快播案、鸿茅药酒案、白恩培案、章莹颖案、李文星案、雷洋案。覆盖了伦理道德、社会信任、人身安全、政府官员等多个领域,尽可能地实现热点案件多样化。因为热点案件汇编的作用是为被测大学生提供相关的案件信息,所以报道文本内容在设置上应做到客观理性,避免使用过多的情绪唤醒型语言。事实上,在大量的网络热点案件报道中,普遍存在涉案人物标签化、行文方式煽情化、素材组合强调反差和冲突效果、遣词用句吸睛等问题,[①]引导读者产生巨大的情绪起伏,干扰被测大学生做出客观理性的评价判断,所以我们从人民网、新浪网、澎湃新闻、凤凰网等多个主流媒体中搜集了大量报道,并对报道文本进行筛减,从中提取案件事实、审判过程、审判结果、法律依据等内容并用简洁客观的语言加以整合,使被测大学生借助报道文本认知、回顾热点案件时免受干扰。

其二,现有研究中的考察对象大都为已参与工作、拥有职业的群众,而对大学生这一特定主体的调查研究较少。但是处于互联网时代的大学生是网络热点案件报道的典型受众,他们有着良好的信息检索能力,能够借助手机、电脑等电子设备,通过浏览网页、社交软件等方式,阅读热点案件报道并参与讨论。因此他们虽然身处大学校园,却和社会司法现状保持着联结,对热点案件形成了各自的敏感度,并逐渐构建了对司法机关的认知与评价系统。作为未来社会生产活动的主要参与者,他们对司法的信任度将直接影响我国的司法改革和法治建设。因此,本次调查研究针对性地选择大学生作为被测者具有一定的现实意义。

(二)研究假设

假设1:大学生对所处社会阶层和社会资源的认知对其司法信任度有影响。

一百多年来,社会科学家已经确认,阶层对个体社会生活影响重大。心理学家的研究也表明:社会阶层为个体提供了生活背景,生活背景一方面来自个体所拥有的实际性的社会资源;另一方面取决于其对自身阶层地位的认知,而来自不同阶层的个体在认知模式和认知能力等方面存在差异。这种模式会表现在社会认知领域。根据语境论(contextualism)和唯我论(solipsism),低社会

---

① 曾凡斌:《2016 年网络热点事件中舆论的情绪分析》,《广州社会主义学院学报》2017 年第 4 期。

阶层个体拥有更强的共情能力,更倾向于环境归因。他们的共情准确率更高,情绪更易被激活感染,同时由于身处的社会阶层较低,他们的控制感更低而威胁感更高,也会更倾向于把群体差异理解为是社会观念、社会历史等建构的结果,而不认为群体差异属于不同群体间内在而稳定的差异,因此更可能对社会事件的结果做出环境归因。而在本次调查研究中,我们设置这类变量考察被测大学生对自身在当下与未来拥有的社会资源和所处的社会阶层的认知与评估。社会资源与社会阶层分别对应上文所述的生活背景的两个来源。此外考虑到被测对象为大学生,其社会阶层和社会资源尚处于人生中的初始阶段,未来有较大的发展空间,而他们对未来所处的社会阶层、掌握的社会资源有一种预测和期待,这种潜在的预测和期待可能会一定程度上影响其对我国司法机关的信任度。具体又分为以下两个子假设:

假设 1a:认为当下或未来所处的社会阶层越低的大学生对司法信任度越低。

假设 1b:认为当下或未来掌握的社会资源越多的大学生对司法信任度越高。

我们推断来自更低阶层或对未来所处阶层有着消极预估的大学生,拥有更强的共情能力,对于热点案件中处于弱势地位(可能同处于低社会阶层)的当事人有着强烈的同理心。例如十大热点案件之一的周远案,新疆高院对周远故意伤害、强制猥亵妇女申诉案再审判决,认为该案事实不清、证据不足,改判周远无罪并给予赔偿。本案中社会阶层较低的当事人周远的遭遇极易唤起同处于低社会阶层大学生的怜悯同情,并产生对司法机关的质疑。犯罪学理论认为民众要求重刑的一个原因是对犯罪受害本身的担忧与厌恶,而这种厌恶与严刑诉求的背后是每一个人都可能成为那个受害人的恐惧。[①] 本案中周远的遭遇将会使对社会生活有着低控制感和高威胁感的大学生产生更加强烈的恐惧,害怕自身因为掌握着较少的社会资源、身处较低的社会阶层,无法避免类似周远的遭遇,由于司法体系现存的一些漏洞使自己对罪犯的严刑诉求作用于自己身上,于是选择不相信司法机关。

假设 2:大学生对热点案件中程序正义和实质正义的主观感受将影响其对司法机关的信任度。

公平正义不仅是东西方法律共同追求的价值目标,还是普通民众对整个司法体系的期待。古典自然法学派认为民众将自己的部分权利让渡给了统治机构。那么人民自然希望司法机关能够合理使用司法权,对案件进行公平正义的

---

① 赵雷:《热案、民众情感和民众法》,《法律科学》(西北政法大学学报)2015 年第 2 期,第 21 页。

审判。而人民对司法机关是否做到公平正义的判断将直接影响人民对司法机关的信任度。我们假设是否做到公平正义的判断基于人民对司法机关审理案件过程中的实质正义（substantive justice）和程序正义（procedural justice）的主观认知。

实质正义是指通过以参与、中立、对等、理性、自治和及时终止性为要素的正当程序，实现实质的结果公正。① 用古语通俗解释就是实现"善有善报，恶有恶报"。实质正义也是罪刑法定、罪责刑相统一等原则追求的最终目标。是否实现实质正义的认知取决于人们如何评判结果，在这个问题上，不同专业的学者有着不同的看法：经济学家和公共政策学者往往强调对结果的绝对偏好；而一些心理学家关注"实际结果"与"期待结果"的相对性。本调查研究中，我们借鉴心理学的理论，用司法判决结果满意度这一概念，反映司法判决实际结果与被测大学生期待的司法判决结果的相对性，测量大学生在了解了热点案件的司法判决结果后，对其评价是否合适、合理、公平、正义，即大学生们对于实质正义的主观认知。

程序正义作为一种"看得见的正义"，其着眼于正义的普遍形式而非具体内容，指程序是否合乎正义，强调的是形式的合理性，即程序在对相冲突的利益进行平衡的过程中，是否合理，是否符合公正的标准，是否让人们感受到了判决过程、法律适用具有公平性。如果符合，人们便认为程序是正义的。为了对"程序正义的主观认知"这一概念进行量化，并结合本调查研究"热点案件报道"这一关键词，在对上述十个热点案件报道进行汇编时，确保每个案件报道中都有关于司法判决过程和法律适用的过程，确保被测大学生能够通过阅读获取相关信息，产生认知；在设定题目过程中，考虑到被测大学生不一定为法学专业大学生，无法深入理解"程序正义"，而对该概念进行详尽阐述又易对被测大学生产生引导性，故用"对报道中热点案件的司法程序怀疑度"进行替代，被测大学生对司法程序怀疑度越低，越认为案件做到了程序正义。为了通过对比，考察出在司法信任度方面，实质正义和程序正义何者具有更加显著的影响力，故具体又分为以下两个子假设：

假设2a：大学生对报道中的热点案件的司法判决结果满意度越高，则对司法机关的信任度越高。

假设2b：大学生对报道中的热点案件的司法程序怀疑度越高，则对司法机关的信任度越低。

假设3：大学生对热点案件报道中法律信息的信任度对其司法信任度有

① 张文显主编：《法理学（第四版）》，高等教育出版社2011年版，第141页。

影响。

法律信息指的是,热点案件报道文本中运用法律语言向报道受众传达的信息,包括直接引用或转述的法条、司法文书相关内容、对法律术语和法律程序的阐释等。德国慕尼黑大学教授及新分析法学派继承人 N.麦考密克曾指出:法学不过是一门法律语言学。[①] 法律信息通过法律语言传达,描述、阐述法律文本与案件事实两者的关系,联通立法者、司法者与热点案件报道的受众,起到引导与解释的作用。但是,中国政法大学刘斌教授在《新闻报道中的法律语言规范》中指出了法制新闻报道中存在的一些问题,如对法律术语的内涵和外延理解错误,犯法律常识性错误,用词不准确,等等。[②] 以上种种报道中的法律语言使用问题,将影响热点案件报道的受众对报道文本中法律信息的信任度。我们提出假设:当被测大学生因报道中不甚规范的法律用语,而对其中司法文书相关内容、法律术语和法律程序的阐释等法律信息的信任度高低不一,将会影响其对司法机关的信任度。

(三)研究变量

1.社会阶层和社会资源的主观认知

大学生对当下、未来所处社会阶层和对社会资源的主观认知是假设 1 的核心变量,为自变量。研究方法采用主观社会经济地位 MacArthur10 级阶量表(the MacArthur Scale of subjective SES)。问卷中题目采用提示性语言告知被测大学生图中的梯子代表人们在社会中所处的不同地位,共有十层梯阶,梯阶由低到高代表社会阶层地位由低到高,请被测大学生根据认知和预估判断自己当下和未来在整个社会阶层中处于哪一位置。此外,社会资源也从少到多被划分为十个等级,被测大学生需要填写自我感知的等级数。为帮助被测大学生理解,问卷中对"社会阶层""社会资源"进行了简单解释。

2.热点案件司法判决结果满意度和司法程序怀疑度

要求被测大学生在阅读完包含案件背景、程序、审判结果的报道文本后,回答"你对以上十个案件的判决结果是否满意?""你认为报道中十个案件的过程是否有不恰当的地方?",问卷根据李克特五点顺序量表,为以上两个问题设置的答案选项分别为"非常满意""有点满意""说不好""有点不满意""非常不满意"和"全部""很多""一半""很少""没有",分别赋值 1—5 分。

[①] 刘徐州:《法律传播学》,湖南人民出版社 2010 年版。

[②] 转引自赵杨:《法治新闻报道中法律语言的使用研究——以〈法制日报〉为例子》,中国政法大学硕士学位论文,2011 年。

3.案件报道中的法律信息信任度

向被测大学生简要解释"法律信息"的概念,在其完成十个热点案件报道文本阅读后,采用李克特五点顺序量表,为题目"你相信报道中的法律信息吗?"设置答案选项"非常相信""有点相信""说不好""有点不相信""非常不相信",并分别赋值1—5分。

4.司法信任度

司法信任度狭义上指的是民众对司法机关的信任度,为本次调查研究的核心因变量。采用李克特五点顺序量表,为题目"你相信当今的司法机关吗?"设置答案选项"非常相信""有点相信""说不好""有点不相信""非常不相信",并分别赋值1—5分。

(四)研究样本

本次调查研究选择浙江省7所高校大学生,通过线上和线下两种方式随机发放120份调查问卷及十大热点案件报道文本汇编。7所高校分别为浙江大学、浙江财经大学、杭州电子科技大学、浙江工商大学、浙江工业大学、嘉兴学院、温州大学。操作方式包括线下(地点为图书馆、食堂)填写纸质问卷和线上填写电子版问卷两种,并指导被测大学生在填写调查问卷前阅读十大热点案件报道文本汇编。此外,为了帮助被测大学生理解题目意思,在问卷中对个别词语进行了解释。

三、数据分析

从调研的样本中剔除掉20份无效样本后,有效样本共计100份。录入数据,采用SPSS24.0统计软件进行数据分析。

(一)各主要变量的描述性统计

在进行了初步分析后,各主要变量的描述性统计情况如下(表1)。

表 1　各主要变量的描述性统计

变 量	个案数	平均值	标准差
是否信任司法机关	100	3.66	0.713
当下所处社会阶层认知	100	4.16	1.561
未来所处社会阶层预估	100	6.29	1.472

续　表

变　量	个案数	平均值	标准差
当下拥有的社会资源认知	100	3.77	1.808
未来拥有的社会资源预估	100	6.03	1.367
司法判决结果满意度	100	3.01	0.980
司法程度恰当性怀疑度	100	2.58	0.713
法律信息信任度	100	5.56	0.880

(二)影响大学生对司法体系的信任度的因素分析

针对假设 1,调研验证结果为:大学生对所处社会阶层和对社会资源的认知对其司法信任度没有显著性影响。以大学生对当下、未来的社会阶层和当下、未来拥有社会资源的主观认知为自变量,司法机关信任度为因变量,进行线性回归分析。结果表明,当下所处社会阶层的认知($B=-0.035$)、未来所处社会阶层的认知($B=-0.029$)、当下拥有的社会资源的认知($B=0.001$)、未来将拥有的社会资源的预估($B=-0.076$)对其司法信任度的影响都没有显著性差异(见表 2)。

表 2　社会阶层与社会资源感知对司法信任度的回归

	司法机关信任度			
	B	$Beta$	t	p
当下社会阶层	-0.035	-0.048	-0.442	0.659
未来社会阶层	-0.029	-0.044	-0.365	0.716
当下社会资源	0.001	0.055	0.025	0.982
未来社会资源	-0.076	0.073	-1.044	0.299

针对假设 2,以司法判决结果满意度和司法程序正当性怀疑度为自变量,司法机关信任度为因变量,进行线性回归分析。结果表明,大学生对于实质正义的主观认知对其司法信任度没有显著性影响($B=0.112,p=0.100$),但是其对程序正义的主观认知对其司法信任度具有显著性影响($B=-0.347,p=0.000$)具体数据参见图 1 和表 3。这表明被测大学生对于司法程序正当性怀疑度越低,即他们主观认知程序正义实现度越高,其对司法机关的信任度就越高。如此一来,假设 2b 得以证明。同时也反映出来,大学生在建立对司法机关的信任度的过程中,对程序正义的追求比对实质正义的追求更加明显。

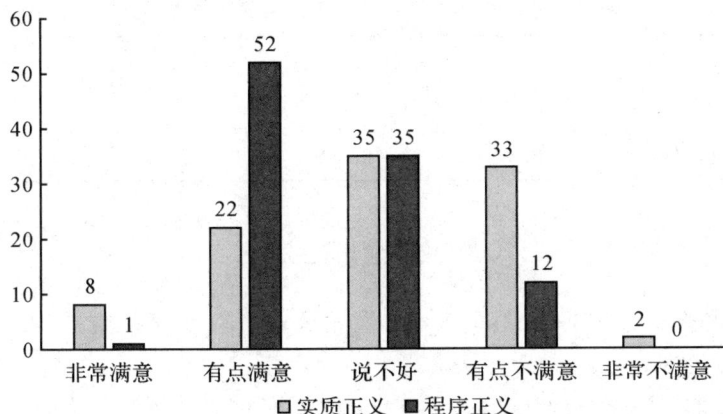

图 1 实质正义和程序正义感知调查结果

表 3 司法判决满意度与司法程序怀疑度对司法信任度的回归

司法机关信任度				
	B	Beta	t	p
司法判决结果	0.112	0.159	1.659	0.100
司法程序怀疑度	−0.347	−0.358	−3.736	0.000

针对假设 3,调查结果中被测大学生对十个热点案件报道文本汇编中的法律信息的信任度情况如图 2 所示。以法律信息信任度为自变量,司法机关信任度为因变量,进行线性回归分析。结果表明,大学生对热点报道文本中的法律信息的信任度对其对司法机关的信任度具有显著性影响($B=-0.347,p=0.000$),具体情况如图 2 和表 4 所示。

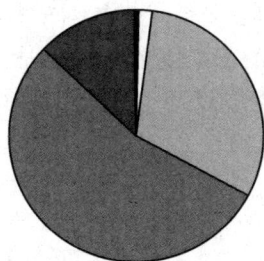

□ 非常相信 ■ 有点相信 ■ 说不好 ■ 有点不相信 ■ 非常不相信

图 2 报道中法律信息信任度调查结果

表4　法律信息信任度对司法机关信任度的回归

司法机关信任度				
	B	Beta	t	p
法律信息信任度	0.275	0.345	3.643	0.000

四、结论和启示

本次调查通过对浙江省高校大学生发放调查问卷获得数据,经过统计分析,得出的结论如下:

(1)大学生当下所处社会阶层、未来所处社会阶层、当下拥有的社会资源、未来将拥有的社会资源的认知与预估对其司法信任没有显著的影响。其可能原因有以下几点。

第一,大学生这一群体尚未真正积累自身的社会资源,又由于不同家庭的教育互动不同,多数大学生尚未形成准确的社会阶层定位。

第二,大学生缺乏一定的社会经验和参照对象,在社会阶层定位上存在认知偏差。

第三,原假设的提出所依托的研究针对的是美国社会,而中国社会有其自身独特性,“社会阶级”的划分由于历史原因和国情,有一定复杂性,不同于美国社会。因此原结论无法类推至中国。

故其对司法机关的信任影响因素尚未覆盖上述变量。

(2)大学生对于程序正义的感知显著影响着其对司法机关的信任度,即大学生认为司法审判过程和法律适用越公开、透明、合理,对司法机关的信任度就越高,而对实质正义的感知对其对司法机关的信任度的影响不显著。该结论带给我们具有现实意义的启发就是,既然大学生对于热点案件报道中程序正义的主观认知会影响其对司法机关的信任度,那么司法机关在司法实践中应在追求实质正义的同时,提高和完善程序设计,着重实现“看得见的正义”——程序正义,而媒体则应当在热点案件报道中运用一定篇幅,重点叙述案件审理程序的正当合理性与细节,而非赘述案件审判结果,以此增强报道受众对程序正义的感知,从而提高他们对于司法机关的信任度。

(3)大学生对于热点案件报道中的法律信息的信任度显著影响其对司法机关的信任度。大学生对热点案件报道中的法律信息的信任度就越高,其对司法机关的信任度越高。那么为了提高大学生对司法机关的信任度,媒体应当使用规范专业的法律语言提高报道中法律信息的可信任度。

本次调查研究,从最初的实验设计、热点案件整理汇编、问卷设置到最后的数据分析,虽尽量做到严谨、客观,努力降低过程中可能存在的误差,但是仍存在一些不足之处,尚待改进。其一,本次调查研究的样本受限于调研条件,仅设置为浙江省高校大学生,而样本数量较少,导致样本覆盖面较小,所以本次调研的结论尚不足以推广至全国大学生。其二,本次采用的热点案件报道文本汇编为了避免刺激大学生情绪导致对调查结果产生干扰,特意对原报道进行整理删减,做到相对简洁客观,但与此同时,无法准确反映当下社会互联网媒体热点案件报道的真实状况。故若要进一步深入调研,可针对报道的特征与类型,例如专业度、情绪唤醒度等,整理两份热点案件报道,并设置一组变量,进而测量其对司法信任度的影响,如此,将会得出更加准确、完善的结论。

《十二怒汉》读书报告

王顺子

一、本书概况

（1）作者简介：雷金纳德·罗斯，1920 年出生于美国曼哈顿，著名剧作家。在创作中善于用现实主义的手法表现有争议的社会和政治问题，是 20 世纪美国电视剧本创作"黄金年代"的代表性作家，多次获得艾美奖，于 2002 年病逝。第二次世界大战期间，霍金纳德·罗斯在陆军服役 4 年，以中尉军衔退役。战后，他曾进入广告公司，却并不喜欢这份工作。在电视业初步兴起之时，他就果断辞职，以独立编剧身份投身于电视剧本创作中。

（2）创作背景：大约在 1954 年初，罗斯被抽中成为陪审员。这时的罗斯已经小有名气，是哥伦比亚广播公司成熟的剧本作者之一。这是罗斯第一次走进法庭，成为陪审团的一员。那是一桩刑事案件，一个流浪汉刺伤了街边行人。按照罗斯的回忆，单为确定罪名是杀人罪还是伤人罪，陪审团就论辩了 8 个小时。

（3）内容概要：一名在贫民窟长大的 18 岁少年被指控谋杀自己的父亲，庭审结束后，12 名陪审员将裁定该罪名是否成立。由于各方面的人证、物证都显得较为充分，11 名陪审员未经讨论就认定少年有罪，只有 8 号陪审员对案件提出了合理怀疑，并引导大家重新审视证据，克服各自内心的偏见、私利和冷漠，最终依照"疑罪从无"的原则裁定少年无罪。

（4）作品影响：这种前所未有的体验对罗斯产生了深刻影响，他对美国社会和文化的观察有了新的视角。他的思维模式，甚至写作方式，都悄然发生了改变。法院对美国文化有什么意义？怎样判定一个人有罪无罪？陪审团的观点如何形成？这一制度对国家的意义如何？罗斯把这些复杂的哲思都融入了剧本。他用平实生动的戏剧冲突承载了复杂的社会命题。《十二怒汉》通过一场陪审团审判，生动演绎了美国的法律制度与文化。书中探讨的"合理怀疑""疑罪从无"等法律理念也非常值得我们思考和借鉴。该书是美国宣传法律和法律制度的"银法槌奖"的首部获奖作品,同名电影也是经典之作。

二、精彩书摘

陪审团主席:有人反对现在表决吗?(环视众人。)

(所有人保持沉默。)

陪审团主席:好的,不论如何,十二个人意见必须一致。法律就这么定的。大家都准备好了吗?认为"有罪"的人请举手。

(有七八个人迅速举手。另几人举手更慢些。所有人都环顾四周,陪审团主席站起来统计。此时,9号陪审员举手了,唯独8号陪审员没有举手。)

陪审团主席:九——十——十一。十一个人认为他有罪。好的。认为他"无罪"的人请举手。

(8号陪审员缓缓举手。)

陪审团主席:一票。好吧,十一票对一票。我们有结果了。

(坐回原位。)

10号陪审员:天啊,怎么总有人唱反调。

7号陪审员(停顿了一下):现在该怎么办呢?

8号陪审员:我觉得咱们该好好讨论一下。

10号陪审员:天啊!

3号陪审员(凑近8号陪审员说):你真觉得他是无辜的?

8号陪审员:我不知道。

3号陪审员:认真思考一下就明白了。我们都坐在法庭里,听到的情况是一样的。你可以发现,这家伙就是个危险的杀人犯。

8号陪审员:这家伙!他才十六岁。

3号陪审员:他已经够大了。拿刀子捅了他父亲。胸部的刀口有四英寸深。

6号陪审员(对8号陪审员说):案情再清楚不过了。我从第一天就断定他有罪了。

3号陪审员(对8号陪审员说):这个事情一目了然,证据确凿。他们已经用不同方式证明了这一点。需要我向你一一列举吗?

8号陪审员:不用了。

10号陪审员:那你到底想怎么样?

8号陪审员:没什么。我只是想讨论一下。

7号陪审员:讨论什么呢?十一个人赞成"有罪"。除了你,没人想讨论第二遍。

　　10 号陪审员：我倒想问你，你真相信他那套说辞？

　　8 号陪审员：我不知道。或许不信。

　　7 号陪审员：那你为什么认为他"无罪"？

　　8 号陪审员：十一个人投票认为他"有罪"。但未经讨论我真的很难就这样轻易举手，把这个孩子送上电椅。

　　7 号陪审员：谁说很轻易了？

　　8 号陪审员：没人这么说。

　　7 号陪审员：什么，就因为我投票很快吗？我的确觉得那孩子有罪。就算再讨论一百年，也无法让我改主意。

　　8 号陪审员：我没打算让你改主意。我们讨论的可是一条人命。我的意思是，我们不能在五分钟内就做出决定。万一我们弄错了呢？

　　7 号陪审员：万一我们弄错了呢！万一这楼塌了呢！什么事都有万一。

　　8 号陪审员：对啊。

　　7 号陪审员（停顿了一下）：时间长短就会导致不同结果？我们的确认为他有罪。所以五分钟就得出结论了，这样不行吗？

　　8 号陪审员：我们可以花一小时来讨论，球赛八点才开始。

　　7 号陪审员（笑道）：好吧，强打者，随你便吧。

　　（现场一阵沉默。）①

三、读后感

　　《十二怒汉》中十二名陪审团对谋杀案的定罪因为 8 号陪审员持无罪意见，致使陪审团意见无法统一，经过激烈的讨论，不断提出合理怀疑，越来越多陪审员被说服，最后以 12 票全票通过认为被告人无罪。这个故事十分细致地刻画了美国陪审团做出审判决断背后的场景。

　　看完整本书，所感最深刻的有以下两点。

　　其一，作为英美法系所特有的陪审制度，其存在是否具有合理性？陪审团成员是非专业人士，他们做出的裁决——无论有罪与无罪，与法官们的内心是否一致？与事实真相又是否一致？陪审团成员从事不同职业，文化知识背景差异巨大，他们单凭自身的知识、价值观判断，能否做出公正的表决，这让人表示怀疑。正如书中所刻画的，在案件讨论时，有人因为私人问题（看球赛、吃晚饭），试图"威胁"少数人改票，持不认真的态度想要草草了事，尽早结束审判。

---

　　① 雷金纳德·罗斯：《十二怒汉》，何帆译，译林出版社 2018 年版，第 34—35 页。

个人受群体影响,群体对个人的影响,这些都是案件审判中的不公平不合理之处。

其二,事实上,回顾整个案例,陪审团在这起案件中的裁判其实代表了普通公众对公正的朴素判断,并非意气之见。十二个人的背景和文化知识不同,他们从各个角度全方位多维度地审理案件,集思广益,使案件的审理分析并不局限于法律视角。正是擅长使用刀的 5 号陪审员告诉众人握刀姿势与伤口的关系,正是戴眼镜的 4 号陪审员令其他陪审员对关键目击证人的视力状况存疑,这两个关键点的提出,使案件走向发生重大转变。人们常说集体决策是低效的,但是,在大多数情况下,集体知识、集体经验和集体智慧的汇聚,以及受集体驱动的自我反思,确实要强于一个人的冥思苦想、独自判断。

法律之边

——《法律的故事》读书体会

吴心瑜

闲暇之余，拜读了约翰·麦·赞恩的巨著《法律的故事》，深受震撼。常言道："好的开始是成功的一半。"这是一本开篇便能将读者吸引住的好书。所以，从开始阅读到阅读完毕，我只用了 3 天，一口气读完这本书之后，文思如泉涌，滔滔汩汩，以至于我觉得一定要写点什么。

首先，这本书的主题和行文思路非常令人感兴趣，因为它不是一本高深莫测的法律专业书籍，普通人都可以看得懂，不过很可惜的一点是，我身边的朋友中没有一个人读过这本书，直到我推荐为止。我觉得任何一本专业书都应该化严肃为通俗，走向大众，这样才能得到真正普及。以前，我一直以为法律是高高在上的东西，只有学习法律专业的人才能搞懂法律，而这本书让我明白，原来，浅显的语言也能说明一些深刻的道理。其实，相对于生涩难懂的法律条文和古奥深邃的法律语言，普通大众更愿意通过通俗易懂的法律故事来了解相关法律知识。法官、律师在办案或者进行法律宣传时，也应该学着把通俗易懂的法律语言运用到案件处理中去。

现如今，随着社会经济的发展，大大小小的纠纷、法律案件层出不穷，法官和律师们的压力越来越大。这样下来，就会有些不负责任的法官、律师缺乏贴近群众、深入基层的精神和为群众排忧解难的意识，欺负百姓不懂法，敷衍了事，糊弄群众，满口法言法语，摆法官大人的架子，说得云里雾里、玄乎不已。最后，受害的群众因心中有"疙瘩"没解开，就会觉得自己受到了伤害，久而久之，有些群众就会觉得虽然法官高高在上，却不能为老百姓的利益做出公正的判决，当事人与法官之间就会产生隔膜，司法的权威和公信力就会受到怀疑。正如心理学上普遍认同的真理：人的感情是需要交流的。所以，法律工作者在工作中一定要努力贴近基层人民群众，尝试着把极其"深奥"的法律专业术语转化为异常浅显的"农民语言"，最好还能运用一些俗语、俚语等进行恰当解析，或者用讲故事的办法让老百姓读懂法律，或者用一种群众喜闻乐见的语言形式来阐明,做到深入浅出。总之,尽可能让老百姓听得清、听得懂,当他们了解到法院审理案件的具体合法途径,感受到法院司法程序的公开透明时,他们才能知道如何参与诉讼、保障自己的合法权益,才能真正享受法治社会的正义与和谐,我国的司法体制才能具有普遍的认知力,巨大的凝聚力、感召力,如此自然也就增强了群众的司法认同感和信服力! 这一点,让我备受启发,我要在以后的从业道路中引以为鉴。

其次,在历史发展的长河中,法律时刻跟随着人类前进的脚步,尤其是在现代社会政治大变革的新时代,更要强调法治社会的重要性。悠悠岁月、砥砺前行,人类用顽强的意志和丰富的智慧在历史的风口浪尖上激流勇进,从奴役走向自由,从黑暗走向光明。约翰·麦·赞恩的《法律的故事》让我看到了美国为独立而斗争的史诗,以及这一斗争的实质目的其实只是为了维护一项关于征税权的不成文法。或许听起来很不可思议,但事实确实如此。当然,或许美国人更感兴趣的是他们的祖先竟然能在混乱的时局下照常集会,且能为此开展长达四个多月的讨论,并最终为美国政府拟发了一篇轰动世界的宪章——《美国独立宣言》。不得不说,这的确是一段令人惊叹而又光荣的历史。这个故事让我明白,法律是社会的产物,更是人类历史发展的必然结果。而《法律的故事》这本著作则揭示了各个时代人类法律文明发展演变的艰苦历程——从最开始孜孜以求的探索到逐渐完善的宪法体系。可以说,法律与历史有着密切的联系,也与每一个时代的人息息相关,它保护我们,我们拥护它,直到我们死去的那一刻,法律依然用它正义的光辉庇佑我们的遗产权益。

再者,这本书还让我反思了法律的实质和终极意义。我认为,法律既然是社会体制下的必然产物,那么它就代表着人类的利益,说到底就是为人性注解,为正义呐喊,为人类的和谐保驾护航。所以,我的看法是,断不可为了制定法律而制定法律,要以人性为根本,在人性、道德的基础上制定、执行法律。这一点让我想起了汤姆·汉克斯主演的著名影片《费城故事》以及“于欢案件”。《费城故事》中的道德战胜法律和“于欢案件”中的人性战胜法律都足以说明,法律存在的意义终究是为了人类更好地生活。所以,不是强制执行法律就行了,还要时刻反思法律的制定是否合情合理,是否以人为本。在这里,必须考虑的是现实,其次才是其他东西。

当然,这本书带给我的思考还远不止于此。我知道,法律的制定并非仅仅一句公平正义就能解决,法律程序的真正落实也并不像规定文件上的那样容易,法律的执行更不可能像“丁是丁卯是卯”那样非黑即白、泾渭分明;我也知道,每个国家的法律都有漏洞,都不可能尽善尽美,即使是世界上最富有、最民主的国家,也依然存在社会治安问题……但是,我对此有着很乐观的看法,并且也深深地坚信，人类的法律体系一定会越来越完善，一定会朝着越来越好的方向发展。所以，虽然我们处于法律工作的边缘，但依然非常希望能够通过自己的学习，有朝一日为我国的法治事业贡献出自己的绵薄之力，实现自身法律使命和个人价值，争取为把我国建设成富强、民主、文明、和谐的社会主义现代化法治国家而矢志奋斗！

《论法的精神》读书报告

徐祎涛

　　早在高中学习历史的时候,我便了解到了《论法的精神》这一本书,但仅仅知道这本书的内容奠定了美国三权分立的基础和对欧美政治体制的构建产生了重大的影响。这个暑假,有幸在同学家里看到这本书,便借来看看。

　　《论法的精神》一书的作者是法国思想家孟德斯鸠,他不仅是 18 世纪法国启蒙时代的著名思想家,还是近代欧洲比较早地系统研究古代东方社会与法律文化的学者之一。孟德斯鸠反对神学,提倡科学,但他既不是无神论者,也不是唯物主义者,而是一名自然神论者。

　　他在洛克分权思想的基础上明确提出了"三权分立"学说;他特别强调法的功能,认为法律是理性的体现。他还提倡资产阶级的自由和平等,但同时又强调自由的实现要受法律的制约,政治自由并不是愿意做什么就做什么。他说:"自由是做法律所许可的一切事情的权利;如果一个公民能够做法律所禁止的事情,他就不再有自由了。因为其他的人也同样会有这个权利。"①

　　他将专制政体作为三种基本的政府形态之一,并使得专制政体成为 18 世纪政治思想中的一个核心主题,不仅如此,他还是西方思想家中第一个将当时的中国政体划入"专制政体"行列中的学者。因此,孟德斯鸠被认为是从否定方面将当时的中国列为一种世界模式的第一人,为法国和欧洲提供了与以往不同的中国形象。虽然他的部分见解不免偏颇,但相对于同时代的人,他的观点还是较为接近事实的。

　　孟德斯鸠对后世思想家们的理论的形成是有重大影响的,尤其是他关于法制、三权分立、君主立宪等方面的思想,更为一些资产阶级国家所直接采用。

　　接下来介绍一下《论法的精神》。著者在书中着重论述了法律的定义、法律和政体的关系、政体的种类以及它们各自的原则。他认为主要存在三种政体:

---

① 　[法]孟德斯鸠:《论法的精神》,申林编译,北京出版社 2012 年版,第 83 页。

共和政体、君主政体和专制政体。紧接着他又阐释了各个政体与法律的关系，例如他将民主政体分为民主政治和贵族政治，然后分别阐释它们与法律的关系。他无情地鞭挞了封建专制并赞扬了民主制度，可见这位著名启蒙思想家是多么向往民主。他在这一章节中说实行民主政治的国家有一种强悍的原动力——品德，并且称民主国家中执法的人要遵从法律并且承担责任。这些都证明了这位启蒙思想家的伟大之处，他能够准确地指出民主政治与法律之间的相互作用关系，并且也引入了法所不能调节的范围，比如品德。

在这一卷之后的几章，孟德斯鸠又阐述了教育法律与政体的适应关系，各种政体原则所产生的结果与民刑法的繁简、判决的形式、处罚的方式等之间的关系，政体原则与限制奢侈的法律、奢华以及妇女身份的关系，且在最后概括总结了三种政体的腐化。其中给我留下的印象最深刻的是政体原则与限制奢侈的法律、奢华以及妇女身份的关系。在这一章中作者阐释了奢侈和奢华的由来，即财富分配不均导致贫富差距的存在。这一观点的提出让我不禁感叹这位思想家竟具有如此的前瞻意识和令人惊叹的智慧！而且在这之后，这位思想家还就中国限制奢华以及奢华之后的后果进行了阐释，他认为中国人口规模十分之大，所以奢华在中国十分可怕，中国的君王要求臣民们男耕女织，去做一些生存必要之事，而不要去做一些供人享乐的工艺。他还在其中提到了中国历代君王的灭佛之事。此外他还指出历代君王无不是从艰苦起家夺得江山，而最后也都以骄奢淫逸收场。他知识广博，让人不得不钦佩。

作者在书中增加了法律与地域、气候的关系，这就十分新颖了。首先，他说明了气候对人的影响，例如气候对人的性格、宗教信仰的影响，气候影响到人民对于立法者的信任，等等；并在其中批评了印度人由于炎热而追求"不动"，认为这种懒惰不利于国家的发展，而立法者也总是无法克服这种气候所带来的负面影响。对于这一观点，我一时不置可否。但是，在我看来，固然气候会有一些影响，但也不能断然地下结论，认为气候会有如此之大的影响，这样的观点有些主观和片面。另外，作者还提到了中国，他给予中国君主鼓励耕织的举措以高度的表扬，认为这种制度可以鼓励人们进行劳动，从而避免了懒惰这一问题。作者还认为，气候会影响人的性格、饮酒习惯、疾病、两性关系，甚至在立法方面都有影响。

在这一卷中，我觉得有一章很奇怪，但又忍不住细细读了，那就是第十八章"土壤性质与法律的关系"。法律属于人文科学，而土壤则源于自然，是天然形成的，两者究竟有怎样的关系呢？这让我十分费解。首先，他纠正了大家的传统观念，即土地肥沃的地方会有更多的人居住，他认为越是肥沃的地方就越是会有人来侵略，所以很多人会选择贫瘠的地方居住。另外作者还认为贫瘠的土地会让人更加灵巧,更具有智慧,更具有勇气,会在战争中表现得更加勇猛。他还说法律与各民族的谋生方式有着密切的关系。一个从事商务和航海的民族比一个仅限于耕种土地的民族需要更广泛的法律知识,从事农业的民族比那些以放牧为生的民族需要更多的法律知识。作者富有逻辑的论述不得不让人为之折服。

从《理想国》中了解国家与社会的完美构想

许龙成

古希腊的大哲学家柏拉图的最高理想,就是哲学家应为政治家,政治家应为哲学家。哲学家不是躲在象牙塔里的书呆子,应该学以致用,求诸实践。有哲学头脑的人,要有政权;有政权的人,要有哲学头脑。在其著的《理想国》一书中,柏拉图以对话的方式,记录下老师苏格拉底与自己对于社会各方面问题的深刻理解。

"正义就是给每个人以恰如其分的报答。"①这是我对苏格拉底关于"正义的定义"的辩论印象最深的一句话。尽管这句话在苏格拉底看来仍旧有失偏颇,但是我认为,在如今强调"正义感"的社会里,这个定义恰恰能引起大部分人心中对"正义的朋友"的共鸣。在我看来,这句话与中国俗语"善有善报,恶有恶报"不谋而合。允许我在这里片面地将"恰如其分的报答"理解为肤浅的物质回报。人们常说,这是一个物欲横流的社会。虽然不能完全认同,但是也无法否认,物质的确在我们的生活中占据重要角色。主张正义能使我们在精神上享受满足感,获得使命感,但是长远的物质上的回报或许是我们坚持正义的理由之一。人不可能毫无理由地做一件事,事出必有因,这份"报答"——不论是精神上的抑或是物质上的,或许是人们以"正义"为名的根本出发点。

正义是公平公正,是对一个人的美德善举的肯定。在苏格拉底眼中,正义不仅是"欠债还债",也不仅是为了"有用",不是单纯的"以善报友,以恶报敌",也不应该是"强者的利益"。尽管苏格拉底并没有明确给出"正义"的定义,但在他的辩论中,已经充分体现了他对正义的肯定。"不正义"使人自我矛盾、自相冲突,在团体中无法合作,彼此为敌;而"正义"使人身体、心灵各起各的作用,在团队中分工合作,和谐相处。

一个人有正义之称,一个城邦也应有正义之名。而城邦则是由各式各样的

---

① [古希腊]柏拉图:《理想国》,刘申丽译,台海出版社2016年版,第6页。

有不同需求的人组合而成。从苏格拉底与阿得曼托斯的对话中可以看出,苏格拉底认为城邦的扩大是由于人们需求增多,日益增长的物质需求与城邦现有的有限供应形成矛盾,导致不同的行业逐渐诞生;人口的增长要求物质的增多,为了满足自己城邦公民的需求,战争应运而生。

对于本城邦的公民来说,战争是为了满足自己的生存欲望——毕竟求生是生而为人的本能;然而对于被侵略方来说,战争破坏了他们的生活,自然归于不正义一面。由此可见,正义与非正义并不能轻易评判,当人们的评判标准发生变化时,正义的定义也随之改变。关于城邦治理,苏格拉底认为,城邦的管理者应该是城邦的守护者,这与中国封建社会"家天下"的治国理念大有不同。治国者不仅要有护卫国家的智慧和能力,还必须真正关心国家利益,而不是为了谋取一己私利。他们必须真心愿为国家鞠躬尽瘁,而不愿做任何对国家不利的事。他们要有忍受贫穷忧患的心境,也要有不为荣华富贵动心的气魄,只有保持自己的文化修养与心灵状态,公民才可能信任他,并且把治理国家的重任完全交付给他。苏格拉底反对独裁统治,野蛮的独裁违背了护卫国家的初衷。作为国家的护卫者,治国者除了拥有必需品外,不得拥有任何私产,须知,世俗的金银是罪恶之源,只有完全撇清与这"罪恶之源"的关系,满足于自己内心的一方净土,治国者才能全心全意为人民治理国家。而为了保证治国者不动私心,必须制定法律来约束,组织人民来监督,这对现代国家制度的建立具有重要的影响意义。

至于教育,幼儿的启蒙教育尤为重要。须知,凡事开头最重要。幼儿如一张白纸,最易接受改造,并且幼儿浓厚的好奇心和极高的模仿能力,使他们能够轻易受到外界的影响。出于对纯洁心灵的保护,幼儿最应接受的知识应该是有关善和美的故事。温情的故事使幼儿敬神明,孝父母,重视朋友间的友谊;剔除可怕凄惨的名词与故事,使幼儿勇敢无畏,带着发现善与美的眼光看待这个世界。

苏格拉底将教育分为两个阶段——音乐教育和体能教育。音乐教育又包括文艺教育、诗歌与曲调形式。我暂且以为这是一种比喻手法。故事的内容应该以善和美为主,不将有关神明的不益于年轻人养成自我克制德行的事迹写成诗歌流传,要让年轻人相信,正义是正确且美好的事物。至于体裁,则应叙述多于模仿,因为"人既非多才,亦非兼才"。在城邦中,每个人只能做并做好自己的那一件事,精通此技,各安其位,才有益于城邦的长远发展。音乐不能是靡靡之音,正如事物不能过于精致,复杂的音乐会导致放纵,复杂的食品会导致疾病,靡靡之音会消磨城邦士兵的锐气与战斗力,而作为城邦的守护者,他们被要求勇敢无畏、奋不顾身。

朴质的音乐文艺教育能利于心灵方面的节制,朴质的体育锻炼利于身体的健康。古希腊人认为会给,"公民是城邦的一部分",苏格拉底的观点恰恰印证了古希腊人的态度。生病对家务管理、军事服役、上班办公都造成不少的累赘。公民重视体能锻炼,不仅仅是为了减少生病对自己日常生活的不良影响,更是为了不妨碍整个城邦的正常运转,不使自己成为城邦的累赘。古希腊人对城邦的归属感,是他们高度的集体荣誉感的来源,是城邦团结一致的黏合剂。

《理想国》充分体现了古希腊思想家、哲学家对社会、国家的理解以及对社会、国家的最佳状态的设想,也让我对正义、城邦(国家)有了不同于以往认知的理解。苏格拉底的阐述对现代国家、现代社会的构成与运转有着深刻的指导意义。愿终有一日世界上的国家都能达到"理想"国之功能、"理想"社会之形态。

反抄袭之风刮起，为何少见原创作者得到司法救济

——从匪我思存发文再度怒斥《如懿传》抄袭说起

尹思捷

微博是一个通过关注机制分享简短实时信息的广播式社交网络平台，作为一个分享和交流平台，其更注重时效性和随意性，也因此成为许多人进行舆论监督的平台，但在此过程中也产生了许多问题。

8月17日，有人在豆瓣上发文《比抄袭更可怕的，是污蔑一部作品抄袭》，意指匪我思存调色盘造假、篡改自己小说《冷月如霜》大纲，该文随后被迅速扩散至各大网络。

几小时后，匪我思存发表文章《最后一次不识大体》，随后再次针对其"炒作""蹭热度"的质疑进行回应。

8月18日，匪我思存针对"为何不走法律途径"进行第一次回应。

8月20日，匪我思存发布调色盘微博，并针对"为何不走法律途径"进行第二次回应。

截至目前，匪我思存本人给出的回应有"还没想好哪天去告""喜欢哪天去起诉就哪天去起诉""抄袭又没有追诉期"。而粉丝们给出的解释主要是如下几点：（1）我国法律对于知识产权的保护力度远远不够；（2）高级抄难以被法律规制；（3）被抄袭者中本次仅有匪我思存孤军奋战；（4）诉讼成本过高；（5）赢了官司又怎样？参考郭敬明被诉、琼瑶诉于正，即使原告胜诉，抄袭者气焰依旧嚣张。

抄袭有追诉期吗？

根据我国《最高人民法院关于审理著作权民事纠纷案件适用法律若干问题的解释》规定："侵犯著作权的诉讼时效为两年，自著作权人知道或者应当知道侵权行为之日起计算，权利人超过两年起诉的，如果侵权行为在起诉时仍在持续，在该著作权保护期内，人民法院应当判决被告停止侵权行为；侵权损害赔偿数额应当自权利人向人民法院起诉之日向前推算两年计算。"亦即，侵犯著作权

的诉讼时效不适用《中华人民共和国民法总则》规定的诉讼时效制度。诉讼时效的延长,直接后果可能是出现权利人维权的消极意识和权利人权利的滥用。

微博利用舆论声讨此事可行吗?

此事发生过后,针对匪我思存的议论从未停止,一方面其反抄袭的态度为诸多人士所支持;另一方面其及其粉丝因存在一些过激言论被批判。

抄袭给被抄袭者带来的最直接的影响是经济利益和权利感情上的。微博利用民意推动更多人关注"抄袭"本身是一件好事,但是言论自由必有其边界,不得侵犯他人的法益。一旦越界,比如将持中立者一概斥为"水军""洗地婢"后进行人身攻击,这种祭出民意的做法看似伸张正义,实则类似于使用私刑。

舆论有其用处,但仅有舆论并无用处。言论自由值得保护,但其他法亦同样不得因此被抹杀。

如不能规制,那是否值得起诉?

王泽鉴的《民法总则》第一章第一节引用的 Rudolf von Jhering 的 Der Kampf um das Recht 有言:被害人提起诉讼,往往不是因为实际上的利益,而是基于权利感情(feeling of right)。他们对于不法行为,精神上感觉痛苦,即不是单要讨还标的物,而是要主张自己应有的权利。他的心声告诉他:"你不要退缩,这不是关系毫无价值的物,而是关系你的人格、你的自尊、你的权利感情。简而言之,诉讼对你,不单是利益问题,而是名誉问题,即人格问题。""抵抗侵害乃是权利人的义务。吾人的生存不是单由法律之抽象保护,而是由于具体的坚决主张权利。坚决主张自己的权利,不是由于利益,而是出于权利感情的作用。""个人坚决主张自己应有的权利,这是法律能够发生效力的条件。少数人若有勇气督促法律的实行,借以保护自己的权利,虽然受到迫害,也无异于信徒为宗教而殉难。自己的权利受到侵害,而乃坐听加害人的横行,不敢起来反抗,则法律将为之毁灭。故凡劝告被害人忍受侵害,无异于劝告被害人破坏法律。不法行为遇到权利人坚决反抗,往往会因之中止。是则法律的毁灭,责任不在于侵害法律的人,而在于被害人缺乏勇气。我敢大胆主张勿为不法'固然可嘉',勿宽容不法'尤为可贵'。"

诚然,这类知识产权官司标的额非常大,涉及的人事众多,且在互联网世界极易进行复制、转移、删除和销毁的操作,如此取证难一直是维权一大坎,因此操作起来较为复杂,需要上诉者付出巨大的时间和金钱成本。但即便如此,我仍认为有起诉的必要,其目的并不在于实际上的经济损失赔偿,而在于权利感情的维护。当然,具体的起诉时间基于权利人匪我思存本人意愿。

权利斗争是权利人受到损害时,对自己应尽的义务。我们无法要求法律在制定时便具有预见性、超前性,法定的抄袭标准的变更必然存在一定的滞后性;

如果公众无法认同目前认定抄袭的法定标准，或者对此产生异议，是否可以由行业协会制定行业标准来规范从业人员？令人欣慰的是，根据 8 月 25 日浙江新闻的最新消息，杭州互联网法院为知识产权开出了三道处方，即利用区块链技术解决取证难问题，利用"三步评估法"解决赔额低问题，利用网络诉讼平台解决周期长问题。故不得不说，我国对于知识产权的保护在不断加强。

法治的国度

——《大法官说了算》读书报告

应家琪

　　《大法官说了算》是一本美国司法观察笔记，书中提及了联邦最高法院大法官的人数如何确定，展现了美国三权分立如何运作，体现了两党之间在司法体系中如何制衡，描绘了大法官判案的日常，呈现了对某些宪法问题的争议。

　　阅读此书后，我有很多收获，也有很多感触。

一、对美国司法及大法官的简单理解

　　在美国，凡上诉的案件均只需审查适用的法律法规以及规范的审判程序，无须对案件事实进行重新认定，所以无须传唤证人、出示证据和进行质证。经不断上诉最终到达联邦最高法院大法官手里的案子多与宪法争议有关。这些争议小到普通百姓是否可以持枪，大到一部法律是否违宪，不管这些争议多复杂、多棘手，最终都由大法官说了算。这些争议的产生原因大部分在于宪法条文的模糊性，争议的影响程度也已达到急需解决的临界点。很多争议并不是解决一次就结束了，而是反反复复，不同的大法官、不同的时期、不同的社会背景都会使判决得出不同的结果，过去的结论将来也可能会被推翻。不可否认的是，大法官运用自己的智慧和法律功底，结合人类发展共识，成功解决了美国历史上很多著名案件，从而推动美国司法不断向良性方向发展。其实在美国成立之初，司法权还很微弱，不足以和立法权、行政权相抗衡，联邦最高法院的运行也受到诸多方面的限制，但经过一代代大法官的争取和努力，才有了今天司法权在美国的地位。

二、对普法的思考

　　从法律的宣传方式来看，美国对法制的宣传很少打"硬广"，而是多融入电影电视游戏当中，潜移默化地影响人们。在我国，问及偶像，大多数人都会回答某个娱乐明星或是某个体育明星,而在美国,很多人会把电视剧中的法官、律师作为自己的偶像,很多法律工作者也是因为儿时受到这些电视人物的启蒙才选择从事法律工作。美剧多为边拍边播形式,编剧有意将近期的热门话题纳入剧中,来引起公众的思考。对公众来说,这无疑是最好的法治教育方式。很多法庭剧不只是播出一两季,而是长年累月地播下去,这就是在传播一种法律文化,传递一种法治理念。奥康纳大法官还曾协助网络公司开发了一款在线游戏,让全美中学生通过扮演法官、议员、官员等角色,熟悉美国宪政框架及联邦最高法院的裁判过程。

相比较而言,我国在普法方面就做得逊色多了。法庭剧数量本身就不多,且部分"涉案剧"偏离了普法的主线,起不到想要的效果。普法是门技术活,而法庭剧绝对是一块好阵地。在叙事技巧上多下功夫,拿捏好人物塑造、情节铺陈上的各种分寸,展现现实中真实存在的问题而不遮遮掩掩,且贴近生活,契合时代发展,积极回应社会热点问题和争议,这样公众将进一步认识中国司法的真实图景,并对法治发展有更好的认识。当前青少年几乎人人都会玩一些网络游戏,开发一些与法律有关的游戏,或在游戏中植入法律因素,无疑也是一种普法的好方法。将法律文化渗透到人们生活的点点滴滴、方方面面,潜移默化地影响人们,如此,相信中国的普法宣传将更加容易推广。

三、死刑该不该废除

美国联邦最高法院针对该不该废除死刑的争论持续了几十年,从废除到恢复,再到重新审视该不该废除,一路波折,反反复复。对于该问题的争论起始于被判死刑人数的下降,多数大法官认为废除死刑可依四项原则判断:死刑出乎寻常之残酷,武断科刑可能性很高,当时社会实质上拒绝此种刑罚,没有理由可以相信此种刑罚比相对不太严厉的刑罚(如终身监禁)更能有效地达成刑罚目的。所以死刑曾经被废除。但之后的十年,犯罪率的不断攀升让大法官们开始重新审视死刑的废除问题。这一次,多数大法官认为死刑对罪犯的威慑力不容小觑,遂又一次"拉开了死神的阀门"。在之后,大法官们不断对执行死刑的方式进行变革,让死刑变得更人道,更"温柔"些。

关于死刑是否应该被废除,应该更多地从国情和社会现状方面来考虑。针对我国是否应当废除死刑,我站在不应当废除这一方。首先,死刑对犯罪有其他刑罚都无法替代的威慑力。中国人把生命看得很重,这从我国法律把生命健康权看作公民最基本、最重要的权利上也可以见得。对生命的剥夺会吓阻很多人,更好地约束他们的行为。其次,死刑还有对被害人家属的一种安抚作用。中国自古有杀人偿命之说,历史上对穷凶极恶的罪犯处以死刑,可以平息民愤。

再者,废除死刑会增加社会成本。我国人口众多,如果废除死刑,意味着无期徒刑人数大量增加,而监狱设施和相关管理人员有限,因此就需要投入大量资金完善相关设施,增加管理人员。且有些罪犯性质恶劣,加大了管理难度。最后,中国属于发展中国家,处于社会转型期,具有高度的复杂性和长期性,社会矛盾突出,贫富差距大,国民素质还有待提高,法制建设还不健全,在我国尚未解决上述问题的情况下盲目废除死刑,势必会给社会稳定和进步带来不良影响。基于社会稳定因素,当前废除死刑无疑是违背社会发展规律的。

微观视角下的古代中国

——《中国法律与中国社会》读书报告

章丽梅

"法律是社会产物,是社会制度之一,是社会规范之一。它与风俗习惯有密切的关系,它维护现存的制度和道德、伦理等价值观念,它反映某一时期某一社会的社会结构,法律与社会的关系极为密切。"①

《中国法律与中国社会》研究的是中国古代法律的特征和基本精神。它借助一个个鲜活具体的古代司法案例说明古代的法律制度、法律特点和法律精神,从微观的视角描绘了中国古代的社会状况。

以往我对中国古代社会也有所了解:经济上以农业为主,自给自足的小农户个体经营使得生产较为固定,人口迁徙比较困难,农业人口容易控制,父权家族观念基本形成,于是由少数拥有特权的贵族阶级掌控的封建社会应运而生,文化上以儒家文化为传统主流思想。但在看了这本书后发觉自己以往对中国古代的认识有大而化之的嫌疑。这本书通过一个个具体生动的社会事件,向我们揭示古代法律的实际运作。从这个角度看过去的那个世界,完整而深刻。

其实这本书里很多案例看起来是很有趣的,有些故事在我们看来甚至相当怪诞。我在这本书中遇到一些看起来荒谬至极的案例时,总按捺不住想要拍案而起的冲动,这些在生活于现代法律体系下的我们看来难以理解的决狱行为,细细推敲其中原因,溯其根本,实则皆为宗族观念、家族主义和阶级概念在社会和法律上的体现。

从这本书中,我学习到了家族、容隐、婚姻、阶级、以礼入法、父权等概念。

一、家 族

家,为经济单位,是共同生活团体;家族,为家的综合体,为血缘单位。凡是同一始祖的男系后裔,都属于同一宗族团体,都是族人。中国的家族是父系的,

---

① 瞿同祖:《中国注释与中国社会》,商务印书馆 2010 年版,第XII页。

母方亲属是被忽视的,被称为外亲,在服制上往往低于父系。服制的范围即亲属的范围,服制的轻重即测定亲属间亲疏远近的标准。

中国的家族是父权家长制的,父祖是统治的首脑,一切权利——经济权、法律权、宗教权集中在他们的手中,家族中的所有人都在他们的掌控之下。并且这种父权是被法律所允许的,法律保护这种父权。这种父权也叫家长权,只有男人才有父权,一般二世家庭中父亲行使父权,三世家庭中祖父行使父权,但有时是祖父的兄弟、父亲的兄弟或同辈的兄弟,谁是家长就由谁来行使父权。由此可知,母亲和祖母是没有权力的。女子出嫁为妻本着夫为妻纲的原则,听从丈夫;即便丈夫死后,也只能由他的儿子或孙子享有继承权,成为家长,即使母亲或祖母的身份比他的儿子或孙子尊贵也不能成为家长,行使父权,即夫死从子。但母亲或祖母也并非一点地位都没有,相信对历史有所了解或是看过《红楼梦》的人知道,在封建社会大家庭中,家中祖母或母亲往往有很大的权威。即使这大家长在朝中身处要职或是在社会颇有声望,回到家里作为儿子或孙子,也是不敢轻易违背母亲或祖母的要求的。

这种现象概括起来,在母权方面主要是子女的教养权和主婚权,在主妇方面主要是家事管理权和财产权。然而这种母权和主妇权并不是其自身作为母或妻的身份而固有的,而是一种经丈夫授予的代理权,并且只能在授予的权限范围内行使。其中,对财产权的限制尤为严格。我们在历史剧或者古代小说中发现,通常妻子掌管府里中馈,负责家里财物支出与分配,同时正妻通常有自己的嫁妆,她们妥善保存嫁妆并留予自己的儿女。但事实上,这只是一种在特定范围内被授权代理的财产行使权,并不能任意处分财产,更遑论继承丈夫的财产了。同时在古代法律中,妻子是没有私有财产的,即使改嫁也不能带走丈夫的财产,就连嫁妆也是夫家所有。女性作为母亲或妻子在家中所有权利的特点,恰恰从侧面印证了古代父权的特征。

家长对家中子孙享有绝对权威,可以对子孙行使法律权,即子孙如果犯法了,或者违背了父母的命令,家长可以自行处罚。家长对子女有生杀大权,即使后来法律规定只有国家才能决定处死一个人,却仍保留了父母的生杀意志,父母只要告子不孝希望将其处死,政府是不会拒绝的。在祭祀权方面,只有家长才能作为主祭人,这也使其身份更加神圣化,家长的权威更加强大了。

二、容　隐

容隐,指亲属犯了罪,其亲人应该帮助他隐瞒,不得揭发,大义灭亲的行径在我们看来或许是正直之举,但古代却是违反法律的行为。揭发亲属罪行的情况分为两种:一种是子孙揭发长辈的罪行。揭露罪行的子孙,不仅不会为人称道,反而要受到政府处罚,同时犯罪的长辈竟能因此得到减刑,按照服制,亲属间的关系越亲密,子孙的处罚越重,长辈减刑越多。另一种情况是长辈揭露其子孙的罪行,虽然长辈告子孙也有罪,但是处罚明显比前一种轻得多,并且亲属间的关系越紧密,受到的处罚越轻。

中国古代的容隐原则让人联想起孔子所言的"父为子隐,子为父隐,直在其中矣"的亲亲相隐原则。有关容隐的规定,为亲亲相隐原则附加了刑事惩罚措施,使之成为法律。容隐便是亲亲相隐的社会规范的法律化。从这个角度来看,这恰恰也是儒家以礼入法在内容上的表现——在制定法典过程中融入儒家的基本精神,使法律逐渐儒家化。

容隐的初衷是为了家族和睦,相亲相爱、互相帮助才能使家族形成一个团结的集体,保证家族的稳定性和延续性。该规定对尊长的偏向是相当明显的,这种偏向亦体现了法律对伦理的重视,对父权的尊重与认可。

三、婚 姻

在现代社会,婚姻往往是男女双方两相情愿的结合,结婚是基于两个人的感情基础,我们很难想象结婚与宗教能扯上什么关系。而在中国古代,婚姻"上以事宗庙,下以继后世",婚姻的目的在于祖先的祭祀和宗族的延续,或者说正是为了使祖先能永享血食,故必使家族永久延续不辍。① 因而祖先崇拜可以说是婚姻第一目的,或最终的目的。

上述已经说明婚姻以传宗接代为中心,自然不难理解婚姻对于家族关系而言分量极重,对于个人关系则极其轻微。仅从婚姻的缔结而言,只要两家的家长同意子女的婚姻,经过一定的仪式后,婚事便成立了。古代结婚有六礼:纳采(即提亲)、问名(将女方的名字生辰问来)、纳吉(将女方的名字和生辰拿到祖庙进行占卜)、纳征(给女方送聘礼)、请期(男方择定婚期,用红笺书写男女生庚,由媒妁携往女家,和女家主人商量婚期)、亲迎(结婚前的一两天女方送嫁妆、铺床到男方家里,男方隔日迎娶女方)。以上六项结婚程序用的都是主婚人即男方家长的名义,即便是媒人往来议亲也是代表婚父,同样女家亦由家长出面。最后迎亲不得不由新人自己出马,但是《礼记》有云"父醮子而命之迎",新郎官是承父之命而去的。一场婚姻既有双方两家家族利益的考量,又有对祖先祭祀的凶吉占卜,唯独没有新娘与新郎的个人意志。

此外我们平常聊起古代婚姻,总能与"一夫多妻"联系,但这个词是不准确的,中国有史以来,自始至终是一夫一妻制。社会和法律承认一个男人和一群

---

① 瞿同祖:《中国法律与中国社会》,商务印书馆 2010 年版,第 103 页。

女人住在一个家庭共同生活的权利,但只承认其中的一人为妻,其余的人则为妾。与今之法律相类似的是,历代法律均不承认重婚的效力,而且对重婚者还附有刑事处分。妾实非家中一员,她的身份类似于家中奴婢,她和家长以及家长的亲属并不发生亲属关系,更不可能写进族谱,参加祭祀。

四、阶 级

我们都知道封建社会中贵贱的对立极为显著,对百官士庶贱民在饮食、衣饰、房舍、舆马等方面都有严格限制。古代人的生活方式由他们的社会地位决定,而不是由他们的经济能力决定。即使有商贾富可敌国,他依旧不能大口吃肉喝酒,穿金戴银,广修大厦,肆意车马骑行,他的吃穿住行标准皆有法律规定,不可逾越。

五、儒家以礼入法

首先明确儒家与法家之争核心究竟在何处。儒家思想以伦常为中心,重点在讲贵贱、尊卑、长幼、亲疏有别。想要达到这种有别的境地,就要制定有差别性的行为规范;法家则强调不分亲疏贵贱美恶,都以同样的法律进行决断。所谓儒法之争主体上是礼治、法治之争,即差别性行为规范与同一性行为规范之争。采用何种行为规范是主体,用德化或用刑罚的力量来推行某种行为规范则是次要的问题。① 即便是儒家的开创者孔子也绝不是绝对排斥刑法的人,他的"名不正,则言不顺;言不顺,则事不成;事不成,则礼乐不兴。礼乐不兴,则刑罚不中;刑罚不中,则民无所措手足"也只是反对刑罚不中,刑罚中,则并无可议之处。

先秦时期,儒法两家胜负未分,各自强调德治与法治。后法家得势,法典由他们制定,各国需要法律也已成为事实,儒法之争在制度上已无必要。此时儒家便转而企图将法律儒家化,试图将礼的精神和内容串入法家所拟定的法律里,使同一性的法律转变为差别性的法律。

汉武帝时,确定儒学为官家正统,大举儒生,大量儒生入仕,得以接触到法律的修订,或以儒家经典劝说君王修改法令,或借法律解释的机会,将难以取断的法律文字赋予儒家化的解释,在司法过程中将儒学作为法理决狱。待时机成熟,法典的编制和修订落入儒臣之手,便以大刀阔斧的方式为所欲为,将儒家之精华——礼糅杂在法律条文里,一直到法律为儒家思想所支配。事实上无论是父权、容隐、婚姻还是阶级的法律规定,无一不与儒家学说思想相挂钩。

---

① 瞿同祖:《中国法律与中国社会》,商务印书馆 2010 年版,第 378 页。

只有了解，才会爱上

——《哈佛新鲜人——我在法学院的故事》读书报告

朱家蔚

　　"学习如何爱上法律。"书中这句话触动了我。当我从外专业转到法学专业时，其实没做好什么准备。当初学校的三个实验班就法学不需要学数学，想想自己高中政治学得也不错，便报了法学实验班。我本来只是想试试，没想到成功了，进入了实验班。实验班听上去很厉害，但记得第一节思修课上老师看了我们的班级名称，戏谑道："实验班？是拿你们当小白鼠做实验吗？"那时坐在讲台下的我不禁为自己担心，并不是真怕我们是小白鼠，而是觉得自己对法学一无所知，也没有十足的兴趣，不知道以后会变成什么样。焦虑、不安、恐惧……这些让人讨厌的情绪死死地将我缠住。

　　作者也同样写道：对于刚进法学院的新生而言，头一个礼拜是最难熬的。沉重的功课压力，持续的焦虑不安，真会叫人心神耗竭。就如书中写的一样，我们怕落后，怕被鄙视，怕自己一无所有，所以会产生对比、竞争、嫉妒。特别是当你身边的同学都很优秀的时候，这种感觉愈来愈强烈。正是因为作者在书中的所写使我产生了共鸣，我才很认真地继续读了下去。因为直觉告诉我，在书的最后，我一定能找到自己想要的答案。

一、学习如何持久地爱上法律

　　"一个人的外在决定了你能否爱上他，内在则决定了你能爱多久。"我发觉，这句话用在法律身上，也同样合适。很多人在一开始时很容易对法律一见倾心，有人为钱，有人为权，也有人为公平正义。总之，法律的头上总是顶着各种耀眼的光环，吸引了人们拜倒在其脚下。然而一旦真正开始接触法律，理解上的困难、实务的险阻、理性与感性价值的冲突等各种植根于法律内在的缺点一一暴露后，真正能对它从一而终的人寥寥无几。

　　作者在刚来学校时也是满腔热血，希望能在这里施展拳脚。但很快就被同班同学的高学历、高智商给打败了，每个人都是五湖四海的佼佼者。再加上繁重的作业和功课,让作者一度对法律产生厌恶感,甚至到了晚上因为它而痛苦到睡不着觉。这也许就是在爱上法律之路上的困难险阻,让人难以坚持。

《哈佛新鲜人》中的作者也经历了这样一个从爱到厌恶再到成熟理性地爱法律的过程,因而对于学法律的人来说,这是一个永恒的必修课——学习如何持久地爱上法律。

二、学习方法

作者写道:"匆忙而辛苦的工作,让人根本无暇做深刻的反省。感觉像在雕琢精致的象牙手工艺品,眼睛所见尽是细微的小环节,对它真实的模样却不清楚。或许手中雕琢的正是自己的生命吧,盲目的奋战,疲惫不堪,但究竟完成之后的成果如何,却浑然不知。"①

法律系统纷繁复杂,案例法的法规尤其浩瀚,法律工作者必须能够一叶知秋。这一过程痛苦且困难,需要花大量的时间和精力去钻研法律,因此学习的方法很重要,好方法有时可以事半功倍。

作者在书中记录了自己在法学院时的几种学习方法。首先是读书小组。书中写道:通常由四到八人组成,定期聚会,讨论功课上的难题。读书小组可以让同学们更集中地讨论法律问题,这对学习帮助很大。除了教育意义上的功能之外,读书小组还兼备集体治疗的效果,借着互动的过程,彼此倾诉内心的困惑,对未来的不确定感会大大地削减。我觉得这样的形式对于我们新生真的会有极大的帮助。因为上课时没有听懂的地方,有时候不方便去问老师,上网搜索到的答案又怕是错误的。那么此时读书小组就能较好地解决这个问题。

其次是案例分析。这个是所有老师在授课时一定会采取的方法。分析某一个案例,从各个角度来剖析这个案例,从而让学生们更容易地接受其所涉及的法条或者这个案例最后的判决结果。上述方式,也能打开学生的思维,其并非仅仅局限于该案例的结果,而是提出反问与质疑。当然,在中国,我们不太使用案例分析法,但学习案例分析,我觉得很有必要。

最后就是作者写得很详细的一整套连续的学习步骤:"把相关领域的法规背熟后,我会回到课堂笔记,仔细想想法规背后的理论基础。"②作者接着打了一个比方:就如先把支柱(法规)、墙壁(政策)、天花板(理论)各个环节弄好,再想清楚层次环节之间的关系,该如何搭配才会最稳固。当然,在如何搭配这个

① [美]史考特·杜罗:《哈佛新鲜人——我在法学院的故事》,傅士哲译,法律出版社2012年版,第48页。
② 同①,第153页。

问题上,作者写了三种不同的做法,但我认为,这三种方法没多大区别。只要一步一步来,你的法律房子总会建造起来的。而至于有多牢固,就要看你知识积累了多少,学习过程有多认真刻苦。

三、坚守住自己的底线

作者在后面写到了有关法律与道德的权衡问题。在书中,作者认为在这个问题上,往往存在两类人:一类是心存善念的律师,他们往往对胡作非为轻蔑鄙视,因为他们见不得不对的事情;而另一类是满脑子只想在专业领域中飞黄腾达的律师,他们很容易相信,只要是为顾客的利益,行为可以不受约束,所以即使违背法律的事情也做得出来。

虽然在我们国家,自由、个人权利,这些意识并没有如西方人那样强烈。但是,在看完这本书后,我觉得所有人都值得获得一个完整的、公平的辩护机会。就如这本书中讲到的:"这行业最美的喜悦,在于将正义带给应得之人。"①在法律与道德的权衡上,我们是该坚守住自己的底线,不能只是为了获得金钱而去做事。能否保持内心的品格,成了法律对人最严苛的考验。有的人选择了退缩,完全离开法律领域;有的人摒弃了以往内心的纯净,成为自己以前最厌恶的类型,唯利是图。因此,我们应该在理性与感性中找到一个平衡点,并能够成熟地对待这些。坚守住自己的底线,不轻易退让与妥协。

四、结　语

看完整本书,我豁然开朗,心情轻松了许多。花了一个晚上写完这篇读书报告,边写边回顾自己前段时间的学习时光,感觉之前对法学方面的疑虑以及那些害怕法学、担心自己学不好的念头渐渐淡化,知道自己从下学期开始该如何安排,如何更好地学习与接受法律。我,似乎渐渐爱上法学了呢。

---

① ［美］史考特·杜罗著:《哈佛新鲜人——我在法学院的故事》,傅士哲译,法律出版社 2012 年版,第 268 页。

庄子哲学中的法理学

——《中国传统法理思想·庄子》读书报告

朱 远

　　《中国传统法理思想·庄子》的作者为张伟仁教授,他的学历足以让人瞠目结舌:中国台湾大学法律学士、政治经济学硕士,美国南卫理公会大学比较法学硕士,耶鲁大学法学硕士,哈佛大学法学博士。广阔的视野、丰富的阅历使他在许多方面都有着自己独特的看法与见解,这在《中国传统法理思想》一书中可见一斑。

　　大多数古代著名思想家都有对于人性的基本共识,同时也承认此"人性"是可以改变的。基于此,他们又提出解决人类问题的方法,而方法需要圣贤作为统治者来实现。然而,何谓圣贤? 如何保证圣贤不会滥用统治权力? 而所谓"解决人类问题的方法",又是否合理? 庄子对此予以否认,他认为,唯有个体从主权者和规范中解放出来,完全自由,才能解决人类的问题,从而实现真正的和平与幸福。以宇宙的角度来看,每个人都是独特的,每个事物都是独特的,"萝卜白菜,各有所爱",每个人的偏好也各有不同。除此之外,所有的判断也都是相对的。正如德克勒克与曼德拉,作为政敌,他们彼此怀疑,彼此敌视,且相互攻击;而作为希望南非强大的爱国者,他们彼此尊重,惺惺相惜。他们是对手吗? 抑或是朋友? 没有绝对的答案,一切都是相对的。

　　然而,从尧到清王朝最后一个皇帝溥仪,"解决人类问题的方法"被使用了数千年。

　　对于此"解决人类问题的方法"之生生不息,庄子为人们提供了处理与当权者的关系的建议:不要让自己的原则妥协于政治压力之下。他列举了北人无择、卞随、瞀光、伯夷和叔齐五个传奇人物的故事。前三者都拒绝了被让与天下,因为让与者的天下是通过反叛而得到的,庄子认为他们都不诚信。这不禁引发了我的深思:若通过反叛得到天下的行为就是不诚信的,应当被唾骂,那那些推翻压迫民众的前任政权而建立新政,且新政明显造福于大众的行为也应受批判吗? 应该批判地看待这个问题。百年前,辛亥革命成功推翻清朝统治,结束了中国长达两千年的君主专制制度,解放了人们的思想。辛亥革命后,若没有蔡元培、陈寅恪等杰出学者的鼎力支持,近现代教育与中国革命很难发展得如此迅速。

庄子在《人间世》一文中说道:"人皆知有用之用,而莫知无用之用也。"①一棵大树,粗百尺,高数千丈,直至云霄;其树冠宽如巨伞,能遮蔽十几亩地,然而却一直无人砍伐。弟子十分好奇,忍不住问伐木师傅:"如此好的木材,怎一直无人砍伐,以至独独长了几千年?"而伐木者好像对其不屑一顾——据他所言,此树是一种不中用的木材,"以为舟则沈,以为棺椁则速腐,以为器则速毁,以为门户则液满,以为柱则蠹。是不材之木也,无所可用,故能若是之寿"②。树木不成材却得以终享天年,枝叶疏而形体不全却避开了许多灾祸。世事艰难推出了"无用之用"的观点,而"无用之用"正是"虚以待物"的体现。"无用之用"决定了庄子"虚无"的人生态度,但也充满了辩证法,有用和无用是客观的,但也是相对的,而且在特定环境里还会出现转化。

这让我想到《论语》中孔子评价宁武子所言:"宁武子,邦有道则知,邦无道则愚。其知可及也,其愚不可及也。"③宁武子其人,春秋时期卫国的著名大夫,国家有道则进用其智能,无道则佯愚以全身,其处世为官态度被孔子所盛赞。可孔子其人也着实矛盾,"知其不可为而为之",他本人又是个在无道乱世中周游列国、宣扬学说,希望自己的观点能被采纳的人。而庄子,一边感慨着"知其不可奈何而安之若命,德之至也"④,一边却又说"入则鸣,不入则止"⑤,写楚狂接舆嘲讽孔子"方今之时,仅免刑焉"⑥。他或许是经历过上下求索后发现仍无法对乱世做出改变,只能选择"避世"以独善其身。

在庄子看来,所谓"圣贤"片面的智慧是引起世道衰微、人心不古的罪魁祸首,是问题产生的根源。"小智"如蝎尾——千年前,庄子就提出了这样的观点:人们发明了越来越多的机械装置和秘密设施,还有各种规范及其执行机制,可发明得越多,世道却变得越坏。的确,科技革命从某种程度上造成了世界大战更广阔的波及面与更强大的杀伤力;随着网络与通信技术的进一步发展,各种新形式诈骗手段层出不穷,与曾经相比,当今的犯罪种类不知翻了多少番。而就制定的种种规则来说,这仅仅是一种任何人都可以利用的工具,而用于做好事的工具也可以被用来做坏事。像从古代起就有郡县制、行省制,设立的目的

---

① 〔战国〕庄周:《庄子》,山西古籍出版社 2001 年版,第 43 页。

② 同①,第 42 页。

③ 〔春秋〕孔子:《图解论语》,万卷出版公司 2008 年版,第 73 页。

④ 同①,第 40 页。

⑤ 同①,第 39 页。

⑥ 同①,第 43 页。

是为了加强中央集权,巩固多民族国家,方便管辖,但从古至今,地方叛乱、妄图割据称雄者从不在少数。英国知名经济学家和政治哲学家冯·哈耶克曾在《民主向何处去?》一书中写道:"我们之所以感到有必要否弃社会概念这个理想,实是因为这个理想已经变成了那些在原则上否认真实社会之存在并且渴望一种人为建构且由理性控制的社会的人的理想。在这种情况下,我认为,大量在今天自称是社会的东西,从'社会的'这个词所具有的更为深层且更为真实的含义来看,实际上是一些彻头彻尾反社会的东西。"因此,与老子的思想相似,他认为统治者就应"无为"。"鸟高飞以避矰弋之害,鼷鼠深穴乎神丘之下以避熏凿之患。"①鸟与鼷鼠都懂得的道理,拥有智慧的"圣贤"为何不理解呢?

　　庄子对中国传统思想做出了两大贡献:第一,他挑战了世俗的智慧,人定法被认为是理所当然的理念和制度;第二,他给被压迫者提供了精神上的支持,在中国漫长的集权黑暗中闪耀着微弱的光亮。庄子,在千年前,就代表着个体作为组织社会的反对面,为中国的法律思想做出了重要贡献。

---

① [战国]庄周:《庄子》,山西古籍出版社 2001 年版,第 79 页。

下 编

律海初航

点亮法律明灯

——浙江孚初律师事务所实习体会

陈怀政

实践感悟

我的导师是浙江孚初律师事务所的张海涛律师。在为期一个月的实习过程中，张海涛律师不仅让我更深入地了解到了专业的法律知识，也让我明白了一位专业的法律职业者在工作中所应该秉持的态度。

张海涛律师是一位已经执业 18 年的资深律师。他是浙江孚初律师事务所的主任，同时受聘担任浙江省军区法律顾问、杭州市工商联特邀调解员、杭州市温州商会律师团秘书长、杭州市温州商会调解中心副主任等社会职务。张海涛律师擅长商事争端解决、公司法律事务等领域，在诉讼和非诉两个方面都很杰出。从选择导师到进入事务所实习，我一直都认为张海涛律师是一位优秀的法律工作者。在实习的过程中，我更加确定张海涛律师不仅是一位优秀的法律工作者，而且还是一位良师，在他教导我过程中，我能感受到他的用心。初学法律的我，对于专业法律知识以及相关案件的认知是浅显的；故此，张海涛律师并没有一开始就让我去接触案件，而是采用循序渐进的方式，让我从案件所涉及的法律知识的侧面去了解，在理解了相关法律知识后再用法律人的眼光去分析案件。经过几天的法律知识学习后，张海涛律师开始带我到公司里旁听会议，让我了解法律工作者是如何工作的。通过上述方式，张律师教给我一位法律工作者所应秉持的工作态度，使我受益匪浅。

张海涛导师是一位良师益友，除了向我们传授专业上的知识外，也会与我们分享生活上的心得。总而言之，在浙江孚初律师事务所跟着张海涛律师学习的这段时光，令我受益良多，也点亮了我心中的法律明灯。

(一)初次接触律师行业

2018 年 7 月 9 日，这是我开始实习的第一天。对于刚在大学里度过一学年的我来说,面对即将要开始的实习,心中不免有些紧张。因为在连书本里的法律知识都还没完全融会贯通时,就要进入律师事务所进行实习,对我来说是具有挑战性的;但是能有这样一个机会进入律师事务所实习,我的心中也充满了期待。怀着紧张与期待的心,我开始了实习。

孚初律师事务所的老师们都很和善,我所在的分所除了张海涛律师外,还有周律师和钟律师以及一位后勤老师。第一天进入律师事务所,我做足了准备,带上了纸、笔和电脑,认为导师会让我们帮忙处理案件,不过后来我发现,我把目光放得太高了。第一天到达律师事务所后,张海涛律师先是将《律师事务所管理办法》和《律师执业管理办法》两本手册交给我们,让我们熟悉一下。他告诉我们,如果要了解律师事务所是如何运作及律师是如何执业的,就要先熟悉这两本手册。

阅览完《律师事务所管理办法》后,我了解了律师事务所设立的模式:一种分为律师合伙设立、律师个人设立和国家出资设立;另一种分为普通合伙和特殊合伙。我还了解了一系列律师事务所的相关细则,包括律师事务所分所的成立条件以及司法行政机关对律师事务所的监督管理。阅览完《律师执业管理办法》后,我了解了律师的执业条件、律师的行为规范和司法机关对律师的监督管理。通过对这两本手册的阅览,我对律师行业有了进一步的认知,同时也更明白如何才能当一名律师以及一名律师会受到何种监督管理。

通过第一天的实习,我发现我把自己定位得太高了。刚开始实习就想接触实务类的案子,殊不知连何为律师、何为律师事务所都还没弄清楚,搞明白。所以我认为张海涛律师的教导方法是循序渐进的,让像我这样的法律新人先了解最初应该了解的东西,这样我才能在接下来的实习中更加稳健地进行。

(二)初次接触非诉业务

2018 年 7 月 9 日,经过了上午对《律师事务所管理办法》和《律师执业管理办法》的阅览后,我对律师行业和律师事务所有了一定的了解。下午,律所的钟律师就给我们布置了任务,即查询有关公司解散的案例,然后总结出在公司解散的判决中,法官考察的重点是什么。钟律师给我们推荐了中国裁判文书网,里面关于公司解散的案例应有尽有;同时,我也查询了《公司法》的有关内容。《公司法》第一百八十二条规定:公司经营管理发生严重困难,继续存续会使股东利益受到重大损失,通过其他途径不能解决的,持有公司全部股东表决权百分之十以上的股东,可以请求人民法院解散公司。经我对判例以及公司法的查询,总结出公司解散案件中司法审查的要点有:(1)起诉的股东主体是否合格:股东持有 10% 以上的股权;(2)公司经营管理是否发生严重困难;(3)公司持续两年以上未召开股东会或不能形成有效的股东会或股东大会决议，造成经营管理发生严重困难的；(4)董事会长期冲突不能解决，致使经营管理发生严重困难的；(5)公司争议通过其他途径是否能够解决；(6)公司继续存续是否会使股东利益受到巨大损失。通过钟律师布置的任务，我对公司解散案件的具体细节有了更加深刻的了解。

2018年7月10日上午，张海涛律师组织我们旁听了他与另外两位律师的会议。原来我们前一天查询的公司解散的资料就和这次会议的内容有关。这次会议就是关于公司解散纠纷的，几位律师代理被告一方，进行方案的讨论。

【公司解散案件】

　　原告：黄岩。

　　被告：稀瓷域公司。

　　黄岩与乐道公司联合成立了稀瓷域公司。黄岩以稀瓷域公司经营管理发生严重困难为由请求解散稀瓷域公司。

这次会议所要讨论的就是反驳"稀瓷域公司经营管理发生严重困难"的方案。讨论方案分三个方面。第一，稀瓷域公司是否存在法定解散情形。针对这个问题，重点关注了公司僵局现象有无出现，公司的业务经营是否发生严重困难、经营不善和严重亏损，公司继续存续是否会使股东利益遭受重大损失，有无可替代性解决方案等四个方面。第二，公司目前经营情况的证据收集，比如公司继续经营的可能性和经营计划。第三，原告解散公司的目的。讨论方案中提出了两个目的，分别是不再实际提供专利技术的相关配方和技术(即便表面已经转让了专利)及掩盖财务违法问题。通过对方案的讨论，几位律师对案件的处理已经有了一个具体的方向：对稀瓷域公司的公司僵局现象进行反驳。既然要反驳稀瓷域公司的公司僵局，就需要进行证据收集，几位律师提出了具体需要收集的证据：各种会议的会议纪要、公司目前的资产状况(有形资产、无形资产、库存等)、近四年的财务报表、审计报告、公司后续的经营计划(重新运营的人员架构和运营架构、政府补给状况、销售渠道和客户来源等)。会议结束后，我不禁在心中感叹职业律师的逻辑思维还有统筹规划的能力之强，同时，这也是我初次如此近距离地接触非诉业务，因而对非诉业务的处理模式有了一定的了解。

2018年7月10日下午，张海涛律师给我们布置了新的任务。任务是查询两家公司的注册地址，同时论证两家公司的注册地址相同时该如何处理，又违反了什么规定。我查询之后，对这个问题做出了总结。第一，有关两家公司注册同一地址的问题:在2014年1月份,工商局出台《关于改革工商登记制度促进市场主体发展的实施意见》,允许将"一址一照"改为"一址多照、一照多址",同一地址可以登记两个以上市场主体的住所;市场主体经营场所与住所在同一县级登记机关管辖区域内地址不同的,可以向所在地县级工商部门申请备案,不再办理分支机构登记注册。这样既降低了市场准入门槛,也实现了资源的合理配置。新政策规定同一个地址是可以注册多家公司的,所以两家公司注册同一地址没有违反规定。第二,违反规定的处理:新政策规定两家公司注册同一地址,不算违反规定,但违反规定的行为可以是虚假地址注册。根据《公司法》第一百九十八条规定:违反本法规定、虚报注册资本、提交虚假材料或者采取其他欺诈手段隐瞒重要事实取得公司登记的,由公司登记机关责令改正,对虚报注册资本的公司,处以虚报注册资本金额5%以上15%以下的罚款;对提交虚假材料或者采取其他欺诈手段隐瞒重要事实的公司,处以5万元以上50万元以下的罚款;情节严重的,撤销公司登记或者吊销营业执照。

通过旁听关于公司解散案件的会议和查询公司注册地址的相关问题,我初次较为深入地接触到了非诉业务,也明白了非诉业务并不比诉讼业务简单,非诉业务同样需要花费很多时间和精力去投入。张海涛律师说过:"一位好的律师,非诉业务和诉讼业务都能处理。"我认为这句话十分正确,既然从事法律工作,不管是以怎样的形式,都应该完全投入,法律工作并没有难易之分,一位真正专业的律师,同样也是能做好非诉业务和诉讼业务的。

(三)外出实习体验

2018年7月11日,我们随张海涛律师到宁波出差,这次我们跟随张海涛律师去公司旁听会议。这次会议让我目睹了专业法律人在会议上的风采,同时也让我对房屋租赁合同、合同违约责任等法律知识有了更深刻的了解。案件是关于商业区负责管理的公司与商铺业主们的纠纷。第一,商铺办理交接手续后,法律层面上的商铺腾空,解决方法是在租赁解除协议中约定××天未搬走商铺内物品,双倍支付占用费用,程序上请求法律腾空等。第二,商业区负责管理的公司与商铺业主口头协议终止营业后,商铺业主擅自将商铺转租给第三方且未告知商业区负责管理的公司,解决方法是先起诉到法院再进行调解,同时确定违约责任交付违约金。在会议过程中,张海涛律师提出要考虑现实因素,例如:租赁协议约定后,违约则采取间歇性停电停水、正式发布公告通知、违约造成的损失由商铺自己承担等措施。这次的宁波出差之行,张海涛导师还告诉我们,作为被公司聘请的律师,每次出席会议都要保持3个小时以上,这是作为专业律师所应该秉持的态度。

2018年7月12日,我跟随张海涛律师以及周律师前往乐道公司收集材料。经过上次会议的方案讨论后,这次的出行十分具有针对性和目的性,主要任务是梳理材料和整理证据,这让我明白专业律师在工作中必须具有目的性和效率性。在取证开始之前,张海涛律师再次提出法官判决的重点:第一是公司的权力运行是否发生了困难,是否出现了公司僵局;第二是公司的业务经营是否发生了严重困难;第三是公司继续存续是否会使股东利益受到损失;第四是是否有替代性的解决方案。针对这些重点,张海涛律师提出了相应的取证体系:第一是公司所能做出决议的材料文件和会议纪要;第二是公司的财务状况、资产状况和近四年的财务审计报告;第三是公司后续的经营计划(包括运营架构、人员架构等)。在此期间,我也帮助张海涛律师和周律师进行了文件的整理。当手碰到文件时,我感受到了专业律师在工作中应具备的专业素质:在会议中不说废话,只针对案件进行讨论;工作时必须保证效率,让工作完成得有质量;为自己所代理的一方负责任,针对所有的可能性提出解决方案。

2018年7月19日,我跟随张海涛律师前往杭州白马湖公园的公司进行会议旁听。这次会议的主要内容是关于公司股权转让的问题。案件的主要情况是某股东将股权转让给另一方后,却继续干涉公司的业务经营。在此案件中,张海涛律师是股权转让接受方的代理。此案件本已经过法院的判决,但现在要经过法院的二审。现在最主要的是收集当时股权转让的相关文件以及对方干涉公司经营的证据。在此次会议中,我完全以一个旁听者的身份参与,因未进行笔记整理,所以更能以一个旁观者的角度去看待此案件。在此案件中,我感受到了法律程序和证据收集的重要性,也感受到了专业律师在对待取证时的严谨性。

三次跟随张海涛律师在外实习的经历,不仅增长了我的见闻,同时也让我对专业的法律职业者工作的流程有了更加深层次的了解。

(四)最后一份答卷

2018年7月27日,我完成了张海涛律师布置的最后一个任务,同时我在浙江孚初律师事务所的实习也即将告一段落。这个任务带有非诉业务的性质,是有关数据的收集和研究,主题是:于电梯内部安装商业广告设施的安全性问题。

1.论证住宅区电梯内广告安装行为的合法性

(1)住宅区内候梯厅、电梯轿厢内的空间所有权归谁?

归全体业主所有。

法律依据:

《最高人民法院关于审理建筑物区分所有权纠纷案件具体应用法律若干问题的解释》第三条，"除法律、行政法规规定的共有部分外，建筑区划内的以下部分，也应当认定为物权法第六章所称的共有部分：(1)建筑物的基础、承重结构、外墙、屋顶等基本结构部分，通道、楼梯、大堂等公共通行部分，消防、公共照明等附属设施、设备，避难层、设备层或者设备间等结构部分；(2)其他不属于业主专有部分，也不属于市政公用部分或者其他权利人所有的场所及设施等。建筑区划内的土地，依法由业主共同享有建设用地使用权，但属于业主专有的整栋建筑物的规划占地或者城镇公共道路、绿地占地除外"。

因此，用于安置商业广告的候梯厅、电梯轿厢内空间应属于《物权法》第六章所称的业主共有部分，归全体业主共有。

(2)谁有权决定将住宅区内候梯厅、电梯轿厢内的空间用以安装广告对外经营？

住宅区物业在电梯内安装广告需要取得业主大会的同意。

法律依据：

《物权法》第七十条：业主对建筑物内的住宅、经营性用房等专有部分享有所有权，对专有部分以外的共有部分享有共有和共同管理的权利。

《物权法》第七十六条：下列事项由业主共同决定：(7)有关共有和共同管理权利的其他重大事项。

决定前款第五项和第六项规定的事项，应当经专有部分占建筑物总面积2/3以上的业主且占总人数2/3以上的业主同意。决定前款其他事项，应当经专有部分占建筑物总面积过半数的业主且占总人数过半数的业主同意。

《物业管理条例》第五十五条：利用物业共用部位、共用设施设备进行经营的，应当在征得相关业主、业主大会、物业服务企业的同意后，按照规定办理有关手续。业主所得收益应当主要用于补充专项维修资金，也可以按照业主大会的决定使用。

根据上述法律规定，利用小区候梯厅、电梯轿厢内空间等业主共有部位进行经营的，应当经专有部分占建筑物总面积过半数的业主且占总人数过半数的业主或业主大会的同意及物业服务企业的同意。故，若小区物业管理公司或业主委员会与楼宇电梯媒体运营商签订相关电梯资源经营合同时，需取得相关业主及业主大会的事前同意或事后追认。

根据《合同法》，未经相关业主或业主大会同意或追认，小区物业管理公司或小区业主委员会将小区候梯厅、电梯轿厢内空间有偿提供给楼宇电梯媒体运营商使用之行为属于无权代理行为，双方签订的有关电梯资源经营合同属于效力待定的合同。

（3）尽管经过业主大会和业委会的同意，是否有强制性的规定说明不能在住宅区电梯内安装广告？

并未有强制性规定。

根据我国《物业管理条例》第五十五条的规定：利用物业共用部位、共用设施设备进行经营的，应当在征得相关业主、业主大会、物业管理企业的同意后，按照规定办理有关手续。业主所得收益应当主要用于补充专项维修资金，也可以按照业主大会的决定使用。可见，既然小区内的电梯属于物业共用设备，其能否用于其他经营活动，至少应当由代表业主行使权利的业主委员会与物业公司协商一致。

此外，根据物业管理的有关规定，业主依法享有物业的共用部位、共用设施设备的所有权或者使用权。所以只要是利用小区业主公摊面积做广告，无论是在电梯内还是在其他共用部位，广告收益理所当然都应该由业主共享。

2.针对电梯内安装广告的安全隐患的通识性规定

《重庆市电梯安全管理办法》对电梯的维护和故障救援等做出了明确规定。

办法明确：电梯使用单位对电梯使用履行安全管理义务，承担安全主体责任。从事电梯维护保养的单位应做到以下几点，若有违反，将由特种设备安全监督管理部门责令改正，处 10000 元以上 30000 元以下罚款：在电梯轿厢显著位置标注本单位的名称、应急救援电话号码、作业人员等基本信息，以及最近一次维护保养的人员、时间、内容等维护保养信息；制定维护保养方案、应急救援预案；设立 24 小时值班电话，保证接到故障通知后及时予以排除；接到电梯困人故障报告后，维修人员应当及时抵达并实施现场救援，主城区及中心城市抵达时间不超过 30 分钟，其他区县（自治县）不超过 1 小时；至少每 15 天对每部电梯进行一次维护保养并做好记录，电梯发生故障的应当详细记录。此外，在乘坐电梯时，如有以下行为，将由特种设备安全监督管理部门责令改正，并可以处 200 元以上 1000 元以下的罚款：乘用明示处于非正常状态下的电梯；采用非安全手段开启电梯层门；拆除、破坏电梯使用登记标志、电梯安全使用说明、安全注意事项和警示标志、报警装置、电梯部件及其附属设施；损坏、损毁电梯专用操作按钮；乘坐超过额定载重的电梯；超过额定载重运送货物；携带危险化品或者易燃易爆物品；其他危及电梯安全运行或者危及他人安全的行为。

综上，网络上仅有重庆市因为电梯内安装广告屏所造成的安全隐患调整了规章制度，而电梯内安装广告屏引发事故的新闻比比皆是，法律规章制度在这一块是欠缺的。

经过这段时间在浙江孚初律师事务所的学习，我对律师这个职业以及法律有了更加全面和深刻的认识。作为一名法学专业的学生，我很感激能有这样的实习机会,这个机会点亮了我心中的法律明灯,也让我明白想要成为一名律师所必须秉持的态度。同时,我要感谢张海涛律师在这段时间里对我的教导,在浙江孚初律师事务所的实习经历让我受益匪浅。

导师寄语[①]

　　怀政怀着毕业后成为一名律师的理想,来到我所实习。作为一名大一学生,他能沉心静气地学习理论知识,亦能一丝不苟地完成实习任务。律所提供机会让他去参与探讨案件,让他去了解律师面对客户时的风范和工作态度与工作程序,对此,怀政都饱含热情,如饥似渴地观察着,记录着,思考着。短短一个月,看到了他拥有着完全不亚于正式实习律师的工作态度和工作激情,也看到了一个未来优秀律师的优秀潜质,我很期待,也予以嘉许!

---

　　①　张海涛,浙江孚初律师事务所律师。

法海行航　律野迷踪

——北京盈科(杭州)律师事务所实习体会

陈梦瑶

实践感悟

2018 年的暑假,我很幸运能够在北京盈科(杭州)律师事务所吴晓洁律师的指导下,进行法律实务的学习。

老师目前担任北京盈科(杭州)律师事务所股权高级合伙人、私人财富管理法律服务中心杭州分中心主任、婚姻家庭与财富管理法律事务部主任以及西湖区人民法院特邀调解员等职务;曾作为西湖区人民法院律师调解员代表,受到最高人民法院周强院长等领导接见并汇报相关律师调解工作;专业领域涉及婚姻家事、私人财富管理等。

初次相见,是在校友返校日时法学院举办的讲座上。我第一眼看见老师,就诧异于她虽从事律师如此忙碌的职业,却仍然可以妆容精致,富有气韵。在选择实务导师时,我得偿所愿。在实习期间,只要有机会,老师就会安排我们参加各种活动,熟悉基本的实务操作流程,尽可能地让我们了解并掌握一定的实务知识。所以,非常感谢老师在实习期间给予的指导和帮助,让我对法律实务有了初步的了解。

(一)实习准备

作为一名学习法律不久的学生,所掌握的法律知识还相当欠缺,加之平时所学的都是理论知识,很难进行有关法律实务的操作。为了能在实习期间有所收获,在学期结束之后,我翻看了相关的法律条文,明确了目标,这也是老师所要求的。同时,我也去实地考察了路线,以免迟到。

(二)初入盈科

北京盈科(杭州)律师事务所成立于 2014 年 1 月,作为北京盈科律师事务所的分所,目前有 145 名执业律师,50 余名实习人员、助理及行政人员。业务领域涉及广泛,专业化分工以及团队和合作的运营模式,提高了工作效率,也使律所在激烈的竞争中赢得了一席之地。到律所实习的第一天,由老师的助理吴甜学姐带我们熟悉律所的环境,虽然比原定时间提前半小时到达,但已有律师在工作了,可见工作的紧张和忙碌。

(三)实习内容

1.基本技能

第一天,助理吴甜学姐教我们基本工作的操作流程,主要是文件的复印、资料的扫描和在给当事人或者法院寄送资料时应当填写的内容与注意事项。原本以为挺简单的,但是真正到自己操作的时候,就会出现各种问题。比如办理实习手续需要身份证和学生证的复印件,在复印学生证的过程中,就发现不论怎么放,复印出来的内容总是会少一部分,心中不免疑惑和焦急。在仔细观察其他人如何复印后,终于发现问题所在。所以,实践是检验理论的方法,只有自己真正动手做过,才能知道自己还不明白的地方在哪里,从而真正掌握一项技能。

2.法院调解

法治社会背景下,越来越多的人选择运用法律来维护自己的权益,这也使得法院受理的案件数量呈上升趋势,一个法官所要处理的案件就多达几百件。为了缓解压力和提高效率,婚姻案件审理前需进行调解。作为西湖区人民法院特邀调解员,老师调解了一起非婚生子女合同纠纷案件并让我们进行旁观。原本以为当事人双方会吵得不可开交,但由于原告方由代理律师前来接受调解,所以整个调解过程双方都表现得相对理性。尽管花费了近 2 个小时的时间,双方仍未达成一致满意的解决方案,但调解作为缓冲的楔子,在增进当事人沟通的同时,也势必会让他们重新审视情势,向着有利于案件解决的方向发展。

在调解过程中,原告代理律师都以淡定从容的态度回应被告方,体现出作为律师应当具备的镇定自若的素质。作为调解人,则要保持中立的态度,要做到动之以情、晓之以理,对调解要有清晰的思路,能够掌握调解的大致方向。必要时候可以提出相对公平的解决方案供双方参考,推动调解的进行。在此次调解过程中,被告人始终抱着大不了坐牢的消极想法,这时就需要尽可能地从法律角度转变其想法,否则调解将陷入僵局。

3.案例检索

近年来,法律文书和法律法规的公开化与电子化,为法律人处理法律纠纷提供了指导方向。虽然我国不是判例法国家,各个法院对相似案例的判决结果不尽一致,但在一定程度上能供我们借鉴,由此案例检索成为律师所必须具备的一项技能。从昨天调解的案子出发,我查询了有关离婚协议上诉到法院,协议中的违约金被支持的案例。在输入关键词后,若查询到的案例并不能精准匹配,就需要不断调整关键词;但我最后发现这类案件大多是属于合同纠纷,仅仅输入与离婚有关的词是无法直接搜索到符合要求的案例的,这让我对案例检索有了初步的了解和掌握,今后也能通过这种方式来学习实务法律知识。

4.部门例会

7月13日下午,我作为实习生参加了老师所在部门的例会。虽然对前辈们所谈论的东西一窍不通,但仍抱着学习的心态尽可能地获取干货。首先是叁合出国的张总介绍自己公司关于海外家庭规划的业务情况,主要是关于国外绿卡的情况。还有大都会人寿的风险师对保险的简短介绍,都是有关私人财富管理方面的。另外,由高律师所做的关于夫妻一方转让名下股权效力认定的司法观点的分享引起了律师们的热烈讨论,几近于辩论。这让我感受到了即使是贴近生活的婚姻法,也有许多复杂的情况需要认真辨别。既有的知识往往无法适应变化着的社会生活,这就需要我们不断学习。通过相互的经验分享和最新的法律资讯,碰撞出思维的火花,扩大自己的知识面,并更好地将其应用于实务之中。再者,一则父母为子女出资买房算"赠"还是"借"的新闻和绍兴市中级人民法院的判决引起了律师们对该问题的讨论。情与法,一直是两难的抉择。在我看来,法律有明文规定的,应当遵照执行,不能因人情而有例外;而适当地兼顾人情也是必不可少的,毕竟法律不是面面俱到的。

虽然大家讨论的是法律问题,但有时也会相互调侃,让人不禁笑出声来,气氛顿时变得轻松愉快。大家虽然是事业上的竞争对手,私下却是共同进步的同事,前辈们也是可爱的人呀!

5.法院旁听

在实习第2周,老师手上有一个案子刚好要开庭,我们可以前去旁听。我心想,终于能进法院看看审理案件的流程了,于是星期四上午8点就到了西湖区人民法院门口,在门口等了30分钟才进去。那天正好有大太阳,进到法庭里,才凉快一点,然而接下来却被告知本案件为不公开审理案件,非代理律师一律不得入庭。那一刻的我惊讶而失落,可那是当事人的权利,也是法律的规定,必须遵守。在开庭之前,法院才交给老师代理的被告一方所要调取的材料,尤其是关于数据的那两份材料。由于时间紧迫,根本没办法细细研究,换成是我肯定慌了神。老师虽然也焦虑,但是面容平静,还指导另一学姐和我复印材料,告知我们要复印的证据和复印的份数。本以为在法院里的办事大厅可以复印相关材料,却被告知只有书记员亲自来才可以复印。没办法,只得跑到法院外巷子里的一家复印店复印,等我们复印完毕,老师已经大致完成了对银行卡数据的分析,并让我们计算交易来往频繁的账户资金流动总额。尽管最后由于时间原因,没有完成计算,却让我了解到了现实社会中规章制度的严格性,它不会因为你情况紧急而有所改变,尤其是涉及法律方面的。另外,我意识到作为一个律师应当具备处变不惊的能力,虽然知道在短时间内无法对证据进行完整的分析,但是要善于在短时间内抓住重点,以便进行反驳。尽管没能旁听该案件的全过程,却也是小有收获。

(四)实习收获

在实习期间,老师推荐我们阅读《青年律师启示录》一书。该书是执业多年的律师以自己的真实感悟,为即将踏上或正走在律师道路上的人点亮前路的明灯,读来收获颇丰。想要成为一名律师,应当具备以下条件或者素质:

1. 良好的职业素养

道德律要求:做一个有道德的人,做一个有道德的律师。律师心中要常怀对法律的敬畏之心,面对诱惑,要不为所动。作为当事人的诉讼代理人,在尽力为当事人争取最大的合法化权益的同时要保持自己独立的思维方式和法律见解。在面对公检法部门时,要做到不卑不亢。在职业中,要受得了压力,耐得住寂寞,要有从容不迫、处变不惊的心态,以支持你在律师这条道路上一往无前。

2. 健康的身体素质

身体是革命的本钱。律师工作不仅是动脑子的活,同时也是一个有强健体魄才能胜任的体力活。所以平时更要注重身体的锻炼和保养,而工作后的身体情况,很大程度上取决于学生时期的身体素质状况。因此,平时学习之余,也要加强身体锻炼,多去户外走走,劳逸结合,为今后的工作积蓄能量。

3. 广博扎实的专业基础

正如书中所写:"律师精通法律是最基本的专业素养。在知识经济时代,知识对于各行各业都显得越来越重要。知识孕育思路,思路就是出路。当今社会,社会关系错综复杂,社会矛盾尖锐突出,社会管理面临创新。要做一名好律师,要想在社会历史进程中占有一席之地,光有法律知识是远远不够的。好律师除了法律知识,也得在经济、政治、管理甚至科学技术等方面学习并掌握一定的专业知识。"

4. 全面的优质服务

寻求法律维护自己合法权益的当事人大多对法律没有深刻详细的了解,一般诉讼的整个程序都是律师负责跟进,当事人很少关心律师做了多少事情,只在乎自己到底能不能赢。所以,当然少不了对律师的投诉。对于法律顾问类的服务,需要在合同的拟定或者其他方面确保细致严密,以最大程度避免纠纷的发生。所以,在处理每一项业务时,对每一个程序都要了然于胸,不可遗漏;同时,要和委托人保持密切联系,及时沟通想法和通知进程。

5.永远的进取精神

时代在改变,行业在进步。当既有的思想已经不能解决眼前的矛盾时,就不能安于现状,而要锐意进取,寻找新的解决方法。我们可以通过自我学习或者相互交流,抑或通过参加培训去聆听感悟前辈或者他人的见解,拓宽自己的思路,让自己不断成长。机会总是留给有准备的人,安于现状,不思进取,固守不合现状的老一套,终将被时代所淘汰。

以上所述只是成为律师所应具备的冰山一角,其光鲜的外表下也有不为人知的无奈和艰辛。律途漫漫,希望能自我勉励,砥砺前行。

(五)圆满结束

在盈科为期一个月的实习中,我学习了相关法律实践技能。在吴老师和两位学姐的指导与帮助下,了解到了在学校里无法获知的法律知识,对律师这个职业有了更深刻的理解,也为今后的专业学习开启了新篇章。

最后,感谢学校和学院给我们提供这个宝贵的实习机会!

感谢吴老师和学姐们的指导和帮助!

感谢盈科!

导师寄语[1]

雪倩、梦瑶,第一次见你们,觉得你俩都是文文静静的小女生,但看似安静的外表之下,你们的内心也都有着自己的小世界,接触久了,我也慢慢可以听见你们心里的声音,里面充斥着自己善良、本真的想法。当你们第一次来律所的时候,我可以感觉到你们有些许紧张,面对即将开始的实习工作,似乎害怕自己的知识储备不够,害怕自己的实务经验不足,但是,吴老师想告诉你们,人的知识储备永远不可能达到一个饱和的状态。或许才刚刚大一的你们、刚来律所的你们,对于一些法律的专业知识以及律所的实务操作经验还有所欠缺,但没有人是一开始就什么都懂、什么都会的。以后的人生路上,你们还会遇到自己知识储备不够或者经验不足的事情,不要害怕,鼓足勇气,虚心学习,主动探索,因

---

① 吴晓洁,北京盈科(杭州)律师事务所律师。

为凡事总有一个学习和了解的过程。

一个月的实习期,说短不短,说长也不长。这一个月中,你们跟着我一起接待过当事人,一起整理过烦琐的证据材料,一起参加过法院调解,也一起旁听过开庭庭审。其实,诉讼律师的主要工作,在这一个月的实习期中你们均已经有所接触和了解,还记得第一次你们跟着我接待当事人的时候,拿着笔和本子奋笔疾书,生怕遗漏掉哪个细节;还记得你们拿着厚厚的银行流水明细一笔一笔仔细核对并进行摘录,为我们的案件证据做准备;还记得你们开庭时认真地听法官、双方律师以及双方当事人在庭审时的陈述,并做着记录。在律师办案的过程中,有的事情看似很不起眼,有的环节看似很简单,但是对案件都可能起着至关重要的作用,所以,当你们以后走上律师道路的时候,千万不能对细节掉以轻心,往往细节决定成败。

作为你们实习期间的指导老师,同时也是你们的学姐,我希望你们在法律职业生涯开始之前,先明确自己内心的真实想法。通过一个月的实习,你们对律师行业已经有所了解,这段时间的实习体会跟你们来律所之前想象的律师职业有什么区别吗? 如果你们内心坚定地选择走律师这条路,我想给你们以下建议:

第一,要善于人际交往。可能是实习时间不够长,所以你们还没有完全放开,除了跟自己团队中几位律师有所接触,你们很少和律所其他前辈有过交流、沟通。事实上,律所也类似于学校,在这里,和你们一样的实习生或者助理扮演着学生的角色,而所有专职律师、合伙人律师都可以是你们的老师,因此只要你们自己善于沟通,与前辈们多交流,便可以从他们身上学习到很多与大学校园中所学的不一样的知识。

第二,要学会独立思考。实习期间,你们一起参与过调解,旁听过庭审,每一次我都会让你们跟我交流自己的想法,表达自己的观点。独立思考是律师职业的基本技能之一,案件办理过程中,每一个案件的诉讼架构、诉讼思路不可能一成不变,所以就需要律师独立去思考,从而选择最有利于当事人的方案。

第三,要坚持不断学习。律师不仅需要深耕细作,也需要不断学习来修炼内功,这样才可以尽早知悉法律条文的变更,同时学习其他之前未涉猎领域的专业知识,从而最大限度地帮助当事人维护其合法利益。这一点从你们实习期间的表现看来,做得很不错,没有任务的时候,你们便会自己认真看书,主动学习,希望你们一直保持!

当我写下这篇导师寄语的时候,你们的实习期也即将结束。实习虽短,情谊犹长,希望你们不忘初心,砥砺前行!

躬行三旬，窥豹一斑

——浙江天册律师事务所实习体会

陈婷婷

实践感悟

期月已过，忽然而已矣。

仲夏七月，幸甚至哉，在朱卫红律师的指导下，我在浙江天册律师事务所进行了一个月的实习，实现了由一个法盲向法律人的初级进化。

我的实务导师，于我而言，像是书中走出的神奇人物。我们通过往年学姐学长的实习记录对朱律师有了初步了解，光是静止的文字描述就让人对他产生仰慕和崇敬之情，我想，这一定是一位兼具过人能力和有趣灵魂的律师前辈。

初次见面，朱律师就用他的亲和力悄悄打破了初识的尴尬气氛，也消除了我们的紧张情绪，只让人觉得亲切，可以畅所欲言。

为徒一月，受益匪浅。朱律师不仅让我们感叹于他的远见卓识和丰富阅历，以及强大的专业能力，还让我们看到了他生活上的一丝不苟和自得其乐。他重养生、爱自然，也总是叮嘱我们要注意身体，回归自然；他爱围棋、好品茶，思维缜密又灵活，为人儒雅而温和。平和而又厚重的心境，非常人能有，只有历经无数风雨漂泊和坎坷颠簸的灵魂才能拥有淡然和超脱。

世俗的成功和内心的宁静，大抵就是如此吧。

一个月以来，朱律师不论在知识和技能方面的倾囊相授，还是为人处事方面的言传身教，抑或是生活学习上的关怀备至，每一点都让作为学生、作为晚辈的我们感到温暖，我谨在此表达对朱律师的由衷感激。

在天册律师事务所实习的一个月里，我直观地体会到了法律在现实社会生活中的运行方式，也由此对霍姆斯所说的"法律的生命不在于逻辑，而在于经验"有了进一步的认识。

（一）实习内容

1. 旁听法律咨询

实习期内，我们有幸跟随朱律师接待了两位当事人，他们分别涉及刑事案件和行政案件，因此我们对这两类案件有了更实际化的认知。旁听过程中，我们仔细聆听当事人的问题并观察朱律师如何解答，同时记录下案情和重点，以及朱律师在分析案情、解答咨询时所阐述的专业知识。

我们发现，当事人只是把律师作为实现其目的的工具，而朱律师能够在理解和把控当事人情绪的同时，坚持自己的立场，而不是以当事人的思维模式去思考。在和当事人分析情况的同时，朱律师也不忘关照我们三个旁听的"法盲"，用各种生活中的例子进行类比分析，深入浅出地告诉我们这个案件涉及的专业知识，让我们从眼前的实例中对已学而未实践巩固的知识有了更进一步的理解，对未学的知识也有了一定的认知和着手习之的好奇心。

2. 分析讨论案件

案例分析应该是我们作为在校法科生比较熟悉的部分。但在律所，以律师身份分析案件与法学院课堂中的思维方式并不相同。我们习惯以学生思维看待案件，因而时常陷入片面、主观的泥淖之中。而作为律师，虽然是代表着己方当事人的利益，但不管在起诉还是在答辩时，都必须考虑对方针对自己的观点会如何抗辩，因此总需要做两手准备，这就要求律师全面考虑，而非孤立地站在一方角度看待问题。

朱律师就网吧股权转让纠纷一案对我们进行了两次指导，每次他都鼓励我们大胆积极地表达自己的看法，以锻炼我们的逻辑思维能力和沟通表达能力。我往往先入为主地断是非、定曲直，而忽视了理清案件事实才是首要环节。朱律师总是用他通俗易懂又幽默风趣的语言独到地将案件的来龙去脉讲述得简单而清楚，如他所言，我们作为大一的学生，还未形成完整的知识体系，应该先像复述故事一样厘清案件情况，然后带着好奇心去研究其中的法律关系，而不是直接急切地想要获取案件审判的思路和结果。

网吧股权转让纠纷一案中，原告实际受让股权后因经营亏损，以被告未履行约定的办理股权转让登记、出具出资证明的合同义务为由，向法院起诉，请求解除合同，返还转让款，而此时该网吧内的设备都已被被告变卖。实际上被告处于十分不利的境地，而朱律师作为被告代理律师却在一审中胜诉，这要归功于他的专业能力和丰富经验，而原告律师未对该案进行仔细研究和分析论证、未踏进网吧了解情况就草率办案，以致败诉，其教训也值得我们引以为戒，要重视实地走访、现场勘查在律师办案过程中的意义。

3. 撰写法律文书

我们为买卖合同纠纷一案撰写了起诉状,通过自己抓耳挠腮的思考和朱律师醍醐灌顶的指导后,我们收获颇丰。主体、诉讼请求、事实与理由是起诉状的骨架,缺一不可。首先,主体要明确。在民商事案件中,常存在公司人格混同的情况,股东得以侵吞公司财产、逃避债务等,此时,应该如何在自然人与公司之间确定主体就很值得思考。第二,诉讼请求要准确。每一条诉讼请求都应有法律依据的支撑。原告的请求权基础、案件管辖的法律规范等,都需要进行周密的考虑。任何一环的法律要件没有齐备,都可能导致诉讼请求被驳回的结果。第三,事实与理由要清晰严密。"告状"的重点是讲清事实,避免繁复和混乱;说理时,牢记"引经据典",以法律为依据,将权利置于法律的保护之下。最后一点要贯穿始终,即要考虑周密,不要给自己挖陷阱,又不能因追求稳妥而机械化,要善于个案分析和变通。

4. 旁听法庭审理

朱律师带我们旁听了一次初入法门之人所心心念念的庭审。法庭不同于我的想象,但不减其庄严肃穆。在朱律师的案子开庭前,我们旁听了另一个案件。有趣的是,在朱律师的指点下,我才知道双方律师都存在几点错误,而且这几点都是律师在庭审中不可忽视的最基本的问题,比如原告方律师在诉状中将涉案车辆的车牌写错,被告方律师将"驳回诉讼请求"说成"驳回起诉"等。而这也成了我学习的材料,让我感受到法律是严谨的,失之毫厘,谬以千里,若双方律师在平时学习和办案过程中能多一分认真细致,就不至于出现这样的错误。总之,法律人应秉持严谨负责的态度。

让我难忘的是朱律师在法庭上胸有成竹、游刃有余的模样,这是基于对案件情况的熟悉,对法理、法条的掌握,对办案细节的雕琢。

5. 出差

"读万卷书,行万里路",一个月里跟随朱律师出差的三次经历都给我带来了"胜览万卷"的独特体验。而第一次的丽水之行最让我这种初出茅庐的门外汉难忘——政府公车接送、安排食宿的舒适差旅体验不是想象,作为政府法律顾问的小小实习生,我们深刻地感受到了政府机关及其工作人员对朱律师和我们非同一般的重视与关照。然而,厚遇也意味着重担。正可谓术业有专攻,担任政府法律顾问对律师的专业知识与能力提出了更高的要求,他们背负着政府依法行政的使命,律师的工作效果直接关系到一个政府机关行政行为的合法性。

在中国日益走向法治强国的今天,律师被聘为政府法律顾问的情况更普遍了，这是时代所趋，律师以其专业与严谨的态度搭建原本沟通欠畅的群众与政府的桥梁，从而完成政府依法行政的重托。

(二)实习收获

小野二郎说："在修行期间学到的东西是基础，并不是属于自己的技艺。只有在不断思考中创造出的智慧结晶，才是自己真正掌握的技巧。"短短一个月里，我们学到的只是法律工作的九牛一毛，但这些都是前辈们从多年的实践中总结出来的经验，他们慷慨相授，我们是何其幸运，但也只有在学习后独立思考、及时总结、继续琢磨，才能将幸运所得内化于心、外化于行。

在实习中可以发现，实务操作与理论知识并不是"无缝对接"的，而我们往往以固有的学生思维，习惯性地将问题都置于理想状态中，忽视了实务中无法避免的复杂现实，用解决大学课堂中已简化的案例题的方式去分析实际案件，这就带来必然的错愕。在这一个月的经历中，理论应用的困境在现实面前被展现得异常清晰，我深刻体会到自己知识储备的匮乏和实际运用能力的不足，且"不知道""做不好"容易成为常态。短期内，"不知道"和"做不好"可以获得前辈的理解和耐心指导，而我们应该有一种"白纸心态"，谦虚接受并付诸努力，以求进步。但若长期停留在这种舒适区，努力程度也就值得怀疑了。因此，还需要一砖一瓦慢慢累积的学习心态。我们以实习为契机将律所当作实践课的课堂，在学习中成长，而未来也需要培养终身学习、与时俱进的能力。

律师的职业像海绵吸水一样，需要不断学习。案件的案由可能相似，但是所涉及的法律问题有千变万化的可能。因此，对于我们来说，最重要的是修正并更新学习方法，加深对知识的认知和掌握，为日后的实务工作夯实基础，才不致遭遇"纸上谈兵"的尴尬。

世事洞明皆学问。律师不能光顾着自己的一亩三分地，要放眼看世界，提高观察力，用一双善于捕捉美的眼睛去发现处处皆在的学问。跟随朱律师出差丽水、义乌、金华三地后，我更深刻地理解了这一点。沿途的各种风光和现象，都是朱律师的考题，他说，到一个地方，就要了解这个地方的风土人情。他对各地的特点和社会的各方面都有所了解，可以随时开课，不论是在律所，还是在餐桌上，或是在路途中，从这点足可见他视野之广，阅历之丰。在"行万里路"的同时，也不能忘"本"，博采众长，通晓社会万象，才能理解法律的真谛，把握法律的精髓。

置身其中，我才发现发酵着知识与财富、令无数法科学子心驰神往的律所并非似云端那般庄严得不可企及。休憩时律师们的寒暄十分和谐。律师们并不同于我们想象中的严肃，每个小格子间都没有屏障，律师之间也没有距离，关系融洽，或闲来相互调侃，或忙时分享案源，而不是独来独往地局限于方寸之间，"各扫门前雪"。所谓术业专攻，业精于勤，任何人的时间精力都是有限的，于是共享互助就成了选择。在律师与律师之间，这是一种合作；在律师与实习生之间，这是一种传承。"以同事为第一客户"之理念，意在此哉。

一个月的实习过程中，一个专业负责的律师形象在我心里逐渐明晰起来：扎实的专业能力、过硬的心理素质、良好的沟通水平……这些不是实务技能的简单叠加，而是以技为基的逐步沉淀。当然，还包括朱律师所认为的律师应具有的特质：耐心细致、思维敏捷、勤奋刻苦，而他也的确将这些特质具象化。细微之处显功夫，琐碎之中见素养，他的耐心细致凝于对细节的雕琢，思维敏捷现于对难题的应对自如，勤奋刻苦化为严密成熟的专业知识体系。可见，法律人要坚持那些必须坚持的东西，才能在这浮躁的社会中保持自己的品格。

吉姆·科赫说："浪费生命去做自己不喜欢的事，一次又一次妥协，是最大的风险。"无法自我实现、自得其乐的人，就像是溺水者。而我们，选择了热爱，也拥有"为我所爱"的自由。将"纸面上的法律"转化成"行动中的法律"的美梦，也会在满怀热忱的脚步中成为现实。

翻看一份份材料以及自己记录的实习心得与体会，深感这个月所学所获的丰厚，点点滴滴都是可遇不可求的晴日之喜。"任何值得去的地方都没有捷径"，道路且长，我会将这些宝贵的收获都铭记于心，带着感动与期许，仰望星空，脚踏实地。

导师寄语[①]

婷婷玉立于律所，
害羞天性惹人忧。
一朝率先报告递，
胸有丘壑壮志露。

---

① 朱卫红，浙江天册律师事务所律师。

浙江铎伦律师事务所实习报告

樊雪平

实践感悟

2018年7月9日,我开始实习的第一天,还记得那天太阳特别大,天特别蓝,为了不迟到而起了一个大早,因为不熟悉地形,出地铁口之后还绕了一大圈……看着自己的照片第一次被印在律所的工作牌上,第一次有了作为一个律师的自豪感,时间过得真快啊!2018年8月9日是实习的最后一天,第一天的慌张早已不复,有了更多的成熟与稳重。

一个月的时间,说长不长,说短不短,但这对于一个合格的律师来说,肯定是远远不够的。在实习期间,非常感谢律所里每一个人的照顾,可能是因为律所里有很多浙江财经大学毕业的学长学姐,让人丝毫没有距离感,聊天可以很嗨,工作也可以非常严肃认真。当我们请教时,他们非常有耐心,一步步地教导。最要感谢的就是方律师了,在实习的第一天,我们就进行了一个多小时的谈话。他不仅会告诉我们在律所里的一些注意事项,教导我们非诉是什么,律师是什么,还会关怀我们的生活,叫我们多注意身体健康。一个月的时间,很短,而且我们的能力也有限,但是方律师将这些时间发挥到最大化,我们的时间被安排得满满当当,每天都会有新的收获。一个月下来,最想说的话便是感恩,感谢学校和律所给我们这个机会,让初出茅庐的我们对自己将来的工作、社会以及自己的能力与不足有更多认识。短短一月,吾颇有所感,所悟。

2018年7月13日,这是我实习的第一周,一周过去,我的工作状态也渐入佳境。回顾一周以来所做的事情,对比其他人的当然是不多,但是就自己的能力而言,能把这几件事情做好已经非常完美了。首先方律师交代的第一件事情,就是本周日的关于国家监察法的讲座,而我们的任务就是做好PPT,这是一个看似简单的活,可事实上并不是这样。方律师比较注重PPT的简洁有力,不在乎页数多少,而在乎通过传递最有效的信息取得最大的收获。还有最重要的一点是法律尽调,穷尽法律,尽可能多地搜集有效信息,当然更要注重自己的内容,以法律实务为主,不要搞一些假大空的东西。除此之外,方律师还交给我一个案件,叫我自己去整理它的全部内容,从中我学到了法律意见书的书写、合同的格式以及有关非诉实务方面的知识。在闲暇的时候,我重新研读了李建伟老师的民法教材,虽然目前只读了几十页,但是也颇有收获;查了非法吸收公众存款罪的一些基本知识点和一些整理卷宗的方法。希望在接下来的一周里,活力满满,好好工作!

2018年7月16日,新的一周又开始了。新的一周,我依旧在研究非法吸收公众存款罪。可能是我不太适合做研究,又或许是自己对这方面的知识丝毫不懂,看了许许多多的文章,还是没有想法,也不能从中发现问题;可细细一想,无论哪种学问哪个行业都需要研究,于是只得沉下心来,多多地看,看一遍不行,就看两遍,三遍,四遍……晚上杨律师办了个关于婚姻的学习研讨会。闪婚闪离、婚前同居所涉及的方面确实是比较多,因为在一起生活的时间比较短,感情基础比较薄弱,分财产时不论大小都要分,如家电、被子、床上三件套等。其实其中更加麻烦的是礼金问题,是属于夫妻共同财产,还是应该倾斜式分割,抑或归还各自所有?当然这其中的举证责任也非常麻烦。这让我深刻地了解到法律实务中存在的问题往往比课本上学的理论知识要复杂得多,在这里,我学到的是理论课上所学不到的东西。我更加深刻地认识到没有坚实的理论基础是完全不行的,这也坚定了我下学期要加倍学习的决心!

2018年7月20日,周五。一周又过去了,这一周里学到的最重要的知识就是卷宗整理了。虽然之前在网上已经有学习过如何整理卷宗,但是缺乏实战经验,今天才真正发现实务与理论一点也不一样。我完成了整理的卷宗,也学会了如何装订,更知道在整理卷宗的时候一定要静心、认真。

2018年7月24日,周二。为什么周一没有写感想呢?因为昨天一天都很忙碌,忘记写感想了,回忆起昨天从上班到下班好像没有做什么事情,可是一刻也没有闲着,这种充实的感觉真美好!

2018年7月27日,今天又是周五啦,开心……这一周我感觉非常充实,整理了两个卷宗,周三研究了政府信息公开的问题,周四研究了一天的发起人协议。虽然照猫画虎,仅仅学到了一点皮毛,但我意识到,作为律师要死死守住的一点就是为自己的当事人谋取更大的利益,注重风险分析与防控。傍晚,方律师把我们叫到办公室,一步一步地告诉我们合同怎么写,包括格式、内容、条款……我学到的不仅是拟合同的方方面面,更是一个法律人的思维。

2018年8月1日,周三。最重要的事情就是听陈律师的小课堂啦,课堂所授的是有关证据目录的指引操作的全面解释,这是在法律实务中至关重要的问题。其核心为:客观事实与法律事实,法条与法律适用,共同构成当事人诉求。就仅仅这样一个简单的关系,都需要我们反复地思考与实践,光掌握理论是远远不够的,如何在实务中做到外化于形、内化于心才是最根本的。

2018年8月9日,实习的最后一天,我坐在电脑前打着实习报告,回忆着一个月以来在律所的点点滴滴。千言万语,化作一句话,唯有感谢。离别来得总是非常快,相信天下没有不散的筵席,期待再次重逢的喜悦。感恩!

导师寄语[①]

一个月的实习没有想到那么快就结束了,整个实习过程中,印象深刻的是你工作很认真,积极性高,性格也开朗。做律师工作讲究细致、理解到位,你基本有这样的能力,能够有你这样的实习生在身边,感觉还是欣慰的。

实习时间短,可以指导的地方相对就少了好多,我计划从一开始让你理解作为非诉律师所从事的非诉业务的基本知识,并了解非诉业务的一些基本情况,通过最初的整理非诉案卷资料到整理协议,研究某类法律实务专题并誊写研究综述。你在整个过程中有做得到位处,也有不到位处,但多少看得出你成长意愿强,积极积累了一些对以后有帮助的经历,同时也对非诉业务有了一定的理解,希望在接下来的法学理论学习和实务学习中,继续带着强烈求知欲望,好好把握大学生活,为自己后续的法律工作生涯奠定坚实的基础。

---

① 方智,浙江铎伦律师事务所律师。

叩开法学之门

——浙江天屹律师事务所实习体会

葛雅婷

实践感悟

这次实习很荣幸来到了浙江天屹律师事务所。浙江天屹律师事务所系一家非诉业务特色明显、管理运转规范的优秀品牌律所，创立于 2003 年，专注于为客户提供以商事法律服务为重点、非诉讼业务为特色的法律服务。而我们班在专业的学习方向上正是非诉讼方向，因此，这次宝贵的实习机会让我十分幸运地接触到了很多非诉讼业务的相关知识。

我的导师正是浙江天屹律师事务所的发起人——金迎春主任。金迎春主任擅长股权并购、资产重组、私募基金等非诉业务，执业以来获得浙江省优秀证券律师、浙江省律师协会证券专业委员会副主任、浙江省优秀女律师等多项荣誉，且先后担任多家投资公司和数十家优秀企业的法律顾问。未见面时，看到金主任的简历，觉得集无数荣誉于一身的她应该是严厉而令人敬畏的。直到第一天实习，见到和我们谈话的时候总是面带笑容、耐心解答我们疑惑的金主任，她的亲切和随和让我先前的紧张一扫而光。

这一个月，在金主任和律所其他优秀律师的悉心教导下，我收获到很多与实务法律相关的知识，更多的是感受到作为一个法律人对待生活和工作的态度。在大家的亲切引导下，我才得以轻轻叩开实务法律之门，感受到它的魅力所在。

（一）旁听庭审

十分幸运，在天屹实习的第一天就有机会旁听金主任和陶律师参与的庭审。接触法律、学习专业知识不过一年时间，先前也未曾有机会去法院旁听，庭审于我而言，一直是未知而神秘的。因此，这一次的旁听经历让我收获颇丰，感慨万千。

受影视剧中庭审场景的影响,我们往往认为庭审就是双方律师之间唇枪舌剑的交锋,短短几分钟内将矛盾推向最高潮,抑或是通过临时提交的证据或临时的证人给对方律师带来戏剧性的突然袭击,扭转乾坤。而现实中的庭审不同于影视剧刻意营造出的效果。现实中的庭审更加平淡,程序也是一板一眼,先是双方代理人发言,再相互针对对方提出的问题进行补充,法官在整个过程中起主导作用,可以随时打断发言,进行提问。整个过程没有激烈的对抗,也没有逆转的突袭。但是,平静中也有精彩。在语速平缓、尚不激烈的发言背后是严谨的逻辑与明确的目标。观众们更多关注的是庭审现场的对辩,但律师们更多关注的是案件背后的故事,他们并不过分在意自己在庭审上的言论技巧,他们关心的是如何最大限度地维护自己客户的利益。

这次庭审带给我的还有一大特别感受就是体会到非诉律师与诉讼律师不同的魅力。对方的代理人是一位常年专攻诉讼的律师,他更加注重发言技巧,在局势处于弱势时,依然能紧追不舍地进行抗辩,引导走向。我方的金主任和陶律师因为日常主要负责非诉讼方面的案件,因此,对于案件中涉及的金额、数据更为敏感,更为细心,思路也更加清晰,更有逻辑。我想每个业务都有自己特有的素质需求吧。诉讼律师更多地围绕法律,每天都在与客户、法官沟通,每天都在做法律解释,对不同的案件抽丝剥茧。而非诉的业务相对来说比较广,更多涉及金融、经济、财务等方面,需要学习的也更广。但无论是非诉还是诉讼,都没有优劣之分,它们各自散发着各自的魅力。

(二)接待客户

实习一开始,主任便希望我们能够一同参与到接待客户的实践中,因为,作为非诉讼律师,与客户的沟通交流显得尤为重要。有幸跟着王律师、林律师一同接待了客户,这次的客户想要做一个遗嘱公证,由于客户的家庭关系比较复杂,所以王律师首先对财产的分割做了初步的判断,又为客户对遗嘱公证中可能产生的问题提供了三种解决方法。虽然我只是坐在一旁旁听,但是内心依然很受触动。作为一名非诉律师,如何在最短时间内了解客户的诉求,并且能够针对问题提出多种有效解决的方法,甚至于当你的当事人前方没有路的时候,你也能在法律规定的合法范围内为他留有一条退路。这些必备技能的提升不可能一蹴而就,而是必须经过长时间与客户的接触、与案件的对峙才能得以慢慢提高。由于情况比较紧急,王律师和林律师暂时放下其他工作,立即安排一天的时间对材料进行了整理并且完成了遗嘱公证。这样以客户为重的高效的工作不仅让客户放心,也让我暗暗佩服。一名优秀的律师,也许是会让人安心的存在吧。

(三)尽职调查

为公司做尽职调查是非诉讼律师的必备技能,这个月,在林律师的指导下,我们参与了对杭州两家公司进行的尽职调查工作,协助起草尽调报告的部分内容。初期需要对公司的相关资料进行搜寻,我们花了两天时间在企业网站上对公司的相关资料进行了汇总整理,接下来的四天都在进行完善,核实资料的真实性。因为从未接触过这项工作,刚着手时遇到很多困难,在汇总时也因为粗心没有去核实一些资料的真实性,林律师总是很有耐心地慢慢教我们,告诉我们对数据的处理要更加细心,对资料的排版也要尽可能整洁美观。林律师告诉我们,想要做好一份尽调报告也是需要下功夫的,要站在客户的角度,去思考我希望拿到手的是一份怎样的报告,这样去思考,才能在进行工作时更为细致。做尽调报告的那一周虽然很忙,但非常充实,特别是在完成的那一刻,觉得特别有成就感。

为期一个月的实习生活虽然短暂,但有幸有金主任和律所优秀的律师们的指导帮助,收获颇丰。

古语有云:"纸上得来终觉浅,绝知此事要躬行。"法律或许是一门必须要将理论与实践完美融合的专业,理论知识承担着真理与道德的精髓,而实践流淌着公平与正义的血脉。要在法律实务中运用理论知识并且不断完善它,正如金主任说过的:"法律就是一个边学边做的过程。"

其实,从叩开法学之门的那一刻起,我已经做好了为它终身学习的准备。

导师寄语[①]

雅婷同学文静内秀,在和天屹团队相处学习的一个月时间内,遵守律所的各项纪律和制度,与同事友好相处。虚心好学,有一定的独立思考能力。在协助参与的各项工作中,态度认真,勤恳务实。希望这段与天屹团队同甘共苦的短暂时光,对她以后的专业学习有所帮助。

---

① 金迎春,浙江天屹律师事务所律师。

北京中伦（杭州）律师事务所实习体会

洪晨旸

实践感悟

2018 年的暑假，我在北京中伦（杭州）律师事务所进行了为期一个月的实习。严格来说，这并不是实习，因为我没有什么能运用到律师工作中的知识，越实习就也越感觉到自己专业知识的匮乏，说是社会实践，也许更为恰当。法科生常常会调侃自己是个"法盲"，当然很多时候这只是学霸们的自谦，但换个角度来看，这也绝非一句虚言，在所有一线的法律工作者的眼里，我们确实与法盲无异。在本科阶段学习法律知识仅仅是入门，大多还停留在知其然而不知其所以然的阶段，只有深入了解这个社会，才能了解立法者背后的深意，才有资格来评判一部法律，并在心中做出自己的价值选择。

对于在律所的实习来说，一个月实在太短，既不能完整地跟完一个非诉项目，如私募基金或是并购等，也不能走完从立案到判决书送达的整个诉讼流程。作为一个大一的实习生，能做的也实在有限，跑腿、复印打印、扫描、法律检索、写一些简单的材料、归档，是我每天的日常。我一进律所就有幸能够跟着所里的王律师参与一个公司的尽职调查。在律所的时候，我其实没怎么加过班，同办公室的律师总是让我早点回家，但做尽调的一个礼拜确实是最忙的一个礼拜，每天加班到晚上八九点钟，让我提前体验了"996"的工作制。当然，我做的仅仅是历史沿革、关联方统计、访谈等基础性的工作，专业性强的工作大多由王律师完成。就算是这样简单的工作，也够让我焦头烂额了，历史沿革需要仔细核对工商登记资料及公司提供的底稿，关联方统计需要一个个查询并录入，这比起专业知识，更考验我的耐心与细心。这种工作，稍加熟悉之后很容易上手，烦躁的心态才是最大的敌人，每次一出错需要重新录入的时候，我总是非常急躁，其实这种心态反而不利于工作的高效完成。生成尽调报告底稿的时候更是如此,心中总会涌起无尽的悔恨,不是后悔自己民法基础不扎实,而是后悔大一的计算机课没有好好上。"书到用时方恨少",现在我不得不承认,会使用Office软件在现代社会是一项必不可少的技能。

在与会计师事务所、券商的合作中,我也发现了几个有趣的现象:券商的负责人对芯片的了解不亚于专业人士,会计师做的工作其实有很多与律师的工作重合。做律师看的不仅仅是法律知识的运用,也要看其他综合素质。去法院递交材料大多情况下都比较顺利,但是偶尔也会遇到摆着一张臭脸的法官,把你当作皮球在各个窗口之间踢来踢去,这时如何与窗口工作人员交涉、将材料递交到法官手上就是一门学问了。再比如尽调访谈的时候,同行的会计师总能迅速地从回答中抓住重点,而我总是听到下一句就忘了上一句,这就是经验的差距。很多时候律师交给我一项工作,我都会想着要迅速且高质地完成,但结果总不尽人意。有时是因为方法不得当,有时是因为法律素养的欠缺。有时几个律师同时给我布置任务,让我不知所措,这时候询问相关任务的deadline,并在心中排出任务的优先级,就能保质保量地完成所有的任务。当然初出茅庐的我很多时候想不到这种解决方法,或是天真地以为自己能在规定时间内全部完成,其中也发生过不少任务没有按时完成的情况,在这里也感谢团队里律师们对我的包容。正如我在开头所说,实习让我看到了自己的不足之处。刚进所里的第一项任务留给我非常深刻的印象,沈律师让我检索关于仲裁管辖权的规定,我在第一时间查到了《中华人民共和国中外合资经营企业法实施条例》第二条规定,中外合资企业属于中国的法人,不在《最高人民法院关于适用〈中华人民共和国涉外民事关系法律适用法〉若干问题的解释(一)》第一条中可以认定为涉外民事关系之列。但王律师提醒了我,法律检索需要关注检索的目的,如检索管辖权异议问题的目的是希望在国内进行仲裁还是不希望在国内仲裁;根据目的的不同,可以找到不同的判例支持自己的主张,而不是仅仅根据某一项法条得出一个结论。之后再让我检索案例,我都会认真归纳成一个检索报告。

在律所实习给了我很多机会接触各种案卷,尤其是归档的时候,看了各种诉讼、非诉的案子,法言法语让我体会到了法律的严谨。从几千页的调查资料中才能得出几十页的法律意见书,一张A4纸大小的起诉状需要几十页的证据材料来支持。一个相同的案件事实,控诉双方站在不同的立场可以有截然不同的解读。我在平时的学习中总会在意正确答案是什么,然而人文学科中的正确永远是相对且不唯一的,这时再拘泥于所谓正确答案只会限制自己的思路。大一学物权法的时候,曾遇到过关于乌木案的讨论,我在简单翻阅资料后得出"天然孳息"的看法,便与执"无主物"说法的室友爆发了不眠不休的争论,即使是询问学长、老师,也不曾平息我们之间的争论,最终只得不了了之。在争议中诞生的《民法总则》，颁布之后围绕她的争议便不曾停止。同样，围绕法学问题的争论也永远不会停止。实习时许多律师学姐都说过考研究生的重要性，王律师在我旁听庭审前说过，真正考验一个律师水平的是能否将那些具有复杂法律关系的案件理顺，而这些能力在本科阶段是无法真正掌握的。不论是作为律师、检察官，还是法官，在法律行业中，面对疑难问题都要以严谨的法学思维来考虑，优秀的法学素养是这一切的基础。法学之路漫漫，这次实习的经历让我受益匪浅，也激励我在今后的学习中更进一步。

导师寄语①

洪晨旸同学于 2018 年 7 月 9 日至 2018 年 8 月 10 日在我所进行实习。晨旸同学在我所实习期间工作细心，充满热情，做事认真负责，遵守我所各项规章制度，与同事相处融洽，服从实务导师的安排，对于工作中遇到的疑难问题能够及时请教，并能主动提出自己的见解。

实习期间，晨旸同学涉及的工作包括复印材料、文件传递、整理卷宗、法律检索、参与尽职调查并录入尽职调查报告部分内容等。对于实习中必然会遇到的材料复印、传递这类繁杂的工作，晨旸同学均能够认真负责地完成；对于卷宗整理工作，由于卷宗内容多且繁杂，晨旸同学开始时对卷宗整理有些无所适从，但积极向实习导师和其他律师请教后，很快便能够根据案件进程有条理地进行卷宗归档；对于法律检索工作，晨旸同学从刚开始的检索内容有缺失到后来积极使用相关检索技巧，逐渐能完成较为完善的法律检索报告；对于参与尽职调查并录入尽职调查报告部分内容的工作，晨旸同学能够积极地参与到每一次的访谈中，并将访谈的内容制作成完整的访谈笔录，录入历史沿革、知识产权等内容，核对底稿材料时也能够做到认真仔细。希望他明年还能来我所实习。

综上，作为实习导师，我对晨旸同学在我所实习期间的表现满意。

---

① 张震宇，北京中伦（杭州）律师事务所律师。

拨开法律门前的迷雾

——浙江铎伦律师事务所实习体会

胡昕瑜

实践感悟

浙江铎伦律师事务所是一家新型的专业化法律服务机构，尤以金融类法律服务见长，在发展中坚持"以人为本"的人才战略，形成了一支由专业律师人才、专业市场人才、专业管理人才组成的精干队伍。"铎非洪钟，然宣扬正法；伦者道也，宜择善而从。"这是铎伦律所的名称来源，也是律所的行事准则。而我的实务导师是浙江铎伦律师事务所的执行合伙人方智律师，老师的专业领域是互联网金融法律事务、数据安全法律事务、公司法律事务；且老师长期深耕于互联网金融行业和数据应用行业，为多家非银金融机构提供法律服务，在互联网金融企业合规风控事务和数据安全法律事务上有深入研究。非常荣幸，能够成为方智律师的学生，能够在老师的带领下于铎伦律所实习一个月。方老师是一个严谨的人，对于我们的要求也很严格，尽力培养我们严密的逻辑思维能力和追求细致一丝不苟的精神，在高标准和严要求中促进我们的成长。在这一个月的实习中，我学到了很多，在实践中体会到了理论与实务之间的差别，也学习到了各种处理法律实务的方法和技巧。

第一天我们先熟悉律所的结构和运作方式，了解律所的人员构成，学习接待客户的步骤，等等。逐渐熟悉律所这个新环境后，在开放式的办公室中感受律师办理事务的氛围和方式。刚进入律所，我们就参加了每周例会，在会议上我们感受到了铎伦律所独有的文化特色和规章制度。律所内的在职律师、实习律师和律师助理都需要进行每月的自我检查和自我检讨，每两周提交一份关于法律实务方面的问题思考和总结成果，与大家一起分享；并且，律所每月都组织一至两次的学习研讨会，由主讲人讲述一个自定题目的法律实务研究方向。在研讨会上，主讲人与大家分享自己的想法和建议，之后，律所的合伙人会给出相应的意见，包括我们实习生也可以提出自己的困惑和问题，资深的律师和老师们会给我们提供结合他们自身经历的实用的解答，这让我们获益匪浅，收获颇丰。

在律所的一个月里，我参加了两次学习研讨会。第一次我参加了由一位年轻律师讲述的关于婚前财产的风险与处理的专题研讨，感受到了律师行业的精准性和细致性，各种实务需要拟定细致的条款，并且谨慎思考所拟定的一字一句可能带来的法律效果，想象可能出现的突发事项，并添加相应的条文。第二次我参加了由一位资深律师主讲的关于证据目录的装订和制作的主题研讨会，学习了代理诉讼的基本工作，厘清了证据清单和证据目录的区别及功能，体会到了律师在处理诉讼业务时需要具备的耐心和细致的品质、良好的心态。在处理问题时要穷尽事实，穷尽证据，穷尽法律，有锲而不舍的精神，不放过任何细节，因为任何一个小细节都有可能决定整个案件的成败。律师是一个考验人耐心和毅力的职业，也是一个代表正义的职业。方老师每年都会接有关劳动纠纷的法律援助案件，这正体现了律师这个职业所应该具备的正义感和社会责任感。

因为我们只在法学院学习了一年，自身并没有形成完整的法律体系和法律素养，在如此庞杂的法律体系面前，我们实实在在是个"法盲"，没有什么实务经验，所以一开始我们只能做整理案卷归档的工作，以此来熟悉法律实务。在这个过程中，我熟悉了非诉项目的进程，了解了处理一个完整的非诉案件需要进行的步骤，在整理非诉案件的服务清单的过程中，了解到一个完整的非诉项目需要经过多次商谈，拟定的协议也要经过一次又一次的讨论和修改才能最终定稿。在此过程中，需要和客户进行一次又一次的沟通，拟定的协定要符合客户的要求，要考虑今后的发展情况和与对方谈判中可能出现的状况。只有周全的考虑、缜密的思维和详尽的前期背景调查才能确保自如地应对谈判。

在律所学习到的另一种非常实用的技能就是基础的办公技能。学会打印、复印和扫描文件等实用的基础技能以及信息检索的技能对我们今后的工作具有非常大的帮助；了解办公室办公的氛围和环境，让我们从学校学习的氛围中切换出来，有助于提高我们今后走向社会时的自信心和能力；在律所学习到的办公室礼仪也令人受益匪浅，方老师亲自教授我们办公室的礼仪、真实谈判中的礼仪等等，这些都是我们从未接触过的方面。在律所实习的这一个月让我们感受到了不一样的真实的律师日常工作。

方导师还要求我们完成一份关于非法吸收公众存款的研究综述，每周向老师汇报我们的研究情况。老师一步一步地教我们如何做一份有深度、有内容的研究综述，每周对我们的研究提出新的要求和看法，帮助我们一步一步地完善文章。在这个过程中，我们不仅学会了如何研究课题，也学到了如何解决非法吸收公众存款的相关问题,深度研究了相关案例和实务问题。这些都是在学校的理论学习中,无法体会到的。

在律所为期一个月的实习生活中,我们第一次体会到了作为一名律师的工作状态和处事方法,对律师这个职业有了更深的理解。律师不仅是一种职业,一份工作,一份生活的收入来源,更是肩负着一份社会的责任。作为律师可以向社会提供法律服务,为这个社会的建设和发展做出自己的贡献,我觉得这才是这个职业的伟大之处,也是这个职业所具备的使命感的来源。我们今后应该将这种使命感融入自己的职业生涯,肩负起社会责任。

导师寄语[①]

小胡同学在我所实习了一个月,我觉得你做事细致认真,悟性很高,求知欲也很强,看你的实习感悟写得也很深刻,还是蛮欣慰的。希望接下来你还有类似的或更好的实习机会,这些能够对你未来法律职业生涯有更好的引导作用。律师实务,要专业、细致、严谨,从你自身素质来看,基本符合,并且潜力巨大。从具体实习情况来看,虽然你在工作中会有一些思路或细节问题,但是经过指导,基本能够调整,而且领悟也到位。总体来说,我对你期望蛮高,希望你接下来在母校学习更多的理论知识,通过实习锻炼更多的技能,努力向一个优秀法律人靠拢。看好你。

---

① 方智,浙江铎伦律师事务所律师。

法科生的第一步

——北京盈科（杭州）律师事务所实习体会

黄雪倩

实践感悟

犹记得初见吴晓洁老师，是在大一时校友日的优秀校友演讲会上。第一次被老师的魅力所吸引，并非仅仅因为老师在工作上的成就，而是听到老师感慨平衡工作与家庭的不易，并为自己没能够花更多的时间去照顾孩子而自责。但我深知，努力工作不仅仅是对老师自己、对客户负责，更是对家庭负责，这也是老师如此年轻就担任盈科（杭州）的高级合伙人和婚姻家事部主任的原因。此外，吴老师还是中国法学会会员、中华全国律师协会会员、杭州市第八次律师代表大会代表、浙江省第九次律师代表大会代表和西湖区人民法院特邀调解员，并曾获浙江省司法厅优秀案例表彰奖励。

不同于工作中的严肃干练，生活中的吴老师性格随和，心思细腻，笑容令人如沐春风，有独特的人格魅力。2018年暑期，我和梦瑶有幸到北京盈科（杭州）律师事务所跟随吴老师学习，开展了为期一个月的实习之旅；这对我来说意义非凡，也令我受益匪浅。

（一）尽小者大，慎微者著

老子言，"天下大事，必作于细"，实习工作自然从细枝末节处学起。实习第一天，吴甜学姐便教我们如何打印、复印文件和身份证件。律所打印是 AA 制的，相关费用都从律师各自的账户中扣取，因此，我们要尽量做到不浪费纸张。接下来的几天，雅琴学姐还耐心细致地教我们如何归档：委托合同、案件受理登记表、法院传票、双方证据、办案小结和结案卷宗呈批表等须按照规定的顺序叠好、打孔、穿线并标注页码。归档的工作需要耐心、细心与恒心，虽然是微小的事务，但真真切切面临着被风控部门"打回原形"的风险。

诚如吴老师所说，细心对于律师的日常工作来说十分重要，对待大小事务切不可掉以轻心。我深以为然。

(二)持之有故,言之成理

在为期一月的实习中,最令我印象深刻的无疑是两次跟随吴老师接待当事人和旁听西湖区人民法院的庭审。

前后两位当事人法律咨询的事由都恰好是离婚纠纷,共同点是两位女士都希望争取到孩子的抚养权;而不同点是,前者在经济上比较依附于男方,后者则拥有房产和私家车的所有权,经济独立。吴老师思路清晰,逻辑分明,首先问清楚当事人的财产与子女的具体情况,然后明确当事人的诉求,并最终给出使当事人利益最大化的意见和建议。老师的专业水平毋庸置疑,而在交谈过程中对于当事人情绪的安抚与疏导也充分展现了其高情商,其中不乏心理学的专业知识。

8月2日,这是我第一次旁听法院公开审理案件。这个案件持续了几年,主要是因一方当事人一开始就隐瞒了自己的部分资产信息。由于双方尚缺少新发现的资产的相关证据,法官决定此次出庭,双方先就现有证据分别提出质证意见,其余问题留待下次出庭另行解决。尽管婚姻案件在大多数外行人看来最接近我们的生活,既没有惊人的天价标的额,也没有穷凶极恶的犯罪行径,但吴老师认为,婚姻案件既有财产纠纷,又有人身关系纠纷,还涉及伦理纲常,其错综复杂程度可见一斑,堪称最复杂的案件类型之一。不得不说,这刷新了我对离婚纠纷的认知。

(三)群英荟萃,拨云睹日

两次婚姻家事部的部门会议,均令我印象深刻。

7月13日,除了聆听叁合出国和大都会人寿的两位嘉宾对海外家庭规划和保险的简要介绍外,我们更有幸观摩了婚姻家事部各位律师关于几大热点问题的交流探讨过程,其中包括"夫妻一方转让名下股权效力认定的司法观点总结""父母为子女出资购买的房屋权属问题"等。如今,随着司法解释的不断丰富和完善,夫妻共同财产不再是传统的"对半分",而是根据双方父母以及双方的各自出资情况酌情认定并加以分割;这虽然在一定程度上有利于出资多的一方,但也进一步加深了法律服务的精细化程度,加大了律师的工作量。加之浙江省高级人民法院律师调查令制度的出台,律师行业面临着更大的机遇与挑战。

8月10日,也是我们实习的最后一天。会议探讨了"彩礼的认定及返还问题探析""恋爱期间常见纠纷及法律风险提示"等问题,聆听了张律北京学习之旅的成果分享。从前辈们的交流中,我了解到法律意识对于规避风险的重要意义。虽然在当下,越来越多的年轻人选择做婚前财产公证,但仍有大量的人认为这一举措会伤感情。尽管该举措有利有弊,但我们不得不承认其对于夫妻双方的约束力和降低社会运行成本、摩擦成本的意义。同时,吴老师反复强调《婚姻家庭标准化法律服务文本》的重要性,阐述了完成该文本制作的目标,并简要分配了各律师的分工任务。会议结束后,吴老师还邀请了婚姻家事部的各位律师前辈与我们合影,为我和梦瑶的实习之旅画上了圆满的句号,这令我十分感动。

(四)受益匪浅,不虚此行

实习时间虽短,我们却有幸赶上了盈科所的年中会议。从刘春晓主任的汇报中,我们了解到盈科所上半年的创收较去年同期增长近百分之五十,这无疑是对盈科“全球视野,本土智慧”这一理念与独特的专业化分工制度的最好证明。

此外,根据上级指示,律所已从原来的主任领导制改成了党组织领导下的管委会、职业经理人与监事会并行制度。几位老师不断强调了党建的重要性,并提出要拥有极致的专业化水平。

吴老师刚刚结束在北京的为期一周的交流学习之旅,并做了题为“青年律师发展及律所人才战略工作”的报告。在老师看来,对于青年律师来说,平台、知识体系都十分重要,但更重要的是不断提升自我综合能力,勇于抓住机遇,规避职业风险。最后,老师重申了党建的重要性,强调律师行业要紧跟党走。

此次会议,盈科所有幸邀请到了下城区司法局潘局长和省律协的陈秘书长。两位老师的演讲条理分明,发人深省。我从中学习到,律师不能只讲专业,不讲政治;律师要坚守职业操守与底线;要不断提高专业化水平,提升行业动力……老师们的指示,给我们未来的道路点亮了一盏明灯。

最后,非常感谢律所和学校为我们创造这样宝贵的机会,使我们能够真听、真看、真感受,零距离接触律师的日常工作和生活状态。其间,我明白了“清官难断家务事”实非空穴来风,看到了律师业“一着不慎,满盘皆输”的风险,膜拜了具有高超的专业化水平与广博的知识面的众多老师,也隐约感受到了律师行业极大的工作压力与竞争氛围。同时,我领悟到对于律师最重要的并非专业水平,而是道德素养;因为品质决定你能走多远,而专业水平不过决定了你取得一定成就的快慢而已。

面对前路,我懵懂迷茫,却又暗含期待。但经此一战,我更加明晰了未来的方向,并将不断努力,乘风破浪,以吴老师为榜样,希望终有一日能够成为一名合格的律师。

导师寄语[①]

雪倩、梦瑶,第一次见你们,觉得你俩都是文文静静的小女生,但看似安静的外表之下,你们的内心也都有着自己的小世界,接触久了,我也慢慢可以听见你们心里的声音,里面充斥着自己善良、本真的想法。当你们第一次来律所的时候,我可以感觉到你们有些许紧张,面对即将开始的实习工作,似乎害怕自己的知识储备不够,害怕自己的实务经验不足,但是,吴老师想告诉你们,人的知识储备永远不可能达到一个饱和的状态。或许才刚刚大一的你们、刚来律所的你们,对于一些法律的专业知识以及律所的实务操作经验还有所欠缺,但没有人是一开始就什么都懂、什么都会的。以后的人生路上,你们还会遇到自己知识储备不够或者经验不足的事情,不要害怕,鼓足勇气,虚心学习,主动探索,因为凡事总有一个学习和了解的过程。

一个月的实习期,说短不短,说长也不长。这一个月中,你们跟着我一起接待过当事人,一起整理过烦琐的证据材料,一起参加过法院调解,也一起旁听过开庭庭审。其实,诉讼律师的主要工作,在这一个月的实习期中你们均已经有所接触和了解,还记得第一次你们跟着我接待当事人的时候,拿着笔和本子奋笔疾书,生怕遗漏掉哪个细节;还记得你们拿着厚厚的银行流水明细一笔一笔仔细核对并进行摘录,为我们的案件证据做准备;还记得你们开庭时认真地听法官、双方律师以及双方当事人在庭审时的陈述,并做着记录。在律师办案的过程中,有的事情看似很不起眼,有的环节看似很简单,但是对案件都可能起着至关重要的作用,所以,当你们以后走上律师道路的时候,千万不能对细节掉以轻心,往往细节决定成败。

作为你们实习期间的指导老师,同时也是你们的学姐,我希望你们在法律职业生涯开始之前,先明确自己内心的真实想法。通过一个月的实习,你们对律师行业已经有所了解,这段时间的实习体会跟你们来律所之前想象的律师职业有什么区别吗?如果你们内心坚定地选择走律师这条路,我想给你们以下建议。

第一,要善于人际交往。可能是实习时间不够长,所以你们还没有完全放开,除了跟自己团队中几位律师有所接触,你们很少和律所其他前辈有过交流、沟通。事实上,律所也类似于学校,在这里,和你们一样的实习生或者助理扮演着学生的角色,而所有专职律师、合伙人律师都可以是你们的老师,因此只要你

---

① 吴晓洁,北京盈科(杭州)律师事务所律师。

们自己善于沟通,与前辈们多交流,便可以从他们身上学习到很多与大学校园中所学的不一样的知识。

第二,要学会独立思考。实习期间,你们一起参与过调解、旁听过庭审,每一次我都会让你们跟我交流自己的想法,表达自己的观点。独立思考是律师职业的基本技能之一,案件办理过程中,每一个案件的诉讼架构、诉讼思路不可能一成不变,所以就需要律师独立去思考,从而选择最有利于当事人的方案。

第三,要坚持不断学习。律师不仅需要深耕细作,也需要不断学习来修炼内功,这样才可以尽早知悉法律条文的变更,同时学习其他之前未涉猎领域的专业知识,从而最大限度的帮助当事人维护其合法利益。这一点从你们实习期间的表现来看,做得很不错,没有任务的时候,你们便会自己认真看书,主动学习,希望你们一直保持!

当我写下这篇导师寄语的时候,你们的实习期也即将结束。实习虽短,情谊犹长,希望你们不忘初心,砥砺前行!

光下共舞，影中独行

——浙江天册律师事务所实习心得

姜雨薇

实践感悟

如果问大家在律所实习有怎样的感受与体会，大多数人都会给予认可，给好评，会觉得对法学有新的认识，有更强的自信心，等等。但此刻临笔，我的内心，想的是我看到的另一重律界，那重藏在光下阴影里的真切存在的律界。

我们要在光下共舞，也要在影中独行。

（一）我们都是初生无畏的大学生

还清晰地记得实习前刚刚与朱老师接触时，他跟我玩笑似的那句话——"真的要跟着我闯律坛？"在我回答说还是要先把基础打好之后，他说："对的，怕了逃还来得及。跟着我，可是赏罚分明。"那时我带着一腔无畏无惧的热忱回答："没问题，就怕您不管不顾，我还没那能力现在就说敢跟您闯，但是我会抱着这个最终目标，一直学习下去。"

2018 年 7 月 9 日，星期一，我正式来到浙江天册律师事务所，开始了人生中的第一次实习。第一次见到朱老师时，"惊讶"与"果然"一并，"惊讶"在老师一点都不像年近五十的人，"果然"在他真如我所了解的那般平日饮茶下棋，风趣雅致。他向我们提问，与我们聊天，认真细心地为我们讲解为什么作为一个非诉讼专业的法学者需要接触学习和理解诉讼与实务的相关经验，以及在非诉案件中如何正确运用诉与非诉形成一个正确而客观有效的处理方式，为委托人争取到最大利益。

随后，老师接手的 P2P 金融纠纷案件的当事人前来律所，我们有幸全程旁听。本案是关于一个线上线下均有涉及的金融投资产品平台的金融纠纷咨询，此平台因诸多原因导致资金不足，无法流转，同时也无法满足客户要求，约定利息无法给予，甚至收回本金都难以实现。事后，朱老师就最终案件的发展定性问题,并从主观明知与客观实施两方面进行分析。我暗自庆幸自己的准备充分,在旁听中全程用纸笔进行记录,以至于会见结束后,我回去梳理案件过程、与本事件相关的知识点和涉事法律法规以及类似事件的法律处理案例等时,有一个明确而清晰的方向和提示。例如罪与非罪、此罪与彼罪、家属退赃义务、投融公司时间换空间的运营性质、违法犯罪程度的定性意义及方式、PE基金情况、共同犯罪的连带责任等。

作为委托人的代理及咨询律师,需要委托人给予全部的信任和事无巨细的本人涉事案情讲述,在本次旁听的过程中,正是由于这样一个原因,我们有幸可以直接接触和了解当下投融公司内部人员所面对的真实的内部情况以及他们的处理方式,甚至是他们在应对投资人(受害者)的时候所给出的理由与话术的实际情况究竟是怎样的。

回忆起曾经在生活中出现的因购买金融理财产品而无利折本的案例,心情颇为复杂。印象最深刻的是一个年薪40万左右的事业部主管向他的客户解释公司情况进而签到更多业务的话术:第一阶段利息很高的时候,自然而然与其他产品相比有着自己独特的优势;而当利息降下来的时候,成本降低,公司做大并有承受能力进行产品的生产与资金的运作。对于一个没有太多实际经验的资金持有人来讲,这些解释从逻辑上看并没有明显错误以及需要驳斥的地方,这也是为什么资金持有者们会前仆后继、无所顾忌地将自己的资金通过这些业务员投入这个公司的金融理财产品之中,并且时间不短。但实际上,这类投融公司的真正运作方式不过是通过给予销售人员高昂的绩效回扣,来提高其销售积极性,从而吸收更多客户的资金,而新吸收的资金就可抵掉原有的到期资金。这是大多数投融公司后期无法运营的基本情况,没有一个合法的资金运营获利方式,公司平台的金融操作人员无法将资金拿去运作生利,或者实际操控人将该资金非法占有、转移等,这就导致最终利息无法支付,甚至是连本金都被占有、转移而无法收回。

这是第一次,那些一直存在于我认知里的事情真真切切地出现在面前。此时,我才忽而发觉,接受这个事物的存在,是你了解到该事物发生在外界后的第一反应,此为常态;而在有了对这种存在的了解后真切接触到这个事情的关键所在之时,能结合自己的见闻与阅历生出一种原来如此与恍然大悟的感慨,才是收获。我并不想将这种收获表现得多么与众不同,但也认为,没有这种收获感的体会,谈不上深刻。

这是我在实习中学到的第一课。

(二)我们只是这世上渺小微茫的存在

我至今一直认为,入所第一天被安排在林律师的对面是这次实习最大的幸运,因为我认识了手把手教我协助处理事务的小钟姐姐,和分享那些让我陷入反思与沉默的深刻真切的现实的小黄学长。一定程度上讲,小黄学长分享的现实情况,对我学业方向的指导乃至对我这个初窥律界的"小白"的心灵安慰与点拨,甚至快同我最尊敬的朱老师带给我的相当。

实习的第四天,下午临近5点,林律师在通过多次与法官沟通得到提交合格文件的允可后,便委托我前去保险公司大楼送文件;文件送达后,又因为相关文件的格式不合格(未按照下城区人民法院的要求出具),不足以立案。于是当事公司不得不按规定再走一遍烦琐而详尽的流程,重新给出证明材料送往下城区人民法院。相关负责人开车载着我在高架桥上极速狂飙,在车流之中左右加塞穿越超车,可惜到达的时候已然6时3分了,距离法官下班的时间已经超过3分钟,法官并没有因为黄学长的提前交涉而对立案时间有多少宽限,最终只是白跑一趟而已。

带着无奈、失落与遗憾,我们坐着小黄学长的车回所。在车上,我没有忍住,说出了对这件事情的疑惑。我向小黄学长提出:都已经专门提前去跟法官交涉了,他为什么还是不愿意再多宽限我们几分钟的时间呢?学长和他身边的实习生姐姐风轻云淡地笑笑,一副司空见惯的样子,给我讲述律师与法官之间微妙的关联。

律师在法官面前确实要恭敬谦和,对法官尽量不要有不尊敬的回应。有时在庭审中,法官也许会有很刁钻的提问,但要用自己的交际能力和情商修养去化解法官在庭审中的刁难。在法庭辩论与法庭提问阶段,用自己的专业知识与学术能力去表现自己对案子的把握程度和本方法理的优势所在。而他们后举的几个特殊例子让我更加清晰地了解到这种情况,比如当庭驳斥法官,从而影响法官的判案考量以及自己的庭审表现,因此失去本案优势而败诉;再如法官在看过诉状及证据材料之后对律师本人给予带有强烈主观色彩的负面指责,一度使庭辩场面很尴尬,亦有直接打断代理律师发言并直指其专业水平不足等人身攻击性的言论。归根究底,都只是因为,法官本就有这个权利。而在以上事件之中,作为涉事律师,最好的方法就是用情商智慧去转化、消解这份分歧与尴尬,并且大多数情况下,这或许是唯一的办法。

我们交流中的最后一段问答让我记忆犹新。"那从这个角度看,假若真的是这样的情况,法官一定要判你败诉,当真是一点办法都没有吗?法官当庭给你这么过分的攻击性质询,也一点反驳或者对抗的机会都没有吗?""基本上……没有。"自此便沉默了。许是看我的反应有点异样,他们又补了一句:"当你在还没有资历和底气之前……"

后来想想,法院规定的本就是那个时间点,通融是法官善意的体现,但不通融也是人家工作的原则,并无不妥。要说不妥,我们没有适时交付文件材料的行为,才是真正的不妥。

回来之后,我把以前学校里老师以及前辈同行给我们讲述的实务事件情况的疑问拿来,向小黄学长提出,比如"做律师的前几年都是要喝西北风的","律师需要有适当的交际能力以及巧妙的情商去化解很多矛盾与指责"云云。小黄学长对我的这些言论,有所赞同亦有所反对。他看到了我在初次接触到这些情况后却不知当如何面对的一种迷惘,没有直接正面回应,而是以一种体贴而温和的方式去解释这些现象与情况,让我不要为这些斑驳的光影所迷惑,不要因这些光下的暗影而恐惧。他告诉我,这些情况确实偶有存在,但再乱的地方也有自己赖以平衡的法度,也有正义与限度存在。更何况现在在不断推进法治社会,总会有一个可以令人不忘初心、做自己认为值得做的事情的环境……他就好像是一个亲切的大哥哥,竭力地护着我纯粹又幼稚的心。

我认可他的说法,这也是时至当下我收到的最为积极有力的观念。我并非不能接受这样的现象,相反,我甚至认为光下影这种情况有存在的必然性,只是在内心里踟蹰,假若我遇到了这样的事情,应当怎样去面对?后来,我结合着学校里老师们讲到的关于法界律坛的诸多情况,思索良久,最后竟在我最本初的态度中找到了答案:也许有些事情本不愿去做,但必须去努力,就算以后这些事情到了一定要面对的分上,我也可以有能力,把它做得好。

这是我在实习中学到的第二课。

(三)我们要发现、学习他人身上的光点

因为坐在林律师对面的缘故,我有幸认识小钟姐姐并受到她细致耐心的指教。从整理案卷、分析案情、目录封面登记,到查询相关信息、提取所需举证材料、审理合同、撰写办案小结等等,小钟姐姐自始至终都细心地教导我。因此我也有幸能在任务不重的间隙,接触、了解到其他律师的案件,并加以学习。

小钟姐姐的指导律师是负责非诉案件的林律师和负责诉讼案件的张律师,从这两个律师不同的办案习惯与文件材料要求之中,我就能深刻感受到不同律师对于案件的处理方式与习惯的不同。林律师说话语速快,态度强,对时间的要求与把控很严格,每一个时间节点都卡得很清楚,争取任何可以争取的时间和细节去完成任务。对于案件的总结要求,倾向于从委托方自己的角度出发去陈述,对没必要的材料则马上抛却。而张律师则是另一个极端,典型的南方男性,说话轻柔温和而用语考究,并不过分追求时间的限制,但对于案卷材料和办案总结的要求委实是相当严苛,处理案件时用到的诸多额外材料都需要挨个陈列在目录当中,并且标码封存。

我在帮小钟姐姐整理案卷的时候,看到两个最令人印象深刻的闪光点:一个是林律师的案情梳理,一个是张律师的巡卷笔录和举证材料。

在林律师的案情梳理当中,有涉及时间、涉事人关系、涉事金额、合同转变、法律关系变更等诸多关系梳理的材料,这种方法将整个案件前后的关系与矛盾梳理整合得清楚明白,如此对整个案件的把控也更加妥帖。这让我想起另一位实务导师刘律师在案例经验分享讲座上展现的让人眼前一亮的专业应用。刘律师的金融案件庭审可视化应用,用一张结构严谨、素材合理的法律关系剖析图和一张逻辑清晰的刑事、商事、交易关系对比剖析图,让观者深切体会到可视化应用的优势与魅力。从一个旁观者的角度而言,这样清晰明了的剖析图,无论是专业性还是真诚度都足以打动人。我这才体会到,律师办案的那种专业的毫分缕析的习惯与应用,才当是我们学习的特质。

再言张律师的巡卷笔录与举证材料,只能说是罗缕纪存。基本每个案件都有 5—10 页的手写笔记,以及对案件相关法律知识和相似案件的整理。而对于举证材料,向来都有一份详细的证据清单,且在随后的证据材料中,每一份每一条都被细心认真地编码排序,按证据 1-1、1-2 等等排列,整理成册,并用页签在侧面附贴,方便翻阅寻找,清晰了然。

这般严谨认真的专业态度与习惯,让我感触颇深。在此之前,张超学长为我们讲解朱老师交接的合同纠纷案例。我意识到:在接手一个案件之后,律师应当非常细致地了解全部案情,并认真研究当事人手里掌握的利他或不利他的证据,研究如何将这些材料转化成制胜的优势而避免不利己的劣势,以及对于对方当事人有可能提供的不利于我方的证据,应当如何应对与处理。对存在于案件之中的任何异样都应当格外留心,也许这就是翻案胜诉的关键。后来朱老师专门带我们到水库边一个具有山水田园风情的农家乐细致讲述这个案子的时候,我也深刻感受到朱老师多年执业练就的拿捏案件的水平与对专业知识信手拈来的综合运用能力,以及成熟老练的庭辩诉讼技巧。

这是我在实习中学到的第三课。

(四)我们要永远抱着自己的初心,来面对不愿投降的阴影与恶

我们的实习期就在这样繁忙而又充实的日子里走向了尾声。在最后两天,我意外接到林律师与张律师发出的协助工作,没想到这居然是我整个实习期中最繁忙的两天,我也真真切切体会到之前提到的两位律师专业习惯的闪光点。

协助林律师的工作是帮她从近 400 页的涉嫌开设赌场的游戏开发公司相关人员的询问笔录之中提炼出所有询问过的当事人及涉事人的公司职务关系和收入情况。基本上,每页读罢,都要梳理整合出来,并且还要根据不同涉事人对某个共同提到的人的相关信息进行对比整理，从上午 10 点起一直到晚上 8 点才完全整理完毕，前后总共提炼出 67 个相关涉事人。

而协助张律师的工作则是像小钟姐姐教的那般，详细清晰地整理并登记整个案件的前后相关信息，把相关举证材料按律师清单的要求整合，且在必要时想办法补足缺漏，并提炼重点内容拟写办案小结。在实习的最后一天，用了整整一下午的时间，整理张律师刑事、民事、行政三大类案件，最终结束了自己所有的实习工作。

回首再看，也许整个实习期我们过得还算轻松，朱老师给我们的任务不多，大多时候是让我们自主学习；但我通过能接触到的为数不多的材料去挖掘相关知识点加以学习了解，倒也收获颇丰。学习到的知识点虽然相对繁杂，但是涉及面广，朱老师也总是在必要的时候给我们指点迷津。更何况，我甚是荣幸，遇到了那些愿意相信我、帮助我的前辈同伴，有了他们的帮助和分享，我对政界律坛与法学实务有了一个方向性的认识和了解，这也让我的心境与态度潜移默化地发生着转变。

本次实习接触的相关知识点总结：

(1)非法集资、非法合同诈骗、非法吸收公众存款的相关问题；

(2)公司劳务合同中关于工资薪金的认定以及行业平均工资水平的规定；

(3)律师相关法律需求的流程、工作与费用；

(4)罪与非罪、此罪与彼罪、犯罪主客观方面、退赃等；

(5)非法吸收公众存款涉案人员有关家属的退赃案例；

(6)与投融资平台公司产品、利率、话术解释、薪金相关的信息；

(7)刑事案件三阶段律师的责任与作用；

(8)民事起诉状的写作方法及格式；

(9)财产保全的相关方式与流程；

(10)一审、二审、三审及执行的相关内容；

(11)在案件全过程中律师的作用和委托人的权利；

(12)无公章保管及持有行为的权利、义务；

(13)人保与物保的意义与实现顺序；

(14)非法集资中涉案人员责任减轻的相关行为方式；

(15)网络借贷合同纠纷之先予仲裁；

(16)相关集资诈骗、金融非法吸收公众存款案件总结介绍及判决书；

(17)公司股权确认纠纷的处理；

(18)诉讼与答辩技巧；

(19)购房优惠和买房受贿；

（20）买卖合同逾期的违约金计算。

本次实习对于工作能力的反思总结：

（1）多主动学习，常和实务导师及其他律师接触，积极接触更多项目，交流请教更多的知识与经验；

（2）多参与到项目中去，不限于自己做的一点工作，力避管中窥豹；

（3）多总结自己学到的知识和技巧，利用实习生权限多看一些律所数据库中开放的资料，如各类合同、法律意见书、备忘录等文书；

（4）自己的专业基础要扎实，全面学习本科阶段应学的所有法条法理，不断跟进最新的法律法规等。

若要说遗憾，实习期太过短暂、没有更加深入地跟随老师办案、没有多参观几次老师出庭的庭辩、没有跟随老师多出几次差等等，都是本次实习中的遗憾。但在我心里最大的遗憾，还是因为最后两天协助林律师与张律师的缘故而未曾仔细研究朱老师新接手的行政非诉案件的文件资料，从而错失了听朱老师讲解相关知识、分享经验的机会。反思过后，觉得忙碌实在是借口，总归是自己没有将准备工作做到位而失去良机，终究痛惜。

最后，我想聊一聊我的老师朱卫红律师，杭州大学法学硕士、浙江天册律师事务所合伙人，一位爱饮茶、爱下棋、爱诗词、爱生活的心态年轻、为人谦和的先生；一位在我们面前遥想自己曾经走南闯北，办案处事时意气风发的先生；一位对家乡与故土有着热忱与依恋的先生；一位为我所尊敬的有风骨、有实力的先生。整个实习期，老师教给我们最重要的，就是学会遇事沉着，设法处理。这种观念态度的传达，从我进入天册的第一天，到离开的最后一天，始终如一。自认为这是实习中学到的、最重要的知识与能力，所谓"授人以鱼不如授人以渔"便是这个道理。我曾多次在人前表露出我对朱老师的尊崇与爱戴，何其荣幸而今能有做他徒弟的机会，师从朱老师，满足而感恩。

本次的实习已然结束，层层观念方面的或直入心灵或潜移默化的影响，是我最大的收获。愿此后，破后而立，重拾初心，于沉静中潜研，找到属于自己的方向。

无畏于光下共舞，无惧于影中独行。

导师寄语[1]

疾病,暂时改变了你的高校
却,改变不了你的命运
恭喜你
在未成年时即拥有了残酷的磨炼经历
拥有了如今大部分同学没机会拥有的财富
冰雪聪明的你
国学扎实
知识面广
性感迷人
若有良好平台
必能在律坛绽放

---

[1] 朱卫红,浙江天册律师事务所律师。

北京观韬中茂（杭州）律师事务所实习报告

李俊森

实践感悟

2018 年 7 月 10 日，穿着自己准备已久的西裤、衬衫，迎着阳光，开始了自己期待了一年的实习生活。实习的第一天，早早地来到了浙联律师事务所，跟着助理姐姐的步伐，走进办公室。没有想象中的寒暄，也没有意料之中的尴尬与无所适从，有的只是顺其自然加入这一方办公室之中，与师兄师姐一起共度之后一月的学习。

由于老师近期在筹备搬办公室的事宜，我所能做到的也就是帮着大家一起整理往年的案卷以及销毁资料。或许有的人会觉得这些事情并不能让自己学习到什么，但是我乐在其中。整理案卷的过程中，我也翻看了许多实务案例。让我印象颇深的就是一沓沓厚重的案卷中整齐明了的证据材料，严丝合缝的证据链是在诉讼业务中胜诉的关键，一卷卷案宗，将严谨二字刻入了我的脑海中。严谨是作为一名法律人的基础，看似只要简单细心对待每一个案子即可，但背后所需要的是自己充足的法律知识储备和自己在实务过程中所积攒的经验与敏感度。在办公室实习的一周中，不可避免地有时也会抱怨，也会觉得工作很枯燥，但每次看到那铺满一地的待整理的案卷时，我心中总会浮现两个字：底蕴！没错，是的，这是老师十多年来做的案子，每一个案子中倾注的是前辈律师的心血，没有谁的成功是从天而降，只有一步一步走过，才能知道自己曾经为了心中最初的那份信念付出了多少！而我们正处于实现梦想的第一步，这满地案卷无疑是给我打了一剂预防针：律师是一个辛苦的职业，我们之后的日子是需要"熬"的。不仅仅是熬过那段艰辛的日子，更是需要有一份毅力，将自己放置在堆积如山的案卷中熬制自己的底蕴！

之后，随着老师一起来到了新所，感觉自己真的挺幸运，可以在短短一个月的实习生活中感受两种律所的不同气氛。浙联给我的感觉就像是一个老成持重的前辈,每一个团队有着自己的办公室,只有深入其中才能感知到他们的魅力。浙联是含蓄内敛的,而观韬中茂就像是一个正值大好年华的青年,活力与拼搏是展现在外的。每个人坐在自己的办公桌前,忙着自己手头上的事情,仅仅是从旁经过便能感受到那份充满朝气的忙碌。观韬是一个张扬的集体。每个律所都有自己的品位,与老师的聊天,也能让我了解到各大律所各自拥有的特色,这让我深深地懂得了寻找一个适合自己风格的优秀平台的重要性。

作为一个初入法律之门、甚至还不具备称呼自己为法律人资格的新人,我并不觉得我能帮老师和师兄师姐们做些什么,我所能做的可能也仅仅是打印合同与整理一些简单的材料。但是我知道,这一个月的实习在我心中埋下了一枚种子,一枚严谨的种子,一枚拼搏的种子,一枚敢于去迎接未来熬制时光的勇敢的种子!

师姐告诉我:不要让自己成为一个"匠"——一个只会用法,将法律作为工具的法匠。什么是匠?知其然而不知其所以然是匠,只知怎么去用法,却不知法背后所含的深意,是为法匠。我乍一听,心想为什么不能成为一名法匠呢?依法谋赢,法律就是我用来谋生的工具,成为一名醉心于法律之中的匠人有何不好?然而,实习结束后,这句话依然会回响在我耳畔,细细一想,方知自己的幼稚。什么是法?法理学上说,法是调整社会关系的行为规范,法律源于社会,而社会不是一成不变的,如果我们仅仅把自己当作一名法匠,只去用法,去记忆层出不穷的新法以及司法解释,我想,在未来的某一天,我们所感受到的不再是自己成为一名法律人的自豪与骄傲,而是整天面对法律法规的枯燥与无趣。法律是神圣的,我们不仅仅需要去用它,去依法谋赢,依法谋利,更重要的是去捍卫自己的这一方领域,去捍卫法律,去了解法律背后可以给我们带来的保护,甚至更多。我只是一个初入法学的新人,不要让自己成为法匠,或许会是我未来学习中一直思考的一个问题。

老师告诉我:参禅有三重境界,看山是山,看水是水,是为第一重;看山不是山,看水不是水,是为第二重;看山还是山,看水还是水,是为第三重。三重境界,不仅仅是参禅,更是学法的三重境界。当老师说出这句话时,学生心中,也有了几分不成熟的思考。第一重正如我们这些初学法学者,对法律充满着好奇,坚信自己所看到的就是法律的全部,用一种童真的目光去看待,对法律有着百分百的推崇与肯定。这个时候的我们将书本上的知识刻入脑海中,但"纸上得来终觉浅",这仅仅只是学法的第一步。第二重境界我们还没能达到,但我心中以为,这或许是说当我们以后步入工作,步入实务之中,我们会忽然发现实务派与学院派之间有着迥然不同的差异,都是法学,在运用之中竟然还有这么多的知识和技巧,从而对自己曾经所学的知识产生了怀疑,怀疑自己没有领悟法学的真谛,怀疑自己没有做好准备去面对实务中的问题。故,有的人步入迷途,而有的人在一时迷茫中紧接着步入了第三重境界。回归本源,原来法依然是那个法,只是我们自身的底蕴不足,没能理解法律背后真正的规范意义。

或许只有等我真正明白了,才能步入看山还是山的返璞归真的境界吧。

纸上得来终觉浅,绝知此事要躬行。实习一个月,我不敢说我自己真的做到了"躬行",但一个月之后的我觉得一个月之前的自己是幼稚的,老师在这一个月中让我感受到了律师的繁忙与辛劳,与老师的每一次交流都给我扫清了法学路上的一层迷雾,老师用他资深法律人的经验给我点亮的是一盏明灯,尽管这盏明灯对现在的我来说还是太远,尽管这盏明灯与我之间还隔着层层迷雾,但我的方向被照亮了。

一个月的实习如当头棒喝,唤醒了曾经那个不知天高地厚的自己。老师说,这一个月还没能开始正经学习实务知识呢,但是我已从师兄师姐以及老师的一言一行之中受益良多,没能学到多少专业知识,但明确了人生方向。

师傅领进门,修行在个人,来日方长。

导师寄语[①]

俊森很优秀,这一点我很久前就已经知道。我参加了2017级非诉班新生的招录面试,俊森刚好分到我这组,我印象很深。俊森喜欢读书,而且能找到让自己舒服的学习和思考方式。孔子说过:"知之者不如好之者,好之者不如乐之者。"中国法律人的职业生涯尤为不易,法治对国家而言是长期工程,而"乐之者"才能真正走过漫漫长途。

俊森在实习中表现出了良好的素养。虽然实习只有一个月时间,恰逢我们团队转所搬迁,俊森没有多少机会参与实际案件的办理过程,更多的只是在帮我们整理卷宗,清理冗余资料;但是,这也恰恰让他有机会径直走进律所的"内室",看到了一个律师真正的"家底"。对于有心人,学习的机会无处不在。俊森在实习中懂得观察、思考,我相信他应该没有荒废这一个月的时间。

实习结束前,我们小聚。我跟俊森说了不少话,希望他能渐渐悟到如何走长路的道理。人生苦短,但不要急。

学习刚刚开始,祝福俊森能不断进步。

---

① 麻侃,观韬中茂(杭州)律师事务所律师。

浙江六和律师事务所实习报告

李樟顺

实践感悟

大一暑假的实习,可以算是自己人生中的第一份"工作",虽然这份工作并不是一份真正意义上的工作,但是,对于我来说却是一个开始。实习只有一个月的时间,虽然不长,但也让我学到了很多。从刚到律所实习时的一头雾水,到能够完成老师布置的任务,虽然仍有很多不如人意的地方,却也是一种巨大的收获。

在没到律所实习之前,自己也曾想过律师的工作是什么样的。但没有亲身经历过的想象终究是幻想,律师的工作没有我想得那么轻松。原以为像我这样的实习生,并不需要接触太多有关法律的事务,毕竟我们只是大一,各种知识都还没有掌握,还处于懵懵懂懂的阶段。但是,律所的各位老师并没有因此而放宽对我们的要求,该做的还是要保质保量地完成。

很幸运,我跟着朱亚元老师实习的大部分时间都是去项目地实地工作,在此过程中,我直接接触公司的资料,当场整理各种资料并汇成报告。朱老师一开始便和我们说:电脑虽扩展了我们的视野,但束缚了我们的空间。对于一开始的我来说,整理资料并不是一件容易的事情,所幸有多位老师的共同指导,虽然我整理的文件总有些差强人意,但经过各位老师的反复确认修改后也算是初步完成。这也让我更加直观地体验到律师平时是如何开展工作的,了解到一个律师为做好一件工作,对一份文件反复检查直至没有漏洞的工作态度。我想,这才是我来律所实习最大的收获,它让我更加直观地认识到自己以后要从事的工作,也让我学到以后遇到同样的事情时该如何处理。

朱老师是一位严谨又不失幽默的导师,平时的他就如一位和善的长者,关心我们的生活,告诉我们想要成为一名优秀的律师,不仅仅需要深厚的知识储备,更需要能言善辩,学会与人沟通;工作中,他那一丝不苟的工作态度也深深地感染到我。他知道我们是实习生,便手把手地指导我们工作,在我们做完后又帮助我们核对,以免出现错误。仍然记得朱老师和各位老师一起,周末还在修改我们整理的文件,并告诉我们在做任何与法律有关的事务时,一定不能够粗心大意,法律是严谨的,任何错误都会造成无法挽回的后果,而律师的职责便是尽最大的努力减少甚至避免错误。

在项目地实习让我学到的远不止是律师该有的工作态度,同时也让我知道了律师在为人处事中的方法,礼貌、谦虚、自信无一不体现在工作的方方面面中。老师们和公司领导交谈时的举止,和他们一起吃饭时表现出来的行为,无一不体现出律师严谨、礼貌、自信的作风。在项目地实习期间,并不是只有工作,朱老师在其他场合和老师们的交谈、在饭桌上与各位负责人的对话,其中包含着的为人处事的方法,是更值得我学习的。

一个月的时间眨眼就过去了,实习的生活也很快结束,但是实习带给我的感受依旧留在心里。对我来说,这一个月的实习收获,并不是在律所学到了多少知识,而是初步了解了律师的工作,以及工作的方法。对于目前的我来说,知识是学不完的,但是跟着老师们学到的工作态度与方法可以受用终身,这是我在律所实习一个月以来的最大收获。

在实习期间,老师们关心的不仅仅是我们的实习工作,同时也会问我们学习上的困难,为我们答疑解难,告诉我们在学习法律时应该注意的地方,纠正我们在学习法律时的错误想法,让我们意识到光是在学校里学习法律知识而不去应用,是很难真正理解并记住法律的。这也让我更加庆幸自己能够跟着老师们实地实习一个月,从中我学到了很多知识,而这些从书本上是无法习得的。

感谢老师们在这一个月中对我的照顾,让我有这样一个亲身体验律师工作的经历,也让我知道了以后学习法律应该注意的地方,并在今后的学习生涯中继续努力。

导师寄语①

2018年暑假,六和迎来了又一期的浙江财经大学非诉实验班的两位同学:许龙成和李樟顺。站立在前台拍照留念时,从行政到团队,我们的一致感受是:真年轻,很真诚,会海绵般地汲取。

这是第三年安排浙财大非诉班的实习,六和也有的放矢,希望同学们对律师非诉业务的实习有所了解,有所收获,了解规则和礼仪,丰富学识和专业。

我们相信非诉团队里不同律师的特点和优势互补,所以先后安排了朱律

---

① 朱亚元,浙江六和律师事务所律师。

师、孙律师、林律师、王律师等多名律师与实习生共同工作,希望能增加他们的感受量,丰富他们的体会,无论待人还是处事,无论交流还是思考。

我们一起交流了实习生的专业课程学习情况,并试图以感受、观摩、预习为目的,相助他们日后的课堂学习。为此,我们在一个月中先后重点接触了 IPO、上市公司收购两大类律师非诉业务,并投入项目实务中。借项目实务,我们一起交流讨论了这两类律师非诉业务的规则、公司法的基础性和重要性、法律人的思考方法和执业精神,以及律师工作的方法和技能。同时,我们还一起分析了如何把握和描述法律关系与法律事实的要点,比如针对一次股权转让,比如分析某一类合同。

实习期间,我们交流较多的是如何细致、专业地开展律师非诉业务,包括核查、分析、思考、提炼,如何面对众多的资料、事实、法律关系,并强调细致、专业、谨慎是前提,是法律人的特性。我们也请同学们做了一些复印材料、装订案卷之类的工作,让他们从另一个角度去感受细致和谨慎。相信同学们对此印象深刻。

工作之余,甚至饭桌上,我们一起交流律师要两条腿走路:专业发展与待人处事能力并重。由于非诉律师是问题解决者,因而动手能力也是基础。同时,律师业务来源于客户的认可和口碑,来源于社会影响力,因此强调两条腿走路是必需的。为此,在工作之余,我们也一起和客户交流了一些工作之外的事项,共同感悟人生,体会社会。两位同学尽管年轻,但也很活跃,善于表达意见。

这一个月期间,我们的交流是双向的。同学们也介绍了学校、班级、同学的趣事,让我们更多地了解浙财大和非诉班,了解浙财大对非诉实验班的重视和期许,我们也又一次回忆美妙且充满朝气的大学生活,感叹年轻的机遇和美好。

通过这一个月的实习,我们感受到了两位同学的认真、真诚和专注,他们期待实习收获,并一直在为之努力。他们在实习中思考和总结,并每周撰写实习记录。倘若日后持之以恒,相信他们会打下坚实的基础。我们祝愿他们在法律专业的道路上走得更远、更扎实,取得更多的收获。

2018 年暑假,注定让我们大家难以忘怀。

浙江孚初律师事务所实习体会

梁子阳

实践感悟

我的导师,张海涛律师,执业 18 年,擅长商业争端解决、公司设立、股权并购、合同架构设计、证券业务等领域;受聘担任浙江省军区法律顾问、杭州市工商联特邀调解员、杭州市温州商会律师团秘书长、杭州市温州商会调解中心副主任等社会职务;曾承办华立控股集团股权并购项目、湖州织里国际童装股份有限公司股权转让项目、浙江天工装饰有限公司债权转让项目、浙江省军区有关房地产转让项目等。

孚初律师事务所取自"深孚众望,不忘初心"。古罗马法谚"法是善良公正的艺术",在这个诚信缺失、物欲横流的时代,作为法律人,唯有坚守法律的信仰,才能时刻提醒自己什么该做、什么不该做,不忘初心,方得始终。

张律师不仅是我法律之路的导师,更是我人生之路的长辈。张律师是个具有生活品位、有情怀的人。喜欢品茶、打太极。在实习期间,除了专业知识,张律师教给我的更多的是人生道理和处事经验。同时,张律师在百忙之中会抽空关照我们,十分平易近人,性格开朗,并没有因为我们才疏学浅而不耐烦。我感恩有如此机会来到孚初律师事务所跟随张律师实习。

2018 年 7 月 9 日,烈日之下,我来到了位于杭州市滨江区科技馆街银泰国际大楼的孚初律师事务所。作为一名外地人,杭州给予我的感觉正如老子所说的"上善若水,水善利万物而不争"。对律所的初体验也是如此。还记得,在干净素雅的办公室,与张律师的第一次交谈。33 层的高楼,窗外是流动不息的钱塘江,办公桌上除了一套简单却富有禅意的茶具之外,便是一份又一份的卷宗。张律师与我所想的律师形象并不同,既没有秃顶也没戴眼镜,还是个太极爱好者。他亲切地询问了我们的一些情况,了解了我们的学习情况和理想追求。当时的感觉既有兴奋也有紧张,对为期一个月的实习生活充满了期待。

首先,作为住校一族,学校离律师事务所很远,我以为可以借此机会体验一下都市上班族朝九晚五的日常生活,却低估了杭州夏季太阳的"杀伤力"、等车的时间及坐车的人流量。在我之前的印象里,白领的生活都是很轻松、很享受的。但现实不是这样。现实是什么样呢?理想的朝九晚五变成了现实的朝五晚九。你见过早晨五点的下沙吗?每天早上五点半,从窗外进入室内的阳光已经十分耀眼,以至于我这么一个大懒虫都起床了。准备工作结束之后,背上电脑,紧攥一瓶藿香正气水,换上一副坚毅的表情,我出发了!地铁站里,人与人摩肩接踵,让从小就步行上学的我很不习惯,但是我想,此次实习或许在法律工作方面,我仅仅能了解、感受律所氛围与法律职业魅力,但是在心态培养方面我却可以前进一大步。我很庆幸来到非诉实验班,能够接触优秀的老师与律师。如此宝贵的实习机会在前,我想,是时候改掉自己任性的陋习了。哪怕路程再远,也要坚持起床去实习。既然选择了远方,便只顾风雨兼程。

"纸上得来终觉浅,绝知此事要躬行",我在接触律师行业,参与律师的日常工作之后,对于事务所的运作、律师工作的流程有了一定了解,并对日后的学习计划、职业规划有了更明确的方向。

一开始,我们便在张律师的安排下学习了《律师事务所管理办法》和《律师执业管理办法》,这让我对律师事务所和律师职业有了初步了解,让我之前幼稚的感性印象变成了理性规范的认识。张律师强调,诉讼业务是每个律师入行的基础。但同时他也肯定了非诉实验班存在的意义,随着市场经济不断发展,非诉业务将更加常见,行业对非诉律师的需求也将增大。我们跟着张律师接触了几个公司解散纠纷的案子,没有学习过《公司法》的我,一开始看这些案子的时候真的是一头雾水,所以只能从最基础的含义开始查起,借此也了解了许多新的名词。比如,什么是公司解散、解散事由的分类、解散原因、公司解散的效果、公司解散的清算等等。同时还学习了《中华人民共和国公司法》《最高人民法院关于使用〈中华人民共和国公司法〉若干问题的规定》,从学理、立法、司法等多方面了解公司解散的情况。然后就是案例学习,案例概况如下。原告黄某诉称,请求:一、判令解散目标公司;二、诉讼费用由被告承担。事实与理由为:一、原告和第三人各占股份 50%,法定代表人为原告;二、现公司经营发生严重困难,且通过其他途径也不能解决。张律师带我们参与了他与其他律师对此案的讨论,提出了以下几点:(1)此公司是否存在法定解散情形(依据《中华人民共和国公司法》第一百八十条、第一百八十一条、第一百八十二条及《最高人民法院关于适用〈中华人民共和国公司法〉若干问题的规定(二)》第一条);关注公司权力运行是否发生困难,公司僵局现象有无出现,公司的业务经营是否发生严重困难,经营不善、严重亏损,公司继续存续是否会使股东利益遭受重大损失,有无可替代性解决方案。(2)公司目前经营状况的证据收集。(3)原告解散公司的目的。经过此次讨论,我认识到独立思考是一个法律人最基本的素质。每一个案件最先锻炼的是我们独立分析案情的能力,案情的分析是对整个案件的把握,我们要找出对我们有利和不利的情节,确定代理方案。只有自己逻辑清晰、条理清楚,才能做出令人信服的代理方案。在这次讨论中,各位律师逻辑严谨、思路清晰,对案件梳理起到了重要作用,这让我了解到,作为律师,一定的语言表达能力很重要,但是能言简意赅地把自己的观点表达出来,需要知识、阅历、涵养等多方面的积累。此后,我们跟随张律师奔赴宁波与当事人见面,进行沟通。会议室中,张律师的沟通能力和反应速度令我钦佩。在与当事人沟通时,既能厘清思路、提供方案,同时想他人之所想,言他人之所言。这需要极强的法律专业底蕴、完整的法学知识体系,也需要具有将法律知识用于解决实际问题的能力,并将它们通过实践化为己用。此后几天,我们接触了与物业管理、业主委员会相关的案例,学习了《物业管理条例》,了解到业主委员会的构成,选举业主委员会主任、委员的条件等等。通过这段时间在孚初律师事务所理论联系实际的实习,我对法学学科和法律实务都有了更深的认识,同时感受到了律所氛围和法律职业魅力,受益匪浅。

虽佶屈聱牙如此篇实习体会,但我仍想记录这次宝贵的经历。感谢浙江财经大学非诉实验班、浙江孚初律师事务所,感谢张律师!

导师寄语[①]

子阳怀着毕业后成为一名律师的理想,来到我所实习。作为一名大一学生,他能沉心静气地学习理论知识,亦能一丝不苟地完成实习任务。律所提供给他参与探讨案件的机会,让他去了解律师面对客户时的风范和工作态度与工作程序,对此,子阳都饱含热情,如饥似渴地观察着,记录着,思考着。短短一个月,我看到了他拥有着完全不亚于正式实习律师的工作态度和工作激情,也看到了一个未来优秀律师的优秀潜质,我很期待,也予以嘉许!

---

① 张海涛,浙江孚初律师事务所律师。

法途小探

刘婧怡

实践感悟

8 月 15 日,北京,晴。

早上 6 时 49 分,我拖着快僵掉的双腿,在前往转机的路途中做完了 MBTI 的测试。刚刚结束的十个小时的飞机旅程并没有成功矫正我的时差,我的时间尚在东二区,正是睡觉的时候,首都机场巨大的落地窗外射进的柔和晨光令人愈发昏昏欲睡。

每次飞往欧洲的时候,我都有一种奇异的感觉,仿佛是飞机作为一种神奇的媒介带我穿越了好几个小时的光景,回到了过去,让人不禁慢下来去享受地中海吹来的干燥海风。

碧海蓝天,真是偷得浮生半日闲。

然而,这份闲适,是律所不曾有的。

从期末考试结束到启程前的一个月时间里,我在北京中银律师事务所(杭州)进行了人生第一次真正意义上的实习。早晚在人满为患的地铁中寻找缝隙,然后顶着烈阳或披着隐现的星辰走在大道上,我品尝到的是一种陌生但又理应如是的情绪——工作的复杂感,它驱使着我每天努力完成我们导师林华璐律师布置的各项任务,而林律师在实习第一天和我们所讲的职业状态,我也切切实实地在这种井然有序的日常中体会到了。

我一直很好奇本次实习经历究竟在形而上方面给予了我怎样的影响,便翻出了期末结束时做的 MBTI 测试报告,与刚刚完成的进行了一个对比,试图通过这一较为科学的人格理论窥得些许结论。

(一)内倾(I)上升 10%

内外倾维度用以表示个体心理能量的获得途径和与外界相互作用的程度,

即个体的注意较多地指向于外部的客观环境还是内部的概念建构和思想观念。我非常惊讶于我的内倾指数在经过一个月的实习后升高了10％，升至90％。在我的固有印象中，律师往往是侃侃而谈而又神采飞扬的。因为自我认定的内倾性格，我曾一度以为自己无法很好地在将来的工作中胜任律师这一职业。但是，在实习的一个月里，我发现律师的工作，尤其是我接触到的大量非诉事务，实际上有很大一部分是通过内在思考、逻辑推理以及归纳整理完成的。

这是一个80％的大脑动态与20％的身体动态相结合的过程，意味着主体的注意力和精力指向于内部的精神世界，其心理能量通过内部的思想、情绪等获得。当个体在阅览条文案例时，会看重事件的概念、意义等，并产生许多精神性的活动，更倾向于在头脑内安静地思考、加工信息。这便是一种来自"静"的力量。而作为一名律师，则需要用这种力量去保持冷静，做到清醒地认知事物，梳理逻辑，处理案件。

我想，内倾度的上升大概也是我感受到这种力量的体现。

(二)直觉(N)下降 16％

直觉和感觉维度表示个体在收集信息时注意的指向，即倾向于通过各种感官去注意现实的、直接的、实际的、可观察的事件，还是倾向于对事件将来的各种可能性和事件背后隐含的意义及符号与理论感兴趣。

律师展开任何工作都离不开法，而法是确定且坚定的，律师所表现出来的创造力都是在这一规定的基础上得以释放的。根据MBTI理论，感觉型的个体倾向于接受能够衡量有证据的任何事物，关注真实而有形的事件。他们相信感官能告诉他们关于外界的准确信息，也相信自己的经验。他们重视现在，关心某一刻发生的所有事情。这些特质往往是律师所需要具备的。

比如，在进行案件小结撰写的时候，需要梳理全部案件资料，提炼关键信息。什么是既定的事实，什么是法律的规定，在事实与法律之间能构成怎样的联系，从而衍生出逻辑的链条，等等，都是更倾向于用感觉而非直觉进行解决的。这明显不同于艺术创作酣畅淋漓地写意与情感，法律工作是需要戴着镣铐跳舞的。

(三)思维(T)上升 15％

思维与情感维度用于表示个体在做决定时采用什么系统，即做决定和下结论的方法，是客观的逻辑推理还是主观的情感和价值。

毋庸置疑，律师讲究的是思维型，需要通过对情境做客观的、非个人的逻辑分析，之后再来做决定，而且注重因果关系并寻求事实的客观尺度，较少受个人感情的影响。

法就是法,是神圣不可侵犯的,这是我在寻找与各个板块相关的案例时,深刻感悟到的。律师需要保持十足的理性,去做出迎合当事人利益的决定,哪怕有违自己的观念,也要尽心尽责在法律与事实的界定里找到最好的处理办法。这是作为一个律师最为基本的职业道德。

(四) 判断(J)上升 32%

判断与知觉维度用以描述个体的生活方式,即倾向于以一种较固定的方式生活(或做决定)还是以一种更自然的方式生活(或收集信息)。这一维度是一种态度维度。判断型个体倾向于以一种有序的、有计划的方式对其生活加以控制,他们期望看到问题被解决,习惯于并喜欢做决定。

在接触法律汇编整理的时候,浩如烟海的法律法规曾一度令我手足无措。哪些条款是符合要求的,哪些从侧面也能与目标主题产生联系,我抱着这样的疑问,一条一条地寻,一本一本地查,还要不断检查是否产生了遗漏。在进行这项工作时,我渐渐学会了用各种方式去趋近目的,并从中锁定最有效的进行检索。与此同时,我在这过程中也学习到了不少使用 word 等软件的技巧,受益匪浅。

法途小探,疲惫但是愉悦。那些我所做的、所学的,终将以一种概念性或潜在性的东西影响着我的思考方式。正如现处的北京不是我的终归之处,我仍要继续我的旅行并走向更远的地方,沿途所经历的一切都必会以相适当的方式在心中某处熠熠生辉。

导师寄语①

刘婧怡同学在本所实习期间工作认真,勤奋好学,踏实肯干,体现出比较扎实的法律专业知识和技能基本功;努力协助指导老师的工作,从中学习民商法实务基础知识,虚心好学,善于思考,能自觉培养团队精神和人际沟通能力,遵守律所工作纪律,与同事相处和睦;在时间紧迫的情况下,加班加点完成任务,毫无怨言,展现出该校扎实的德育教育;并且能够将在学校学的知识灵活应用到具体的工作中去,适应能力较强。同时,该学生能遵守本所的各项规章制度,实习期间,未曾出现过无故缺勤、迟到早退的现象。

伴随着生活的沉淀,经过了高考的洗礼,通过了大学暑期实习的考核,这些足以证明刘婧怡同学的出类拔萃!每一颗优秀的大脑都值得被珍惜,希望你努力去尝试,去争取,去成长,志存高远,戒骄戒躁;希望你脚踏实地,砥砺前行。

---

① 林华璐,北京中银(杭州)律师事务所律师。

浙江仁谐律师事务所实习心得

刘艺琦

实践感悟

2018 年 7 月 9 日,我身为浙江财经大学 2017 级非诉实验班的一分子,暑期有珍贵的机会来到浙江仁谐律师事务所跟随刘涛主任开展实习活动。

(一)仁谐第一课

在实习生活开始之日,刘律清晨一来到律所就热心地跟我们讲述实习过程中需要注意的地方。

首先,在日常实习生活方面,刘律先从简单的监控探头入手,通过插头和会议平板的使用,向我们强调观察的重要性,并要求我们对万物保持好奇心,以此培养探索的精神,为职业生涯打下坚实基础。在使用新设备的过程中遇到棘手问题时,应综合考量效率问题。首先阅读说明书,发现设备的更多可能性,而不是胡乱摸索耽误时间。在回家的路上,也一定要注意安全问题,切勿一直低头玩手机。

在专业方面,刘律特别强调了法学生要培养的保密意识,不要多语抑或多事,切勿自作主张,凡事可以多向领导请教,并举例提醒大家注重细节,不可马虎大意,细节决定成败。反馈的及时性以及行动的灵活性也是考验一个实习生能力的指标,在遇到事情时,不要用“我以为”的思维定式,而要善于具体情况具体分析。

吃过午饭后,律所又迎来了两位客人前来咨询,刘律通过对实际的分析为客户解答疑惑,也让我们更近距离地接触到了实务,更深地体会到掌握知识的重要性,坚定了继续努力深造、打好理论基础的决心。

在体验过一天的实习生活后,通过刘律专业的知识和独到的见解,我深刻体会到了在成为一名律师的道路上的艰辛,但也坚定了自己成长的方向,今后身为一名实习生,也必将谨记刘律所提到的以下八点:(1)观察;(2)好奇;(3)说明书;(4)出门;(5)保密;(6)细节;(7)及时;(8)灵活。

(二)未来——专业化

实习期间,刘律只要一在律所,就会召开晨会向全体实习生提供几个关键词,以帮助我们更快适应职场生活,完成从象牙塔到社会的实景转换。在每次的晨会中,刘律都会向我们提到专业化的重要性,也给我们举了几个形象的例子帮助我们更好地理解。其中令我印象尤其深刻的是打水井的故事:一个人若是到处打水井,每一口都浅尝辄止,那他最后将一无所获。反观在一口井里深挖的人,他终将挖到深藏于地底的水。这个故事也形象地说明了一些法学院学生毕业后企图当一个万金油,什么案子都接,什么领域都做,最后在任何一个领域都无法成为佼佼者而失掉更多可能的收益。但如果只深究一个领域,把一个领域的案子研究透彻,最后一定会成为某一个领域的权威;虽然刚开始可能难以接案,但后面案源自然会多起来。当然,专业化的要求并不等于目光狭窄,专业化的尽头一定是综合化。在现代社会,同一个领域的案件也同样五花八门,若真的要成为专业化的律师,无可避免地会接触到本领域甚至是法学领域之外的知识。这个时候绝不能故步自封,对其他的知识一概不理,而应当清醒地认识到什么样的知识是对自己解决案件有用的,继而沉下心踏踏实实地去学。

(三)整理案卷——条理性+谨慎认真

对于暑期实习生来说,我相信必不可少的一个工作就是整理案卷。刚开始看到手里厚达十几厘米的案卷资料时,毫无头绪。接着,刘律给我们分发了《杭州律师事务所管理手册》,里面相对详细地记载了案卷排序的方法。我们大致将各种资料整理排序后,刘律又让我们写办案小结。起初,我只是把起诉书和判决书以及代理词左抄右誊,形成了一篇让人难以理解的办案小结。刘律严厉地批评了我,并指出办案小结是高度凝练的案件小结,必须简洁易懂,而且必须反复检查排序、用词用句是否正确,这建立在对案情的精准掌握以及清楚的逻辑思维、谨慎小心的表达上。因为是第一次上手,难免对一些案情内容把握不清,刘律耐心地向我陈述案情,花了大把时间让我厘清了案件的来龙去脉。令我印象深刻的是,刘律引导我注意法院的判决时间与代理律师收到判决书的日期并不是同一天,把握好上诉时间、记录收发日期都帮助我更好地完成了自己的案卷整理工作,并利于养成细心的良好习惯。

(四)第一次出差——盐城

在短短一个月的实习期间,我得到了一次珍贵的机会——和刘律一同前往江苏盐城。到达盐城的第二天,刘律有一场票据纠纷的案子在盐城市中级人民法院开庭,我也仔细地听了庭审。因为是第一次进法院,对一切程序并不是特别熟悉,但经此也了解了很多。律师们只要持律师执业证即可自由进出,其他人则需要拿身份证进行登记方可进入法庭。通过直接的接触,我也更加直观地了解了法庭的构造以及审判程序,这加深了我对整个法学实践体系的认知,帮助我更好地确定今后的努力方向以及进行自我定位。除了听庭审之外,我还有幸听了一场由刘律主讲的名为"新形势下律师专业定位暨票据争议解决与危机化解十三法"的分享会。现场座无虚席,会议期间大家听得津津有味,并积极与刘律进行互动,茶歇时大家互相交换名片,提问者络绎不绝,氛围十分融洽。会议结束后,当地一家企业闻讯赶来,为其 2012 年发生的票据案件寻找出路。刘律当场办公,并耐心仔细地给予了分析指导。经此,我也感受到了律师是一个需要终身学习的职业,只有不断更新理念与知识,才能更好地服务于实践。

除了专业知识的学习,此次出差带给我的收益更多的是身为一名律师应该具有相应的职场知识。出差期间我们和不少律师同行甚至是司法局的领导一同交流,刘律教我律师必备的"酒桌文化",要有礼貌,要学会灵活应变、察言观色,话要说得让人舒服而不是过度谄媚;要学会快一步为他人带路并且开门扶门,学会给刚刚落座的人倒水,缓解其奔波之疲惫。此次差旅虽只有三天,却带给我许多全新的体验,让我提前熟悉了如何快速与社会接轨,更好地投入实务生活中。

(五)总结

总而言之,此次实习是我人生中一段珍贵的回忆,我十分钦佩刘律执业二十余年依然保持着巨大的工作热情,并且掏心掏肺、高标准地要求尚青涩的我们。三十几天的时光,让我领悟到作为一名法律人,作为一名律师应当具备终身学习的信念与表达、交流、归纳的能力以及细心谨慎负责的品质;我也学习了如何整理案卷以及进行大数据分析等的技能。仁谐律师事务所的"互联网+法律+金融+众筹"的商业模式、"以诉促调、以调促易、以易化解"的十二字方针、"有联系=有关系=发生关系"的观点、"利他+合作+分享+共赢"的价值观、"目标=产品+客户+团队"的帝国数学公式等也将深深烙印在我的身上,持续地影响我的人生。

导师寄语[①]

天下大事，必作于细。

刘艺琦、王璐两位同学是我有幸受聘担任浙江财大非诉实验班实务导师以来遇见的表现极好的同学。才思敏捷，且积极主动，无论在说、写，还是在演讲、PPT可视化方面，都表现得不错。短短的一个月实习时间不经意间就结束了，她们身上许多的闪光点甚至还来不及表现出来。当我看到她们的实习心得，我更加确信她们的潜质，希望她们在未来的学习、工作与生活的道路中能从细节着手，把自己铸就成为一名不简单、不平凡的卓越人才。何为不简单与不平凡呢？把每一件简单的事做好就是不简单，把每一件平凡的事做好就是不平凡。当今社会的现实情况是，太多的人，总对小事和细节不屑一顾，太自信于"天生我材必有用，千金散尽还复来"。驰骋法海需要练就绝招，而现实生活中无论是武术、工作、学习，还是解决问题、处理案件、策划市场、管理企业，却往往不会有什么绝招。大量的工作、案子，都是一些琐碎、繁杂、细小的事务的重复。这些事情做成了、做好了，并不见得有什么成就；可一旦做不好、做坏了，就会使其他工作和其他人受连累，甚至会把一件大事给弄砸了、摧毁掉。可惜，明白这些的人并不多见。因此说，世上本无绝招，绝招就是用细节堆砌出来的，简单的招式练到极致就是绝招。天下大事，必作于细。最后，将我经常讲的专家（复杂事情简单做）、行家（简单事情重复做）、赢家（重复事情用心做），送给你们，共勉！

---

① 刘涛，浙江仁谐律师事务所律师。

浙江金道律师事务所实习心得

潘 璐

实践感悟

这个暑假,我很荣幸能在史源律师门下实习,史源律师是浙江金道律师事务所的高级合伙人,主要的业务领域是建设工程、政府与社会资本合作(PPP)和并购,是中国 PPP 金牌律师、浙江省优秀专业律师。

史源律师是一个风趣幽默、眼界开阔的人,他特别爱笑,我们总能看到他的标志性微笑,私心认为他很像《疯狂动物城》里的树懒,第一次见就让人觉得很亲切、和善。他好茶道,在我们实习的第一天就给我们泡了一壶茶,告诉我们每一道工序的原理和作用,还热情地邀请我们比较第一道茶和第二道茶在味道上的差异。在袅袅茶香中,他告诉我们大学生活应该尽情地过,除了学习专业知识还应该尽可能地多尝试不一样的活动;同时,他告诉我们要努力"走出去",努力争取学习的机会,可以去北京、武汉等不一样的城市看看,这对学业、对眼界的提升都能有很大的帮助。

他还曾给我们讲起过他和一群小伙伴在大学时期受《水浒传》的启发,来了一场说走就走的"梁山水泊行",中间诸多曲折在现在看来都是不可多得的奇妙经历。他鼓励我们趁着假期多出去看看风景,放松自己,不需要多么精细的攻略,只需要一个念头,和志同道合的伙伴们随心地走走停停、游山玩水就行。

除此之外,团队里的其他前辈也给了我们很多帮助,他们不因我们缺乏专业知识而对我们置之不理,相反,他们会给我们很多工作,锻炼我们的基本技能,并给我们提供了很多实用的意见,教我们怎样更好地完成手头的工作。与前辈们相处总是非常愉快,从他们身上我能看到很多共同点:说话温柔,不急不躁,做事迅速有序,等等。这些都非常值得我们学习。

史源律师的团队主攻 PPP 项目,即政府和社会资本合作,是公共基础设施中的一种项目运作模式。这是一个比较新的领域,从 2013 年开始,PPP 的相关政策才密集出台,且 PPP 项目周期长,操作难度大,在这样一个领域里积累经验是一件非常难的事情,而史源律师的团队目前提供着各种不同的法律服务,写在简介表上的经典案例就有十来个,可以说经验非常丰富。这样一个年轻的团队却有着强大的能力,团队付出的努力与辛苦可想而知。

"纸上得来终觉浅,绝知此事要躬行。"史源律师也常说,比起书本上的知识,在实践中得到的经验更为宝贵。在金道所的这短短一个月内,我窥见到了非诉业务的小小一角,有幸看到了团队前辈们的工作状态,在相对简单的工作中学到了很多职场技巧。

(一)熟练运用办公软件

在办公室里,PPT、Word、Excel 等办公软件必不可缺,熟练地运用它们对办公效率的提升有很大帮助。我们接到的第一个任务是写一份个人简历和将一篇文章转化为 PPT。写个人简历的时候我感到一阵羞愧,作为没有什么经历的职场小白,填完个人信息、联系方式后就只能干瞪眼,最后硬着头皮用与法律毫不相干的艺术类奖项填充空白,但其实自己心里也知道,缺乏专业知识信息的简历是没有什么用处的。而对于将文章转化为 PPT 的任务,刚开始我以为很简单,在做的过程中才发现,转化的前提是首先要完全熟悉这篇文章的结构与内容,如果文章的篇幅很长,就需要更多的时间去研读。对比了团队里前辈完成的 PPT 后,我才发现,文档与演示文稿最大的不同在于文章需要详细地阐述每一个观点,有理有据;而 PPT 的特点是尽量简洁明了,只需列出基本观点,详细的表述是由演讲人完成的。除此之外,PPT 在细节上还应加上演讲者的基本信息,风格排版要与主题相符,等等。

另一个任务是检查文档中的语病与错别字。文档的内容是关于 PPP 合同的条款设计及解析,里面有很多专业术语与合同的固定句式,也有一些不常用到的、非常正式的表述词语,还有一些出于合同的严谨性加了层层条件而变得复杂的句式。由于这方面专业知识的缺乏,我们找语病、找错别字时就有些困难,常常要上网查找某些词语的真实存在性。虽然如此,但我通过这一任务倒是接触了很多 PPP 项目领域中的专业名词,这也是不小的收获。

(二)利用网络检索相关信息

各类检索网站也是法律人需熟练运用的。我们在实习期间也运用各类检索工具整理归纳了与 PPP 相关的法律法规,对于这一领域相关法律的现状有了一定的了解。在整理中我们发现,各地、各方面有关 PPP 项目法律法规的文件确实都有,但数量算不上多,从内容上看大部分都大同小异,有些只是一个笼统的规划,或者说,是为了行业整体氛围做出的一个限制,没有那么精细。

在检索的空隙中,团队里的前辈还试着让我们解答客户的问题。问题内容是在一定条件下,城投公司等平台公司能否作为联合体成员参与 BOT 项目。在检索相关法律法规无果的情况下,我们只能查询相关法律资料,摘抄书本上的话再加上自己的理解,算是勉强完成了任务。后来在团队前辈的指点下,我们才知道这类问题回答的重点在哪里,知道怎样根据客户的情况具体阐述才能真正有效地解决问题。

客户有的时候会想知道一些法律风险的分析及防范,如投标、居间代理时会产生怎样的风险,为了更好地说明这些风险就需要在网上检索相关案例,且寻找到的案例内容需要与这一风险的分析和防范一一对应。网上的案例内容千奇百怪,浏览的时候总是能惊讶于被告们一次性竟然能触犯这么多条法律法规。大部分案例篇幅长且非常复杂,光是将被告的名称改成"某 A""某 B",就耗费不少时间。提炼关键信息,将公示的法律文书转变为清晰易懂的示范案例也真的不是一件容易的事,这确实是与耐性的较量。

(三)为客户着想

不管是在诉讼业务还是在非诉业务中,客户都是非常重要的一部分,我们这次接触的就是在非诉业务中与客户进行直接交流。这个暑期,金道所举办了顾问单位培训会,我们参与了前期准备工作,进行了一小部分的人员信息汇总,并且用电话确认客户的相关信息。电话确认客户信息,对我们来说,其实是一个很有挑战性的工作,在开始前,所里的前辈也对我们进行了培训,嘱咐我们询问客户时应有的态度、应记录的信息。打第一通电话时确实是手忙脚乱,不由自主地结结巴巴,但好在有惊无险地完成了。在之后的电话中,也确实遇到了很多前辈没有预料到的情况,比如一些信息的突然更改要如何处理,一些客户的额外要求要怎么对待,超出我们了解范围的问题要如何回答。并且出现了很多客户会因为陌生的来电拒不接听或者态度冷漠,以及由于时间匆忙我们不得不在午休时间打扰客户的情况,这些时候我们必须在最短的时间内自己想出应对的方法,且语言还要得体。

幸运的是同办公室的前辈给了我们很多意见,他总是能告诉我们上一通电话更好的解决方案等等,他还告诉我们,律师也算是服务行业,态度尤为重要。经过了快一天的电话、信息汇总、再确认、再汇总的流程,这一天的经历可以说是非常丰富,我对于如何与客户交流有了一个初步认识:首先是态度一定要得体,很多时候我们代表的不是自己个人,而是所在的单位与组织;其次是要多为客户着想,客户的时间也是很宝贵的,交谈中要语言简洁,尽量在最短的时间内准确表达出完整的信息,并且还要考虑到客户现在的状态,尽量不打扰到客户工作或者休息;以及与客户交谈需要多些灵活性,客户的问题不同,解决方案也不同,要找到双方都满意的解决方式。

(四)总结

这次实习经历真的可以说是打开了新世界的大门,锻炼了很多基础性的技能,可以感受到,团队前辈每一次布置任务都非常用心,真的特别感谢他们的照顾与帮助。其间我们还有幸参与了金道所的青训营结业冷餐会,旁听了法律服务产品研发交流会,感受到了每一个团队凝聚的力量和为做成一个成果所付出的努力。所里每一位前辈,他们都是自信得体、面带微笑的,而使他们有强大力量的,就是他们在办公桌前每日每夜的不懈奋斗;前辈们通常都很忙,但他们都懂得最有效率地安排时间,用快速的思维方式和丰富的经验解决问题,他们的每一步看起来都那么踏实镇定。前辈们总会有耐心温柔地指点我们,是我们学习的榜样。

短短的实习,让我学习到了很多很多,它教会我用更加细致的态度对待这个专业,在学习专业知识的同时也不能忽略对其他通用技能的培养,并告诉自己要让性情更加沉稳,提醒自己遇事要冷静对待,考虑要更为周到。感谢这次宝贵的实习经历!

导师寄语[①]

为期一个月的律师事务所实习生活悄然结束了。在这短短一个月的时间里,我和我们金道 PPP 团队的律师与你之间有了一定的接触和了解,非常高兴你能暂时加入团队之中,使我们得以与你一起教学相长。

在实习期间,你参与了金道所一年一度的法律顾问单位培训的部分会务工作,对事务所的会务流程以及与客户的沟通有了一定的了解;对某些法律咨询问题进行了法律检索,从而对如何进行法律检索、如何筛选出有效信息有了更深刻的思考;也参与了部分文件的校对工作,对于 PPP 法律业务有了初步的了解……通过这一个月的实习生活,相信你也对律师的工作、态度等等有了更直观的感受。

最后,作为实务导师,也希望你在今后的生活中能够继续向更多优秀的人学习,不断提高自己的专业能力和沟通技巧,并根据自己的兴趣和优势对自己未来的职业方向做出合理规划。愿你在前行的道路上,无所畏惧,不忘初心,坚持做一个有梦想的法律人!

---

① 史源,浙江金道律师事务所律师。

律师的那颗匠人之心

——浙江浙联(萧山)律师事务所实习体会

瞿欣怡

实践感悟

首先来说说我的实务导师来波律师。这位才华出众的富有激情的女性,是浙江浙联(萧山)律师事务所主任,是一位擅长公司、金融、投资及建筑房地产开发项目等法律专业领域的拥有 24 年执业年限的女律师。所谓"自带气场""走路带风",说的就是我的导师了。如果要用一个成语来概括我的导师,我一定会选择"雷厉风行"这个词,这也是我第一眼见到来律师时最强烈的想法。一头利落的短发,一副大气的黑框眼镜,一身帅气的职业装,伴随着节奏轻快的脚步,刻画出了我心目中女律师最优秀的样子。她带我走进她的办公室,那是一个向阳的、有许多绿植的、带着落地窗的房间,其中最耀眼的,是墙边玻璃柜中满满一柜子的荣誉,它们既见证了来律师二十多年来的风风雨雨,也是来律师实力最直接的体现。这就是为什么我希望现在的来律师就是我二十年后的样子。

带着对来律师的敬仰之情,我开始了为期一月的实习工作。律所里的每一份子都亲切友善,着实让实习的日子比我想象中的轻松一些。来到律所的第一天,前辈就告诉我说,这个律所里没有老年人,这句话颇触动我。在我来到律所之前,凭着我浅薄的见识,总以为律师是死板固执、一味说理的。直到在浙联(萧山)所溜达了一圈以后,我才发现在法庭上叱咤风云的大佬们居然个个都幽默风趣。更令人诧异的是,律师们都保持着非常年轻的心态,和实习生们有无数的共同话题。他们一起为疑难案件绞尽脑汁,为客户寻找最佳方案;一起一本正经地商讨中午点什么外卖。他们互相打趣,谈笑风生,很难想象这是在律所里发生的场景。如果要我去判断一个律师事务所是否成功,我会把决定性因素放在律所的凝聚力上,因为个人的力量在团队面前总显得渺小,而团队的力量不仅仅是个人力量的总和。我想浙联(萧山)所是成功的,尽管它规模并不是很大,但它就是那样有条不紊地工作着,每一个人就像一颗或大或小的齿轮,不光为了自己，更为了集体，兢兢业业地转动着，转出了律所的未来。

我题目中写到律师所拥有的匠人之心，其实来源于一句古语"匠人之心，寄乎於手"。这句话的本义是：匠人（工匠）对于自己的工作，心里产生的许多奇思妙想，都必须通过自己双手的辛勤劳作，才能做成实实在在的作品，才能展现给世人观赏。

我认为律师之于匠人之心，更甚于匠人。

在律所实习期间，我有幸参与到一个比较特别的案件，即"原配诉小三的赠予财产纠纷"案。听到这个题目，就感觉嗅到了八卦的气息，格外感兴趣。来律师让我们参与了案件的分析和取证，在这个过程中，我切身体会到了律师那颗匠心。在这个案件中，原配作为委托方，基于对我们律所和办案律师的充分信任，授权这起涉案标的不小的案件给我们。在接到这起案件后，来主任马上集结人员，分配工作，把每一个细节都落实到位。开会的时候，来律师挂在嘴边最多的词永远是客户，心中盘算最多的，也是客户的利益。讨论案件进展时，有一位律师汇报说："打算明天去安徽取证。"来律师马上发问："为什么不能今天去？"安排下一步的工作时，来律师有力地挥了挥拳头说："我们一定要在被告发现并对财产有所动作以前，把能保全的财产都保全掉！一定！"这个时候的她，就像一位战士，手持着法律这一武器，勇敢果断地主动出击，保障委托人的利益。由于财产繁多复杂，时间紧迫，来律师指出必须有的放矢，把每一分钟都发挥到最大效用，首先要保全大额财产。她笑着说："只要时间合理安排好，一分钟真的可以当两分钟用哦。"其实她完全没有必要如此辛苦，只是她心中律师的职业道德和认真对待工作的匠心在鞭答着她，要细心，要将心比心。

律师的奇思妙想，其实就是对案件的新思路、新体会。在浙联（萧山）所，律师呈现给我的，不是与委托人之间冷漠的合同关系，而是设身处地为客户着想、真心实意维护客户利益的体贴周到。律师思考的不仅仅是如何保障客户的利益，更是如何最大限度地、全方位地保护客户的利益。正因为如此，律师所求不仅仅限于一个解决方案，他们每时每刻都在孜孜以求，探索更优的解决方案。一旦遇到一丝机会，律师就会用一百分的努力把机会抓在手里。其实律师随随便便就能拿出一份作品来，但是没有律师会这样做，匠人的心要求他们不断完善，尽善尽美，最终给世人观赏的作品须是竭尽全力、问心无愧的。

客户考虑到的，律师都应该考虑到；客户考虑不周的，律师更应该帮客户想到，用自己的专业知识为客户权衡利弊，现身说法，提出解决方案。

匠人对于手中物件的态度无疑是精细的，千挑万选才选出最佳制作方案，制作时亦是全神贯注，一丝不苟。律师也一样，听取当事人意见，结合自己专业判断，细细琢磨筛选出最合理的解决方案，为这个方案前后奔波，舟车劳顿，这一番辛苦,比起匠人,有过之而无不及。

事实上,也只有匠人一般的律师,才能真正打动客户,客户的放心和信任,才是律师长久经营的支柱。希望我也能成为拥有匠人之心的律师,这一份心,对得起客户,更对得起自己。

导师寄语[①]

欣怡,很开心能成为你的实务导师,与你相处在2018年的7月,一个月的时间甚短,但我已切切实实感受到了你的热情、活泼与洋溢的青春朝气。虽然由于平时工作比较忙,亲自教你的时间不多,不过我相信,在我们浙江浙联(萧山)律师事务所,除我以外,其他律师也都会毫无保留地与你分享理论知识和实务经验。

在有限的时间里,我争取让你接触和参与到卷宗整理、法律检索、试写案件分析、调查取证、会见客户、调解和庭审等事务中来,相信你一定有所收获。同时,我也安排了与浙联总所的同窗、优秀律师间的聚会,让你贴近了解严谨、务实的律师也有可爱、有趣的一面。

不积跬步无以至千里,律师也好,其他法律职业也好,都是一条漫长的求索之路。现在你本科尚有三年,希望你珍惜大学生活,充分利用空闲时间与学校的资源,学习知识。日积月累,必有所成。

"万古不磨意,中流自在心",愿你有所坚守。最后,祝你顺利通过法律职业资格考试,加油!

---

① 来波,浙江浙联(萧山)律师事务所律师。

浙江金道律师事务所实习感悟

瞿一敏

实践感悟

史源律师,是我在暑假实习期间的指导律师。史源律师毕业于北京大学,执业十年,是金道律师事务所的管理合伙人,同时也担任民盟杭州市委员会、法制工作委员会委员,浙江省律师协会 PPP 课题组组长,浙江省、湖北省、河南省、云南省、湖南省 PPP 入库专家,浙江省政府采购评审专家等社会职务;2010年、2011年、2012年荣获民盟杭州市委会反映社情民意信息工作积极分子,其《文化产权交易所定位及发展模式》荣获 2012 年度民盟杭州市委优秀调研成果三等奖;获民盟杭州市 2014—2015 年度优秀盟员、中国 PPP 金牌律师、浙江省优秀专业律师等荣誉称号。

史源律师带领的团队在业务上主要涉及建设工程、政府与社会资本合作(PPP)、并购等非诉业务领域。他所带领的团队可以说是浙江省 PPP 项目领域的开拓者了。为了熟悉并掌握 PPP 项目,史律师放弃了当时手上的许多工作和顾问单位,与团队成员一起一步一个脚印地学习、探索,从刚开始的不熟悉到现在拥有一套完整的法律服务体系,在 PPP 领域中,闯出了属于自己的一番天地。

初见史源律师,他并不是想象中的那般严肃,反而长得有那么一些可爱。在这一个月的接触里,他没有大律师的架子,人也十分风趣,非常健谈,总是能给人带来笑语。他会和我们分享他大学生活里的趣事,并且给予我们目前最需要的指导和建议。每次和他聊天,都会有不一样的收获。

这里,还有几位律师需要介绍,他们分别是史源律师团队中的高映南律师、金琪琪律师和吴天野律师。

高映南律师毕业于浙江大学,是实习期间与我们接触最多的律师。他带我们熟悉环境,给我们分配任务并反馈结果,他总是非常细心和温柔,同时也能非常准确地指出我们的问题所在,并给予意见。

金琪琪律师毕业于香港中文大学,第一次见面时,我就觉得金律师非常有气质,非常优雅。虽然接触不多,但是她主持法律服务产品交流会时的从容与流畅让我印象深刻。

吴天野律师毕业于中国政法大学,由于律所人员饱和,我们就被安排在他的办公室实习,借用了他的桌子。一次行政工作中,吴律师的那句"律师是服务行业"让我对律师行业有了新的认识。

原本以为律师几乎个个都是雷厉风行的,但其实真正接触以后,才发现他们和我们一样,生活中也只是一个普通人,闲暇时间所谈论的话题也无外乎吃喝玩乐,只是他们在工作时间中,会拿出自己的专业态度,运用自己的专业知识,为客户进行法律服务。

(一)初见指导律师

来到金道所的第二天下午,出差回来的史源律师便和我们进行了一次谈话。在询问了我们大一学习的基本情况之后,他便和我们分享了他在大学、从业初期的一些事情以及自己的一些感悟。

在大学期间培养自己的兴趣爱好。大学可以说是我们人生中拥有最多自由时间的一段时期了。每天只有三四节课,周末双休,剩下的时间我们都可以自由安排。史律师说,律师是一个经常要和客户打交道的职业。多培养些兴趣爱好,多了解一些专业外的知识,这样与客户交谈时才不会那么枯燥,甚至可以把客户变为志同道合的朋友,这也是掌握资源的一种方式。

机会和机遇就在身边。史律师提到自己和同事之所以能接到一笔印籍华裔富豪的官司,是因为一支万宝龙牌钢笔。虽然那只钢笔是他的同伴在地摊上买的假货,但正是因为这一支钢笔,让那位老先生放弃了其他有名律所的资深律师而选择了那时年轻的他们。还有史律师的一位同学,其原本所在的律所并不出名,但就是因为爱好踢足球而被那时的律届足球会长引荐到有名的律所工作,现在也是大有作为。所以说机会和机遇就在身边,有时就是这么碰巧,人生得到改变。但机会也不是白白得到的,有时候机会来了,但自己抓不住也是徒劳。因此我们需要通过这四年的时间以及之后的读研来沉淀自己,拓展自己的深度、广度,为抓住机会做好充分的准备。

非诉实务是程序化的,但是打交道的客户是多样化的。虽然非诉业务有一套完整的服务体系,但是每次接触的客户都不相同。史律师说,他会通过观察、谈话来衡量客户所能接受的律师费用是多少。面对不同的客户,谈话时的方式和内容也不尽相同。这就是观察能力、沟通能力的综合运用。作为律师,沟通能力是极为重要的,字句的偏差可能都会引起客户的不满,但如果谈话时能让客户感到安心,让客户感受到你的专业水平和自信心,那么在拥有了一个客户之后,这一个客户所带来的资源也是源源不断的。

(二)PPT 制作

进入律所的第一个任务,就是制作 PPT。史律师说,制作一个美观的 PPT 是现在律师工作中的一个重点,外出授课、给企业进行法律知识普及等都需要一个美观且直观的 PPT。史律师只是给了我们一个 word,让我们凭着自己的感觉去做。

最初的 word 版本有九千余字,把这么多的文字直接复制粘贴到 PPT 上是不现实的,这就需要我们进行筛选,选出最有效、最直观的信息。

在制作 PPT 时,我的一个想法就是,要把重点信息很直观地展现给观看 PPT 的人,让他们可以第一时间捕捉到重点信息及相关的有助于理解的信息,然后通过主讲人的讲解进行更深层次的理解。我选择的模板比较单一,通过加大字体、用深颜色字体等的方式来突出我所认为要突出的内容。制作完成后,史律师给我的评价是"整体感觉比较商务,符合对外授课需要,关键词用不同颜色,很细心"。第一次完成任务后得到这样的评价,我也是比较满意的。之后史律师给我看了之前高律师做的相同内容的 PPT。我将两者进行了比较,发现自己的 PPT 比较注重细节,正如史律师说的符合对外授课需要,而高律师的 PPT 更加注重整体的结构以及内容与内容之间的衔接。遇到存在相互对比关系的内容,她也会用图形等的方式更加直观地表现出来。

PPT 的用途有很多,针对不同的用途,所做出来的内容和形式也会有所不同。但有一点相同,就是要保证精准、直观,要把最有效的信息最直接地反馈给听众。同时,在拿到一份资料时,简简单单地读懂、理解是远远不够的,更深层次的是要把握这份资料的整体结构以及每部分内容之间的联系。整体结构和内容间的联系不可能直白地写出来,这需要我们通过自己的思考构建出来。只有当我们把这些信息架构成一个整体,才表明我们已经完全理解并且可以熟练运用,就像一套完整的法律服务产品,只有当产品研发者对该领域的法律及相关事务的运作有了非常清晰的认知和熟练的操作后,才能研发出可以适用于该领域的法律服务产品。

(三)完善 PPP 相关法律法规

第二个任务就是完善 PPP 相关法律法规。社会瞬息万变,法律领域也是一样。尤其是 PPP 这个目前较其他领域来说还未完全成熟的领域,国务院、行政部门等所颁布的用来规范这个领域法律行为的法律法规日新月异。整理过后发现,从 2017 年底到 2018 年 8 月,新颁布的法律法规总共有一百多条。作为专业的律师,一定要与时俱进,了解这个领域最新的消息。即使有些地方政府颁布的法规只是提到过政府与社会资本合作,但对于律师来说,这也可能是一个开拓业务的重要信息。掌握信息,挖掘信息中隐含的内容,对于还是学生的我们来说,同样重要。

(四)法律服务产品研发交流会

2018 年 7 月 17 日下午,金道所举办了"法律服务产品研发交流会",邀请有关律师分享在杭州市首届"法律服务产品"大赛中获奖的产品课件。10 位内蒙古律师到访金道所,并与金道所律师进行了法律服务产品研发方面的交流探讨。金道所管理合伙人崔海燕律师、高级合伙人钱雪慧律师、初级合伙人张奕律师以及程君律师、孙洁律师、袁昕炜律师、金琪琪律师代表各自研发团队对其法律服务产品的研发过程及研发经验和感悟进行了分享。其中史源律师团队的张奕律师基于多年的 PPP 项目法律服务经验,在交流会上分享了《社会资本方 PPP 战略规划及全程操作指引》的研发思路和研发要点,为法律服务产品的研发提供了借鉴。金琪琪律师详细介绍了《政府方参与 PPP 项目全程操作指引》的研发初衷和研发历程,以期为后续法律服务产品的制作提供思路和参考。

通过各位律师的介绍,我对法律服务产品的研发有了几点粗浅的认识。

(1)研发背景:关注时代动向,寻找法律服务与产品生成的衔接点。之前参加金道青训营的冷餐宴时,各班班长就有提到对法律服务产品研发的一些建议。有时看似不能与法律相结合的业务,其实换个角度来看,仍与法律息息相关。只要找到法律服务与产品业务的衔接点,就可以开拓出相关的法律服务体系产品。

(2)研发过程:主动学习,了解新领域。正如史律师团队开拓 PPP 领域业务时,也是从零开始,从对 PPP 项目的不了解到现在的构建出一套完整的法律服务产品。

(3)产品推广:塑造良好产品形象。法律服务产品研发出来后,需要推广,需要寻找客户资源,只有良好的产品形象才能吸引客户,才能让客户信任律师团队,信任法律服务产品。

(4)产品升级:跟上时代步伐。正如之前提到过的 PPP 相关法律法规的完善,每一个法律服务产品都需要跟随时代和市场的变化,根据法律法规的修改进行相适应的调整,否则这个法律产品只会被时代淘汰。

参加交流会的内蒙古律师,都提到自己在来这之前,完全不知道法律服务也可以打造成一个产品来销售,由此可见外出学习的重要性。只有不断开阔视野,多了解新事物,不故步自封,才能有所成长,有所收获。

(五)实习小结

经过这一个月的实习,我收获颇多。

律师行业是一个服务行业,是运用自己所拥有的法律专业知识为客户提供法律意见与帮助的行业。在进行 2018 年度金道常年客户法律培训会的会务工作时,吴律师就说,"律师行业是一个服务行业",在与客户打电话进行信息确认、通知时要注意时间、语气等,不能给客户带去不好的服务感受。高律师也提到说,与客户交流时要让客户感受到你的专业性,同时感受到金道所的专业性,这样客户才会放心。

律师也需要不断学习、了解自己领域内最新的法律法规。任何信息都有可能是自己开拓业务领域的重要信息。要注意市场的最新动态变化,调整团队的法律服务产品以适应市场需要。同时要开拓自己的眼界,触类旁通。

律师也是商人,尤其是非诉律师。律师团队研发法律服务产品并将其投入市场使用而获得收益的过程,就是一个商人交易的过程。律师绝对不能自降身价,大致评估出客户所能接受的律师费用后,就不能允许客户就律师费进行砍价。从某种程度上来说,律师费用的多少就是一个律师地位和能力的体现,减少律师费用无疑是在承认自己能力的不足,这样的做法是绝对不可取的。

律师也是一个普通人,也拥有自己的生活和兴趣爱好。要衡量好工作与生活休闲的时间,工作时就拿出十二分精神和自己的专业态度,休息时就好好专注于自己的兴趣爱好,放松身心。

虽然我们现在距离成为专业律师还非常遥远,但所有的法律职业技能仍是可以通过最初的实习、学习来不断磨炼的。

导师寄语[①]

为期一个月的律师事务所实习生活悄然结束了。在这短短一个月的时间里,我和我们金道 PPP 团队的律师与你之间有了一定的接触和了解,非常高兴你能暂时加入团队之中,使我们得以与你一起教学相长。

在实习期间,你参与了金道所一年一度的法律顾问单位培训的部分会务工作,对事务所的会务流程以及与客户的沟通有了一定的了解;对某些法律咨询问题进行了法律检索,从而对如何进行法律检索、如何筛选出有效信息有了更

---

① 史源,金道律师事务所律师。

深刻的思考;也参与了部分文件的校对工作,对于 PPP 法律业务有了初步的了解……通过这一个月的实习生活,相信你也对律师的工作、态度等等有了更直观的感受。

最后,作为实务导师,也希望你在今后的生活中能够继续向更多优秀的人学习,不断提高自己的专业能力和沟通技巧,并根据自己的兴趣和优势对自己未来的职业方向做出合理规划。愿你在前行的道路上,无所畏惧,不忘初心,坚持做一个有梦想的法律人!

众人之私，天下之公

——浙江泽大律师事务所实习感悟

宋　慧

实践感悟

我是在 2018 年 7 月 11 日到律所报到的，一开始就承认了自己"战五渣"的能力，所以想着会过打扫一下卫生、整理一下卷宗、吃吃外卖的打杂生活。但到了第二天，我们就接到了棘手的任务——做尽职调查报告。于是，我们便开始了摸索之路，对于庞杂的资料，不由感叹电脑的好，在面对某些手写资料时，我们就好像在和灵魂画手玩"你画我猜"游戏。白天眼睛没离开过屏幕，几个晚上连续加班，有一天我甚至看见了凌晨四点钟的义乌，窗外好像是一个正在逐渐苏醒的巨人，而我只想睡觉。在经历了几天的濒临"过劳死"后，我终于体会到了学校让我们大一学生实习的终极奥义：你看，还是读书好。

对于律师这个行业，之前我所了解到的是两极化的评论：要么就是这个行业光鲜亮丽会使人被金钱蒙蔽双眼；要么就是我的大学老师向我们说的，"你们觉得做律师丢不丢脸？其实吧，也不是很丢脸"。但在律所实习的这段时间，我发现律师其实就像其他职业一样，大家没有三头六臂，也不是像电影里面演的那样，每天打着鸡血，开口闭口都是法律，助理姐姐十分可爱，仿佛是我的大姐姐，老师也平易近人，风趣幽默。律所就像城市里的一台机器，在法律方面精准有序地运行着，处理案件虽然是为了每个客户的个人私利，但当完成后是"集众人之私，成天下之公"。

我的导师何远律师是浙江泽大律师事务所合伙人，涉外业务部副主任，义乌分所副主任，浙江大学民商法硕士，具有丰富的民商诉讼经验；同时也是一名译者，业余从事翻译，先后出版了《最高法院的"隐士"戴维苏特大法官传》《质问希特勒——将纳粹送上法庭的律师》等译著；同时，多次在《新京报》《南风窗》《南都周刊》等媒体发表评论文章，也应邀与资深法官合作撰写诉讼事务文章。老师在见面的第一天便赠予了我们两本书。一本是《十二怒汉》，另一本则是由老师翻译的英国作家亚力克斯·麦克布赖德的《律师为什么替"坏人"辩护？——刑事审判中的真相与谎言》。我对第一本书的了解最早是通过电影得来的，但文字终归要比电影来得深刻。在这本书中，我了解到其实陪审团制度并没有我们想象中的那么公平民主，也不一定正确。十二位陪审团团员都被各自的生活琐事所烦恼，对于他们要表决的案子其实更加倾向于主观臆断。正如《乌合之众》中提到的群体心理暗示作用，在表决的过程中，我们可以看到有几位陪审员很容易就被他人情绪、语言、动作所感染，从而摇摆不定。但随着案情的深入，在严谨的推理下，我们欣慰地看见出现了勒芒提到的"群体才会体现出大义无畏、一往直前的凛然气概"。大家不畏法官的施压，凭着正义做出判断。我认为，这本书其实夸大了陪审团的作用，把陪审员视为侦探警官，这并不现实。但本书中对于公平正义的追求、对于真相的追求是毫无疑问的闪光之处。

　　第二本书则可以与第一本书相呼应，都是讲为什么替"坏人"辩护。本书作者讲述了他作为一名英国刑事律师在律师办公室、法庭和监狱中所经历的一幕幕。在本书的序言中，作者提到他亲身经历的一件事。若干年前，他和他的老师正准备为一起凶案中的嫌疑人辩护，有一个女孩拦住他问，为什么要替"坏人"辩护？良心会不会受到谴责？当时，他的回答是："在被定罪之前，人们都是无罪的。"就如同我国《刑事诉讼法》第十二条明确规定的："未经人民法院依法判决，对任何人都不得确认有罪。"每个人在被定罪前都是无罪的。在本书中，作者呈现的并不是完美的形象。作为刑事律师，他却讨厌为青少年之类的小案子辩护，他想出名，享受在法庭上与对方律师斗智斗勇、找语言逻辑漏洞的状态，同时他也会和对方私下商量让步，为己方谋取利益最大化，这并不一定是为了维护公平正义。但这就像老师在序言中提到的："律师的辩护职责与职业伦理，对应的是他的体制角色，严格遵守刑事诉讼程序，通过程序功能尽早发现任何可能存在的司法程序错误，才是现代政治人和法律人应有的本分。"我认为"坏人"这个概念并不适用于法律，这只是人们主观感受的判断，而更进一步讲，即使是"罪人"也只是某件事的罪人。我们所要针对的是犯罪人所犯的罪行，而并不是犯罪人本身，犯罪人只需要对自己所犯的罪行负责。更何况，即使是警察法官也会出错，又怎么能够肯定地说未经定罪的人是"坏人"？为委托人的利益全身而战，是一个律师应尽的责任。即使委托人是十恶不赦的人，他也只需要对自己所犯的罪行负责，他依旧有自己的权利，依旧可以维护自身的利益。鲁迅先生说："人类的悲欢并不相通，我只觉得他们吵闹。"我们都不是当事人，对其中的情感纠结、悲欢离合难以切身体会到，我们所能做的只是通过法律程序去探索真相，让不法者接受法律上的裁决。真正的正义是通过程序来实现的，而不是凭借人们的主观臆断。

这两本书虽然侧重面不同,但都聚焦于营造公平正义的法治环境。如第一本书提到陪审团制度;第二本书通过对几个具体案件的分析对此有更加真实细致的描述,比如被告、原告所着的服饰,其呈现出来的情绪都会给陪审团带来影响,所以有的原告平时打扮得火辣性感,但上庭时则力求穿着朴实保守,让自己的陈诉更加真实可信。由于陪审团成员都是非法律专业的人员,很难像法官一样准确地判断案情,容易受到律师的诱导,所以与其说这是对案发事件的审理,倒不如说是原告被告对案件的"表演"。其次,陪审团容易引起旷日持久的诉讼,降低效率,浪费司法资源。近代以来,西方社会对于陪审制度也是争论不休,褒贬不一,而1994年辛普森杀妻案更是将其推向高潮,人种歧视、社会舆论加大了陪审团判决的难度。但不可否认的是,陪审团制度的创立与运行,是司法给普通民众打开的一扇大门。法官判决基于民众的事实判断,这减少了法官枉判的概率,也加强了民众对法的信任,使民众更具主人翁意识,在维权上更为主动。放权于民,立法于民,中国司法还有很长一段路要走。

陪审团制度的设立是为了更好地实现公平正义,营造更好的法治环境。我们可以看见,真正实现公平正义所依靠的是程序正义。有人会说,依靠程序,容易出现僵化和弄虚作假的情况。但我认为这应该归因于其发展不完善以及监管不力。我们应该不断完善我们的制度、程序。让法治与民意有一个更好的交融。

在我们实习期间,"米兔"话题正火热。老师告诉我们女孩子要懂得保护自己,要懂得委婉拒绝。而通过了解,我认识到"米兔"事件涉及以下几个重要问题:(1)当前中国性教育的缺失以及性文化的发展问题;(2)权利结构中对于弱势方的压迫,施暴者对于控制和支配的渴望;(3)当前仍旧是男权主导的社会,男权压迫问题仍然严重;(4)当前调查取证困难。这场风波中最终曝出了多少人,我们虽不得而知,但需要注意的是社会大众对于此事的态度。"米兔"运动说到底应该是文化热潮,要改变人们的价值观,给予受害者勇气,让迫害人对此羞耻畏惧,而不是洋洋得意,若无其事。有时候觉得现实真是讽刺,就如莫言所说:中国人最羞于谈性,但中国人的孩子最多。而谈及女权运动,女权运动的种子才在中国埋下,男权就开始做出反击,开始叫嚣着它侵占了大片的土地,从而得出它是坏作物的结论。中国几千年的男权文化发展已经为男权营造出极为稳定的环境,而女权的发展时间并不长,即使新中国时期,说着"妇女能顶半边天"之类的话,女权也并未深入根部,更何况其宣传的男女平等在我看来更像是一种性别意识的抹灭。女权的发展不是追求极权,也不是追求高人一等,而是追求平等。其目标应该是性别平等、职业平等、生活平等,每个人都有选择自己生活的权利,反抗压迫与不公的权利。

实习期间印象最深的就是老师一直在强调:"要做一个优秀的人。"成为一个优秀的人关键在于要尽可能地提高自己的专业知识,同时掌握自己的独特技能。《人类简史》中提到,人类之所以可以取得今天的地位,最重要的是因为人类可以合作。人类的合作网络给予了我们发展的最大机遇。而在合作网络中,只有人们各司其职,才能使网络更好地运行下去。如今,随着全球化大发展的热潮和大数据时代的来临,数据的处理已经被计算机取代了。在人脑与计算机的对抗中,我们要做的便是在自身领域专研、精通知识,做好社会发展中的齿轮。

这次实习让我受益匪浅,感谢学校给了我们这次机会,感谢实习期间何远老师及可爱的助理姐姐的照顾,希望将来有更多机会。

导师寄语[①]

美国联邦最高法院前大法官霍姆斯有句名言:"法律的生命在于经验,而非逻辑。"对于这句话,有各种各样或深或浅的解读,而如果用比较浅显的一种方式来解释,可以说,年轻人学习法律时,除了学习理论基础外,亲身体验第一线的法律实践工作,感受日常生活中活生生的法律运作之道,甚至比埋头苦读更为重要。我们财大法学院的非诉实验班,让同学们获得了第一手的经验,可谓功莫大焉。

王顺子和宋慧与往届非诉班的学生一样,具有扎实的理论功底,能够很快融入实习之中。不过,我很抱歉的是,由于近期处理的非诉业务,均是烦琐至极的尽职调查,因此,两位同学在制作报告过程中需要面对巨大的时间和体力上的挑战,但非常值得肯定的是,两位同学的表现十分优异,完全不逊于已经正式执业的年轻律师,这不但是两位同学自身素质的体现,也是法学院各位老师努力付出培养新一代法律人的成果。

---

① 何远,浙江泽大律师事务所律师。

悟·法·务

——浙江浙联律师事务所实习体会

宋　江

实践感悟

有人问我要实习多长时间,我回答说,可能是一辈子。

实习,即实务学习,在实践中学习,人生就是一个在实务中不断学习、在生活中不断前行的过程,特别是关于法律的实习,真的是要用一辈子的时间。因为随着世间万物的不断发展,作为上层建筑的法律也会随之而变化以适应其发展,所以法律是不断更新进步的。我们对于法律的实务学习更是不能间断,而这个假期的律所实习则开启了我人生中对于法律实习的第一个阶段,虽然简短,却很美好,意义非凡。

在 2018 年 7 月 9 日这个特殊的日子里,我戴着遮阳帽来到了城建大厦楼前,把帽檐往上推了推,抬头眯着眼看了看,嘴上一边念叨着建筑上面的大字:"浙联律师事务所!"对,就是这儿了。是的,浙联律师事务所就是我这个月实习的地方,当时看着这几个大字在阳光下熠熠生辉,心里感到特别幸运和兴奋,顺便发了一条说说,"往后一月,骄阳是你",所以从那时起,我就是一个真正的法律实习生了。浙联律师事务所是一家中大型的律所,在萧山有一家分所,里面的律师人数众多,而且都很敬业优秀,而我们的实务导师朱建鎏律师作为其合伙人之一,更不例外。朱律师非常忙,经常去出差或者见客户,所以大多数时间都是他团队的律师一起来指导我们学习,特别是卞律师和张律师。他们都特别负责,也很和蔼,经常指导我们整理证据材料、扫描证件,并且教我们学写法律意见书,还带着我们去法院立案,实地学习。在学习之余,律师们也会和我们聊聊天,我们有什么问题也会很主动地向他们讨教,他们都很热情并且慷慨地和我们交流,为我们答疑解惑,这让我们学到了很多东西,也感觉很亲切,很放松。朱老师虽然很忙,但一有空就会来看看我们,问一下我们的实习情况,很是关心我们。我们真的是很感激他们的关心和指导,就这样,我们一起愉快地度过了一个月。

（一）路边风景

我想我这一生都不会忘记那段林荫路,那段从浙江财经大学成蹊苑到文海南路地铁站的林荫路。因为在 2018 年的那个夏天,在那一个月的日子里,每天都会有同样的一道风景浮现:每天早晨 8 点,总会有一个学生背着蓝色的包,戴着白色的遮阳帽,精神焕发地骑着自行车从这条路上匆忙而过,迎着朝阳赶往地铁口;每天傍晚 6 点,这个学生也会背着同样的包,戴着同样的帽子,披着夕阳的余晖,骑着自行车快速地赶回宿舍,只是脸上多了一层倦意。而这个学生就是我,人海茫茫中渺小的我,也许没有人注意到我,但这条路见证了我这一个月以来的早出晚归、风雨无阻。

这两点之间的路径有多条,且这条林荫道也不是距离最短、路面状况最好的一条,那我为什么会偏爱于它呢? 因为这条道路的旁边长有很多高大的树木,也种植了多种风景树,给人一种亲近自然的感觉,这对于来自农村山水间的我有一种莫名的吸引力。每次从这段路经过,我都会感到身心舒畅、自然轻松,然后以最美的心情去迎接每天的朝阳,用充实的生活去送走每天的夕阳。其次,就是杭城的天气太热,主要以晴天为主,要想下雨降温的话就只有依靠从太平洋上吹来的台风了。而这条路两边高大的树木、浓密的枝叶,刚好能够遮挡住大部分阳光,所以我肯定得选这条林荫大道了,虽然我象征性地戴着遮阳帽,但毕竟作用不大。走这条路好处众多,何乐而不为呢?

但我去实习的路上,风景不只有这一小段,还有剩下的地铁之行。浙联律师事务所就在地铁口旁边,一出地铁口就到了。地铁之行虽只是一段很短的行程,却演绎着人生百味。在地铁里,我深刻体会到上班族的艰辛与不易,每天就这样朝九晚五地去挤地铁上班,有时候人太多了,挤不上去,也只能等下一列,但其中包含着多少迟到被罚的焦躁不安啊。人们就这样在所谓大城市里打拼,就这样为了所谓生活和理想而奔波,实属不易。这不由得让我想起了作为在校大学生的我们,要不了几年我们也将过上这样的生活,而我们在距离这种生活的这段时间里,是否能够做好充分的准备去迎接这样的生活呢? 我想一切都还是未知数。但有一点是很明确的,就是继续努力是不会错的。这让我对这次实习充满憧憬和希望,更加珍惜这次律所实习的机会,我想我一定会怀着满腔激情好好把握这次机会,在实务中去学习更多书本里没有的知识。

（二）室内学习

我们这次实习的大多数时间都是在律所的办公室里度过的。刚去实习的第一天,朱律师就把我们安排到卞律师的办公室里,还给我们安置好办公桌。卞律师也非常热情,马上给我们准备好水杯、卫生纸之类的物品,还和我们聊了很多关于学习、专业和生活的话题。他还推荐我们看很多书,告诉我们,平时没事的时候就要多看书,也不要拘束,轻轻松松地度过这段愉快的实习时光。我们感觉这些律师都非常亲切友爱。第一个礼拜我们只做了一件事,就是扫描材料。卞律师给了我们一个纸箱子,里面装满了证据材料,是关于一家公司破产的案子的,他让我们先按照证据清单上面的顺序整理好,然后再扫描。我们心想就这么一箱证据,应该要不了多少时间就可以完成了,可谁知道光是整理清楚就花了我们一天的时间,然后扫描用了四天的时间。在这个过程中我们两个人一起合作,除了吃饭休息的时间,其他上班时间几乎都用上了,但还是用了一个礼拜才完成这项艰巨的任务。尽管老师们一直强调说让我们慢慢做,不要太累了,但我们就是想把安排的任务赶紧完成。当最终完成这项任务后,我们都感觉非常充实和有成就感,同时这也让我想到了一些问题。像我们做的这些工作都是律师平常所做的,而我们两个人一起做都用了一个礼拜,那要是只由某个律师来做的话岂不是需要更多时间?而且我们做的这些可以说只是他们业务工作中的冰山一角,他们还要做更多、更难的工作,并且还是长年累月地做。当时我就想,我们坚持做了一周就感觉挺不容易的,而他们一做就是几十年,这种持之以恒、知难而上的精神不由得让我肃然起敬。

在这段时间里,卞律师还指导我们学写法律意见书。他先给我们一些文件,让我们看懂以后再试着写。我们打开文件以后,发现里面的信息太多了,根本不知道哪些是有用的,哪些是派不上用场的,无从下手。但我们还是看了又看,然后两个人商量着照葫芦画瓢地弄出来,之后卞律师给我们指出其中的一些错误和不足,也交给了我们一些便捷实用的方法。当时我们真的感觉很兴奋,同时也非常感激卞律师,他教会了我们一项新的技能,并且让我们从中学会了很多东西。之后张律师让我们去查江苏的两家企业的法律问题,包括相关判决书等各种信息,并让我们整理好了发给他。在这个过程中,他也教会了我们如何运用各种软件去查询相关的法律问题,而且让我们了解到诸如诚信等很多相关信息的重要性。总之,在整理材料、学写相关法律文书和查询收集信息的过程中,我们不仅逐步了解到律师的工作,也学习到很多无法从表层学到的东西。

在办公室里,我们会经常看到客户来找我们导师交流相关问题,也会经常听到他们团队的律师在一起讨论某个案子,听到他们分析得头头是道。我虽然碍于专业知识不够,一知半解,但还是会很认真地去听他们的交流和讨论。这种感觉就像在享受思想的盛宴一般,虽然他们谈论的东西似乎跟我毫不相关,但我能从中了解到很多东西,学习到很多知识。其间,我们也了解到很多律师有时虽然没来上班,但他们绝对不会是闲着的,往往都是去出差了,而且还有很多律师加班到凌晨。很多人只看到律师们工作自由、薪资高的光鲜外表,却看不到他们努力工作的身影。所以,我想,其实无论做什么,都是吃得苦中苦,方为人上人,只有比别人付出更多,才能收获到更多,他们这种工作的精神真的是我们学习的榜样。

(三)室外活动

在这个月的实习生活中,我们也偶尔到律所以外的地方去学习。刚开始的时候是帮老师们到附近法院送证据材料,这也让我们开始慢慢涉足律所外的世界。依稀记得,前不久,台风光临浙江,给杭州带来清凉的同时也带来大风和暴雨,而我们则在张律师的带领下风雨无阻,乘车去百里之外的衢州的龙游县人民法院立案。沿途的风景可谓是形态各异、美不胜收,一会儿是狂风暴雨,一会儿是烈日炎炎,一会儿是高楼林立,一会儿又是河流山川。我们用了三个小时才到达龙游服务站,然后在那里吃了午饭才赶去龙游法院,吃饭的时候张律师还特别叮嘱我们要多吃一点,说我们还不确定什么时候能回去。他就像一个大哥哥一样关心着我们,真的特别感激他。后来当我们在法院立案的时候,由于少带了一份资料,所以我们找了好一会儿,当时我才真正感觉到证据的重要性,少一份都无法立案。另外,还有一个细节问题,当我们把资料都拿出来以后,我们就把袋子放在了原地,没有一起拿过来,后来张律师发现以后才去拿过来。然后,张律师语重心长地跟我们说,以后必须要注意细节问题,别像今天这样把袋子放在那里就不管了,虽然这不是乱扔垃圾的行为,因为我们结束了肯定会带走的,但你放在那里不小心被弄丢了,然后突然又要用的话该怎么办,还不得到处去找,增加了很多麻烦,所以,要随时注意细节问题,特别是像我们学习法律的更要养成这样的习惯。他对我们说得很和气,我们也认识到了自己的错误,所以真的是心悦诚服,乐意接受,我们也表示以后一定会注意细节问题的,真的很感谢张律师的谆谆教诲。后来我们用了一个半小时顺利地立了三个案子,然后又用了三个小时驾车回到杭州,虽然说奔波了一天,真的很累,但我们这一行学习到了很多东西,感觉很值得。

后来有空的时候我也去法院旁听庭审了,这是我第一次去法庭,去到那个我们经常在电视里看到的高大上而又神秘威严的地方。但几个小时听下来以后,我的很多看法彻底改变了。法庭并不是像电视里那样庄重严肃,而是十分平和。法官也不像电视里那样只会敲法槌,只会火冒三丈地大声喊"肃静!肃静!"当事人不会互损得不可开交,律师也不会侃侃而谈,针锋相对。一切都是按部就班、有条不紊地进行着,平和却不乏睿智,处处都彰显出超强的法律专业知识水平。例如律师们在阐述一个问题时并不需要妙语连珠,而需要证据和理论,只求简洁明了、言简意赅。但让我最为佩服的是律师和法官的逻辑性都非常严密清晰,并且他们都很细心,不会放过任何一个重要细节,这真让我大开眼界,学到了很多东西。

综上所述,这个假期的律所实习让我学到了很多课本上无法学到的东西,非常感谢学校能够给我们提供这个难得的机会,非常感谢各位律师的耐心指导和悉心照顾,我觉得我通过这次实习学到了很多东西,明白了很多道理。我想我以后会更加努力学习关于法律的知识,争取成为一个更为优秀的法律人!

导师寄语[①]

(一)此次实习中所展现的工作能力

在资料收集方面,两位同学在律所实习的过程当中,学会了使用中国裁判文书网、浙法公开网、OPEN LAW 等专业网站,对于导师所要求的需要借用专门网站或者工具来搜索的资料,可以做到快速、全面地查找,并进行简单处理,例如将内容进行概括或者整理排序。两位同学已经基本具备律所里简单处理事务的能力。

在工作效率上,对于导师布置的任务,可以在较短时间内完成,虽然一开始的工作略有瑕疵,但经过导师的指导之后,逐步完善,到了后期可以做到又快又好地完成导师布置的工作。

工作态度上,两位同学刚来律所实习时难免有一些不适应,有点懒散、随心所欲的样子。但听取了导师的建议之后,积极改正了自己的工作态度,将自己当作真正在工作的人,积极向律所里其他律师学习。

(二)导师的期望

两位同学在我处实习期间,工作态度认真积极,表现良好,能虚心接受指导律师的意见,积极参与办理各项律师业务,认真负责,大胆实践,努力掌握律师实务的操作技能,体现出一个法律人应有的职业素养与操守,故在此批准通过实习,并予以表扬。同时,导师想告诉你们,法学是一门实践性很强的学科,法学需要理论的指导,但法学的发展是在实践中完成的。另外,严谨、辩证的法律人思维在法律专业知识学习中起着重要的作用。而只有坚持,才能树立信心,取得成功,望你们在以后的学习生活中有更优异的表现。

---

① 朱建鉴,浙江浙联律师事务所律师。

浙江仁谐律师事务所实习体会

王 璐

实践感悟

浙江仁谐律师事务所是国内首家运用"互联网＋法律＋金融＋众筹"商业模式而创设的，只专注票据商事刑事案件的专业化律所。而这家律所的创始人便是我的实务导师——刘涛律师。刘涛律师专业从事票据类案件十余年，成功办理了大量票据商事、刑事案件，被业内外人士誉为"票据刘"。记得第一次前往浙江仁谐律师事务所参与集体面试时，刘涛律师激情澎湃地为我们介绍了仁谐的文化、发展理念和"以诉促调、以调促易、以易化解"十二字方针，给我们留下了深刻的印象。

而那次面试最令我印象深刻的是刘涛律师丰富的人生履历。刘涛律师1980年参军入伍，1983年退伍后，先从事商业，后又在省委党校、县委宣传部、市司法局、政法委等机关工作。1990年凭借天资和勤奋，考取了律师资格，从此踏入律界，曾在浙江泽大律师事务所、北京国纲律师事务所与北京浩天信和（杭州）律师事务所工作过，25年以来，业务领域覆盖建筑与房地产、公司与证券、行政法与刑事辩护，从普通法院到海事、铁路、森林等专门法院，从基层法院到最高人民法院。此外，自2015年暑假起，担任浙江财经大学法学院的实务导师，刘涛律师开始为法学院非诉班学生提供实训岗位，并亲自教授实务课程。我也正是通过这样的机会，有幸来到了浙江仁谐律师事务所，来到将专业做到极致的刘涛律师身边实习，通过为期一个月的实习体验，感受资深律师的专业素质与做事能力，领略大家风范。

走进深蓝广场大楼，乘坐电梯至13层，便来到了浙江仁谐律师事务所——我将实习一个月的律所。我推开玻璃门，律所虽小却设计精巧：两间透明玻璃隔离的办公室；两张巨大的会议桌，整洁干净，一张用来办公，一张用来接待来访者；一整墙的书架里摆着各种书，书架上密密麻麻摆放着刘律的各类荣誉证书;而最吸人眼球的是房间一角布置得逼真庄严的模拟法庭,刘律告诉我们,当遇到疑难案件时,他们便会通过这个模拟法庭进行庭审演练。

实习第一天,刘律给我们上了生动的一课,他运用会议平板给我们介绍了七个关键词——观察、好奇、说明书、出门、保密、细节、及时。所谓观察与好奇,我的理解是拥有一种敏锐的洞察力,让大脑保持机敏、兴奋,并且心细如发,留意每一个细节,不断地自主学习。这种学习是广义的,未必限于某种特定的知识,还包括某种技能、某种意识。这看似微不足道,但能让我们从众人中脱颖而出,成为不可替代的那一个。例如,留意插头的摆放位置、习得会议平板开启的方式、观察书架上书摆放的次序……在刘律讲的关键词中,"保密""及时"这两点给我的启示非常大。坦诚而言,关于这两点,我从小并没有受过特定的教育。但对于"律师"这个职业来讲,这两点却至关重要。拥有"保密意识"是一种于人于己负责的方式,不说不该说的话,不做不该做的事,这看似简单,对于年轻气盛的青年而言却并非易事。也许我们未来初入律界,有着难以按捺的表达欲,有着迅速证明自己的渴求,有着小有成绩后的沾沾自喜,但是不论何时,我们都应当保持法律人的严谨和理性,沉稳和谦虚,恪守职业道德,遵守职业规范。这才是长远发展之道。

之后的实习,可以说每天都收获巨大。刘律是一位严谨的律师和尽责的实务导师,他对我们的要求比较严格。也正是一次又一次不厌其烦的教学与反馈教会了我们许多专业上的知识和处事原则。每天早上,我们都会有一个早会时间,刘律师会在早会中结合我们近期犯的一些错误,提出一个关键词,予以指导。而且刘律非常注重理论结合实践,并在两者往返对照中学习,提升自我。

最初,在刘律的指导下,我阅读了《杭州律师事务所管理手册》,并通过 X-mind 软件,制作出一份思维导图式的读书笔记。在阅读过程中,我了解了人事管理、行政管理、业务管理、客户管理和业务风险防范等内容,最关键的是在理论上学习了业务档案立卷归档制度。

尽管我们只是毫无实务经验的实习生,刘律仍为我们注册了律所 alpha 法律智能操作系统的账户。通过阅读"用户说明",学习使用这个操作系统,发现操作系统中不仅能实现团队项目文档共享,还有计时、案件检索、生成大数据报告等一系列强大的功能。借此机会,我深切地感受到了最前沿的互联网技术与法律结合的效用,也算是见了下世面。

实习期间,刘律还带我们参加了杭州市温州商会举办的"刑事月"主题沙龙活动,我们有幸与众多专业律师一起听了潘律师的经验分享,收益颇多,感触最深的是潘律师讲到的关于"阅卷权"的职业风险防范。

刘律会抓住实务中的可教学机会,给予我们指导。一次,他通过会议平板,为我们逐字逐句地讲解律师函中的用词造句、逻辑体系。通过刘律的一番讲解,我们才知道一封律师函中有如此多的门道:从简明扼要的首段文字,到最后署名为律所名称还是律师名字,从标题字号到页眉中添加律所联系地址,种种细节都有讲究。刘律还十分耐心地教我们盖章、装订。通过律所助理的一个失误,我们注意到了从未注意过的"骑缝章";通过刘律的讲解,我们明白原来这种独特的"盖章形式"可以防止对方更换、否认合同内容,并避免因更换或否认合同内容而造成不必要的麻烦、争议和损失。

时间飞逝,律所实习最终还是迎来了尾声。在近一个月的时间里,刘律常说的一句话就是"每天进步一点点",这句话虽朴实,却是我们律所实习初体验的真实写照。在这里,我们从每一个细节学起,从旁听来访到法律文书写作,从案情梳理到案卷整理,一切都不是一蹴而就,都是经过不断确认,不断修正,才越来越靠近精准与完善。

导师寄语①

天下大事,必作于细。

刘艺琦、王璐两位同学是我有幸受聘担任浙江财大非诉实验班实务导师以来遇见的表现极好的同学。才思敏捷,且积极主动,无论在说、写,还是在演讲、PPT 可视化方面,都表现得不错。短短的一个月实习时间不经意间就结束了,她们身上许多的闪光点甚至还来不及表现出来。当我看到她们的实习心得,我更加确信她们的潜质,希望她们在未来的学习、工作与生活的道路中能从细节着手,把自己铸就成为一名不简单、不平凡的卓越人才。何为不简单与不平凡呢?把每一件简单的事做好就是不简单,把每一件平凡的事做好就是不平凡。当今社会的现实情况是,太多的人,总对小事和细节不屑一顾,太自信于"天生我材必有用,千金散尽还复来"。驰骋法海需要练就绝招,而现实生活中无论是武术、工作、学习,还是解决问题、处理案件、策划市场、管理企业,却往往不会有什么绝招。大量的工作、案子,都是一些琐碎、繁杂、细小的事务的重复。这些事情做成了、做好了,并不见得有什么成就;可一旦做不好、做坏了,就会使其他工作和其他人受连累,甚至会把一件大事给弄砸了、摧毁掉。可惜,明白这些的人并不多见。因此说,世上本无绝招,绝招就是用细节堆砌出来的,简单的招式练到极致就是绝招。天下大事,必作于细。最后,将我经常讲的专家(复杂事情简单做)、行家(简单事情重复做)、赢家(重复事情用心做),送给你们,共勉!

---

① 刘涛,浙江仁谐律师事务所律师。

路漫漫其修远兮

——浙江泽大（义乌）律师事务所实习体会

王顺子

实习感悟

我的实务导师是浙江泽大律师事务所合伙人何远律师。他是浙江大学民商法学硕士，具备丰富的民商事诉讼经验，业余从事翻译。这次实习一波三折，一开始，没有向导师确认好实习律所，直到实习前两天才知晓是要去泽大的义乌分所实习。原本打算好的住宿舍、每天骑单车和坐地铁往返的计划付之一炬。之前还庆幸自己住学校省钱又省事，不用货比三家租房，现在来了个晴天霹雳。义乌，人生地不熟的地方，高铁票没买，即使现在赶去，去了住哪？导师不仅没有责怪我们的疏忽大意，反而为我们细致考虑，让我们自己选择是迟几天去义乌报到，还是去杭州泽大实习。出于对老师原本计划安排的尊重，我选择了去义乌分所实习，同时，我也想体验一下在其他城市租房、工作的生活。

因为一些私人原因，实习提前近半月就结束了，历时 18 天的实习，有遗憾也有收获。导师委托助理姐姐带着我们参与一些我们力所能及的事务，而这三周的实习，我们的重心主要在企业不良资产尽职调查上。对我们这种法律专业学习才一年、连尽调都要靠百度查找的大学生来说，这是一次挑战，也是一个全新的学习过程。

导师平时很忙，实习三四天之后，我才见到导师的庐山真面目。导师和我们畅聊了近一个小时，谈到专业学习、大学生活、律师职业……对我来说，印象最深刻的就是学好英语，这也是我之所以会选择何远导师的首要原因。初看所有实务导师的简历，唯有何远导师是涉外律师，并且业余从事翻译，我想在他身上，我不仅能学到和法律有关的知识与技能，还能学习英语。果不其然，何远导师在谈话中多次和我们强调英语的重要性，他给我们推荐了一些英语报刊读物，以及学英语的方法。尽管这些话对我英语实质性提高的帮助并不大，但是导师的话让我更加坚定了学好英语的决心。法学专业的学习，自然是最重要的。导师细致地告诉我们学习方法：将教材、法条对照着理解，画出每一节框架结构，要做到对笔者的逻辑与思路了然于心。导师还赠予我们两本书，一本是他本人翻译的《律师为什么替"坏人"辩护？——刑事审判中的真相与谎言》，另一本是《十二怒汉》，这两本书浅显易读，不似专业书那样刻板晦涩，而是在生动有趣的叙事或故事中渗透了法律思维和法律方法。

和律所照片墙上自信俊朗的形象相比，在短短的一顿午餐和一小时谈话中，导师给我留下的更深的印象是随和与谦逊。小时候看 TVB 律政剧，对律师的印象是他们非黑即白，很多律师都是为钱卖命，靠着三寸不烂之舌便可以颠倒是非黑白，心安理得地拿着高额报酬。电视剧就是电视剧，一些电视剧拍摄目的就是夸大现实、突出效果。而现实完全不同，大多数律师都有着正义感，秉持自己的职业操守和道德底线，用自己的专业知识和技能，尽可能为自己的当事人谋求最大化的合法利益。

提到律师，人们往往会产生对这个职业的两点质疑：(1)为什么替坏人辩护？(2)收入为什么这么高？律师之所以替坏人辩护是为了保证无辜者不受冤，有罪者罚当其罪，书中作者解释道："在没有被定罪前，人们都是无罪的。不管他们可能做了什么，也不管他们可能面临的指控多么可怕，在一个基于法治的民主社会中，他们有权得到公正合法的审判。而他们获得这种审判的唯一途径，就是得到恪尽职守的辩护律师为他们提供的有力辩护。要记住，你从来不会真正知道某人是否有罪，因为，被指控的罪行发生之时，你并不在场。"无辜者被冤枉的情况并不是少数。由于人的认识能力的局限性可能让无辜者受罚，所以我们需要建立制度，通过法治程序，采用举证质证、律师辩护等一系列技术手段，让这种错误的发生概率尽可能低。"毕竟，我们谁也不是上帝，能够还原犯罪现场；我们谁也不能保证，有一天自己不会阴差阳错地站在被告席上。"

在近期的江歌案和杭州纵火案中，许多人不理解，为什么十恶不赦的被告还应该受到辩护？也许这两个案件法院最后的判决和检方的控告会一致，但是放眼所有的刑事诉讼案件，为"坏人"辩护，是保护好人免于蒙冤的不二法门。为犯罪嫌疑人辩护，是刑事辩护律师的本职工作。他们是法律程序得以运转的必要组成部分。也许有的辩护律师的策略值得商榷，甚至有不当之处。然而，应该受到责难的是这些行为本身，而非辩护律师整个群体。

实习期间，亲身观摩律师的职业生活，无论神龙见首不见尾、经常奔波在外，还是在写字楼里接待当事人，与当事人进行洽谈，在格子间内"唰唰"地敲击键盘，执业律师、实习律师、律师助理……每个人每天都有庞大的工作量。律师是个综合素养相当高的职业，专业的法律知识和素养是必备的，表达能力、独立思考能力更是不可或缺。实习期间，我们所完成了 22 户尽职调查报告，虽然其中所涉及的专业知识要求不高,但在 Word 中编辑每一份文案时,我无时无刻不提醒着自己要仔细,要有耐心。因为一份报告中所涉及的资料就有几十份几百页,随便一份报告的字数就是成千甚至上万。我深知调查报告的严密性,一个数字、一个日期都不容有失。而这,仅仅是前期准备,很多律所都为争取机会尽可能做一份令客户满意的尽调报告,而是否被采用,却是未知数。在非诉业务中如此,在诉讼业务中更是如此,打官司之前,律师所做的前期准备都是我们所看不到的,法庭上一场滔滔不绝、有理有据、光鲜亮丽、胸有成竹的胜辩,背后付出的是多少个不为人知的白天黑夜,律师的高额报酬并非无凭无据:海量实践投入和经验积累,不断学习提升自我,没有朝九晚五的生活。律师挣的都是血汗钱。

这短短三周的实习,我看到了为挣钱而努力工作的艰难,从一个律师助理蜕变为经验丰富的执业律师更是难上加难,而这之前,法学生在校所积累的是法学的专业知识和法律思维,以备日后进入实务领域将理论与实践更好地结合。律师以及和法律相关的行业,是个一生都要不断学习的行业。法条日新月异,需要我们不断更新知识,与时俱进,把自己当成一块海绵,不断学习,只有知识才能转化为财富。刚结束大学一年级的我,深知自己所学的专业知识甚少甚浅。此次暑期实习,让我对真实的律师行业有了初步的认识,同时,我也会加倍珍惜屈指可数的无忧无虑、自由轻松的校园时光。

导师寄语①

美国联邦最高法院前大法官霍姆斯有句名言:"法律的生命在于经验,而非逻辑。"对于这句话,有各种各样或深或浅的解读,而如果用比较浅显的一种方式来解释,可以说,年轻人学习法律时,除了学习理论基础外,亲身体验第一线的法律实践工作,感受日常生活中活生生的法律运作之道,甚至比埋头苦读更为重要。我们财大法学院的非诉实验班,让同学们获得了第一手的经验,可谓功莫大焉。

王顺子和宋慧与往届非诉班的学生一样,具有扎实的理论功底,能够很快融入实习之中。不过,我很抱歉的是,由于近期处理的非诉业务,均是烦琐至极的尽职调查,因此,两位同学在制作报告过程中需要面对巨大的时间和体力上的挑战,但非常值得肯定的是,两位同学的表现十分优异,完全不逊于已经正式执业的年轻律师,这不但是两位同学自身素质的体现,也是法学院各位老师努力付出培养新一代法律人的成果。

---

① 何远,浙江泽大律师事务所律师。

法律之边

——浙江允道律师事务所实习体会

吴心瑜

实践感悟

我的实务导师是浙江允道律师事务所创始合伙人、浙江允道律师事务所商事法律服务团队负责人杨甜。她负责的团队是一支年轻而富有活力的队伍,虽自成立至今仅仅两年时间,却已为数百家企业提供了创业法律问题咨询服务,为数十家企业的股权架构、股权激励、股权融资需求提供了专项法律服务。此外,团队还积极开展对外活动,例如为各大互联网知识分享平台、创业园区等提供公益讲座与沙龙及参与"浙江电视台""杭州电视台""杭州移动电视"等频道的普法节目的录制等等。

初见杨律师是在学院安排的导师见面会上。当她透过话筒以温柔却坚定的声音与我们分享自己的从业经历、为我们答疑解惑时,我便被她身上独有的优雅气质所吸引。从她的眉宇间,我看到了女子的温和与大方;从她的谈吐中,我又看到了职业赋予她的严谨与理性。在那之前,我从未想过女律师也可以是这般模样。

后来,我如愿成为杨律师的实习生。短短一月间,我们不仅在法律知识方面受益匪浅,也更近距离接触了工作之外的她。她喜欢拍照,喜欢做一个与山川美景浑然一体的洒脱女人,她敢想敢做,几乎在每个年龄段都完成了自己小小的梦想,她还是个温柔妈妈,与儿子之间的暖心互动总让我们怡然一笑。

我总觉得,律师不应该仅仅是外界所说的"理性"的化身,他更应该是富有人情味的。感谢杨律师,在这段短暂的陪伴之中给予我无限的人情美好,从而更明确了我的方向,坚定了我的步伐。

(一)筚路蓝缕

九点的清晨,写字楼前熙熙攘攘的人群,走进这一片或是那一片的办公区,这便是我从允道开始的朝九晚五的生活。

说是朝九晚五,可从这一个月的亲身经历看来,律师的生活事实上大多并不是如此规律,往往一个早到或晚到的当事人、一份还未写就的代理词或答辩状、一堆越积越多的案卷资料、一场迟迟未结束的庭审等等都会成为下班路上的羁绊。

我常常会想起和杨律师团队的师兄师姐们交谈的日子,他们比我们大不了多少,却会以过来人的身份在工作闲暇之时与我们分享毕业以后的日子,现实也许并不会像我们想象中的"乌托邦"那般美好。现代社会的职业生存规律便是坚守岗位,踏实笃行,没有哪一条职业道路会是容易的,不管是与我们此时同在一幢写字楼的程序员或工程师,还是像我们这样的实习律师,都在夜夜加班赶工作,面对此情此景,我们唯有坚守本心。

一次模拟法庭的经历,让我深刻意识到人们往往只看到律师们在法庭上唇枪舌剑、运筹帷幄的模样,却常常无法想象他们在背后做了多少准备。一个在外人看来很简单的案子,却需要他们一遍又一遍与当事人沟通了解事实,需要他们一遍又一遍仔细琢磨每份证据材料的字眼,来细想是否会被对方作为漏洞质证,需要他们提前反复思考在庭审过程中可能会被法官质疑的点,并想好对策。

旁听一场相对复杂的庭审,我惊叹于律师们的冷静沉稳、口若悬河,更佩服他们面对一连几个小时的法庭审判,却能一直保持清晰冷静的头脑,发表富有逻辑的言论。我想,这应是他们通过一年又一年的锻炼与积累所练就的,也正是我所需要磨砺的。

(二)团队精神

区别于以往在法院的实习经历,律所给我更深的感觉是团队精神。一个团队里每个人都有不同的分工,即使职位有主有次,却都需要发表自己的看法与意见,都要为同一个目标而奋斗。

实习开始没多久,杨律师便安排我们旁听了一场他们的团队会议,杨律师虽为主持,但律师助理发表意见与看法时,杨律师也会即时给予反馈或发表疑问。会场有争执,也有共通点,不同年龄、不同阅历的人在智慧爆发、思绪碰撞之间擦出更多不一样的火花。

一次旁听杨律师的合作园区商事实务讲座的经历,更是让我体会到了团队的力量。无论是在众人前侃侃而谈、魅力自成的杨律师,还是在幕后细心制作精良 PPT 的小颜姐等律师助理,每一个人都是团队必不可少的一分子。每一个法律实务课题的精心设计与编排,都是所有人共同努力的结果。

以小见大,当今无论是诉讼业务还是非诉业务,都非常注重团队精神,唯有将"一"化为整体,才能推动每个人的有效前进。

(三)批判思维

在模拟法庭开设前,我们与杨律师有一次交谈,她无意间问起我们对即将开庭的这个案子的了解情况,于是我们就将自己听别人叙述的再一次转述给她。语毕,杨律师笑了,我的心里也抖了一抖。她告诉我们身为一个法律人必备的就是批判性思维,要时刻敢于质疑,在细心聆听当事人的叙述及需求的同时,也要始终保持清醒冷静的头脑,洞察当事人的内心需求,但不要全盘接受他传递给你的信息,而要去实地调查取证,从而最大限度地实现当事人的利益。所以,无论在哪个案子面前,我们都不可把道听途说的内容当作事实,而应该主动去寻找直接的证据。

是非黑白并非一锤定音。一个好的律师也许不一定是一个非常优秀的辩论家,但他一定是一个聪明的沟通能手。

庭前准备阶段亦是如此。律师需要时刻以批判性思维来知悉自身在调查取证过程中存在的纰漏以及可能在庭审过程中被对方抓住的抗辩的点,并提前准备好答辩理由。

(四)工作之外

实习期间,我们非常有幸赶上了律所的团建活动,让我们得以跟随杨律师前往莫干山民宿游玩。

太阳还未落山,我们驾车穿梭于蜿蜒的山路,敞开车窗,调大音响。杨律师执拗地一定要点一首最爱的《远走高飞》来衬此情此景,我们嬉笑着应和。那一刻,杨律师仿佛不再是我们的老师,而更像是一位姐姐,脱去职场女性的外衣,尽显可爱女人的姿态。夜间的读书会活动与游戏环节更是让我们看到了平日里严谨务实的法律人私底下的幽默风趣、活泼可爱。在你来我往中,我了解到律师不仅仅是职场上的强人,其内心也怀揣着娱乐与爱好。

诚然,对于大一的我们来说,目前学习的专业知识完全不够我们处理律所的实务工作,但我想,学院为我们精心安排这个宝贵的实习机会的目的,也许并不在于我们能够从中学到多少实务知识,而在于培养我们的法律意识,明确我们的方向,坚定我们的选择,让我们在未来的道路上更坦然地迈出坚定的步伐!

我们是新一代怀揣着敬畏之心触摸法律的新青年。青年,意味着激情,意味着梦想,更意味着责任和使命。同样,青年,也承受着缺憾和不足,更感受着迷惑和忧虑。面对激情,我们需要理性;面对梦想,我们需要实干;面对缺憾,我们需要弥补;面对迷惑和忧虑,我们需要清醒和明晰。伦敦奥运会上,我国的首金获得者易思玲曾说:"人生一定要为自己站在舞台中央而努力。"所以,为了明天的道路,今天该做什么努力;为了未来的光辉,此时该做什么准备,是每一位年轻的法律人都该思考的问题。

导师寄语[①]

一个月的实习时光悄然而逝,非常高兴能够在这个暑假与你们一起教学相长。虽然事实上由于平时工作比较忙,教你们的时间确实不多,非常惭愧。不过我相信,在我们允道商事团队,除了我以外,你们的师兄师姐也在认真地与你们互动,教会你们一些实务知识。

这段不长的时间,我争取让你们接触和参与了团队内部的模拟法庭、合作园区商事实务讲座、法院庭审等我们日常的工作活动,相信你们一定有所收获。同时我也安排你们参加了在莫干山民宿举行的团建活动、读书会活动,让你们贴近了解严谨、务实的律师也有可爱、有趣的一面! 相信我们的感情也在这些点点滴滴中慢慢增进。

最后,作为你们的实务导师,想送你们一句我个人非常喜欢的名言——亚马逊当家人贝索斯说:"善良比聪明更难、选择比天赋更重要!"学会选择,选择自己力所能及的目标;学会坚持,坚持自己最初的梦想;学会担当,担当生活给你的所有挫折和机遇! 加油!

---

① 杨甜,浙江允道律师事务所律师。

感受身边的法律

——浙江浙联律师事务所实习体会

徐祎涛

实践感悟

参加法律实习,是一名学习法律的学生从校园走向社会的桥梁和转折点,更是我生命中的驿站。

如今随着时代的发展,法律也在不断进步,这样,就需要我们跟着法律的发展路线与时俱进,所以我们更应该站到法律的第一线上。这次律所实践正好给了我这一个宝贵的机会。

这次我实习的地点是浙江浙联律师事务所,我的导师是朱建鎏律师。在我眼中,朱建鎏律师是一个非常严肃的人,他不苟言笑,在细枝末节的小事上却能体现出他对生活、对人的耐心与温柔。他是浙联律师事务所的创始人之一,对律所的感情无比深厚。他经常对我们说的一句话就是:"只有你像对待身边的人一样对待法律工作,你才能真正地做好法律这行"。如何做到朱律师所说的要求,就是我这一个月在律所里主要思考探究的事情。

在 7 月 9 日的上午,早早出门的我怀揣着紧张的心情来到了现代城建大厦的楼下。望着浙联律师事务所几个大字,更是心潮澎湃。想着未来的一个月我将在这里度过,想着我将要接触到非常优秀的律师,接触到学校里接触不到的真实案件。理了一下衣服,我迈进了现代城建大厦,向着浙江浙联律师事务所走去。浙江浙联律师事务所是一个以传统诉讼业务为主的律所,所以我们平常也可以跟着朱律师的团队出差到其他的市立案,亲身体验法律诉讼过程。很幸运的是,我这一个月不单单受到了朱律师的指导,他的团队听说朱律师带了两个小朋友来律所实习的时候,非常热心地给我们提供帮助,尤其是卞律师和张律师,他们不但对我们的学业悉心指导,而且对我们生活上也给予了很大的帮助。

在律所里,我接触到的第一个非诉案件是关于一个公司的破产清算案件。

通过对案件资料的整理排序、资料扫描保存,我获得了初步的工作经验。在破产案件的整理当中,律师告诉我们关于破产清算案件的麻烦之处:假如债权人发生变更,比如原本的债权人死亡,那么在他没有订立遗嘱的情况下,债权的归属就成为问题;还有债务人财产的连带关系问题。他告诉我们:"非诉关键就是要考虑到未来所有会发生的事情,所以需要非常细致。细致、认真就是做好律师这个行业最关键的品质。"

再去龙游法院立案的时候,我感受到了路途的艰辛。来回长达 6 小时的车程的确让人感到劳累,但是当想到自己是为当事人的利益奔波,心中的阴霾便一扫而空。在立案的时候,我明白了细心的重要性,只有将各个资料分门别类地整理起来,当需要用的时候才能够完好地拿出来,方便使用。在此过程中,我也学会了要站在他人的角度思考问题,为他人设身处地地考虑。只有你为他人着想,他人才会为你着想。

时光如流水,回忆盛满舟。一个月的时间匆匆而过,我的律所实习生活也将接近尾声。回首这一个月朝九晚五的实习生活,心中还是充满了感动和回忆。在刚进入非诉班的时候,许多同学就已经开始讨论关于大一下学期暑假律所实习的问题,虽然当时我默不作声,但已在心中不断想象未来的实习生活了。很幸运,在这个暑假,我可以来到浙联律师事务所实习,可以提早了解到律师平常的生活与工作;并且,还有朱律师、卞律师、张律师三位律师对我们进行殷切的指导。

在这次难得的实习中,最先感受到的就是朝九晚五的忙碌生活。每天早晨,看着一辆辆车争先恐后地抢占过红绿灯的先机,总是不由自主地想到这与未来职业上的竞争有异曲同工之感。工作总是充满了竞争,不能勇往直前逆流而上就会被湮没而失去踪影。听着律所里打印机永不停歇的工作声,看着律所里律师们翻看卷宗的身影,感受着律所里弥漫着的忙碌、紧张的氛围,我越发认识到未来生活工作的压力,更要鞭策自己在校必须好好学习,在外必须认真工作。

"纸上学来终觉浅,绝知此事要躬行。"最让我印象深刻的话就是卞律师对我说的"你今后当律师,工作的经验是你书本上永远学不到的"。在这次短暂的实习生活中,我深深地感到自己所学知识的匮乏与法律逻辑的不完善。很幸运,在律所里,朱律师告诉我们,我们可以随时向他的团队请教问题。虽然自己已经在学校里学过了债权法,但当卞律师将他做的有关破产的案子拿来给我们借鉴参考的时候,才发现自己毫无头绪,无从下手。也许当初仅仅是某甲向某乙借钱的简单问题,可如果发生了某甲的死亡或者某乙的失踪,如何来确保债权的实现就是一个书本永远不会考虑的问题;又如这个债权是发生在外国人与中国人之间,适用的到底是中国法律还是外国当地法律,也是一个书本不涉及的问题。仅仅一个租房合同,租户是否可以在墙上钉上一枚钉子,是否可以对房屋进行一定的修饰等细小的问题也都应该写入合同当中,这是书本不会呈现而非诉业务实践中必须考虑到的问题。通过本次实习,我也明白了"学无止境"这个观点,平常学校里所学的法条只是一个基础,未来从事的法律行业还有司法解释、法律白皮书、各个地方所适用的行政法规等等,所以切忌骄傲自满、自以为是。律师行业是一个学无止境的行业,律师们也都是活到老学到老。书山有路勤为径,学海无涯苦作舟。

前几天,我跟随张律师前往龙游县,参与了民事案件的设立事宜。车程长达三个小时,整个人都晕晕乎乎,张律师跟我说:"以后如果从事律师行业,出差几个小时是常有的事情,可能你会觉得难以忍受这个车程,但是做我们这一行的必须要忍受。就算以后的案发地在内蒙古,你坐飞机也得过去。我们这个行业嘛,虽然比较自由,但是需要你忙碌的时候会忙死。"是啊,纵然律师看起来表面光鲜,实际上需要付出的艰辛与汗水也是没有接触过这个行业的人所想象不到的。唯有拥有恒心毅力,勇于逆流而上,未来才能够不被突如其来的繁忙工作、挫折所打倒。在立案的过程当中,我才知道立案所需要的资料是十分繁多的,因而就需要将资料分门别类地整理好。所以,细心是必需的,唯有心细如发,才能发觉案子中那一个个细小微弱却足以促成成功或导致失败的问题点。

与其说这个月学到了很多专业知识,懂得了如何利用裁判文书网、浙法公开网等公开网站,倒不如说学到了今后在职场中的为人处世之道。朱律师教会了我要向他人虚心请教,卞律师教会了我工作一定要认真,张律师教会了我做事一定要细心,崔律师也告诉我今后从事这个行业一定要懂得形成自己的思维,全面地考虑事情。

导师寄语①

(一)此次实习中所展现的工作能力

在资料收集方面,两位同学在律所实习的过程当中,学会了使用中国裁判文书网、浙法公开网、OPEN LAW 等专业网站,对于导师所要求的需要借用专门的网站或者工具来搜索的资料,可以做到快速、全面地查找,并进行简单的处理,例如将内容进行概括或者整理排序。两位同学已经基本具备律所里简单处理事务的能力。

---

① 朱建鋆,浙江浙联律师事务所律师。

在工作效率上,对于导师布置的任务,可以在较短的时间内完成,虽然一开始的工作略有瑕疵,但经过导师的指导之后,逐步完善,到了后期,可以做到又快又好地完成导师布置的工作。

工作态度上,两位同学刚来律所实习时难免有一些不适应,有点懒散、随心所欲的样子。但听取了导师的建议之后,积极改正了自己的工作态度,将自己当作真正在工作的人,积极向律所里其他律师学习。

(二)导师的期望

两位同学在我处实习期间,工作态度认真积极,表现良好,能虚心接受指导律师的意见,积极参与办理各项律师业务,认真负责,大胆实践,努力掌握律师实务的操作技能,体现出一个法律人应有的职业素养与操守,故在此批准通过实习,并予以表扬。同时,导师想告诉你们,法学是一门实践性很强的学科,法学需要理论的指导,但法学的发展是在实践中完成的。另外,严谨、辩证的法律人思维在法律专业知识学习中起着重要的作用。而只有坚持,才能树立信心,取得成功,望你们在以后的学习生活中有更优异的表现。

人何以立

——浙江六和律师事务所实习体会

许龙成

实践感悟

当我此刻开始回忆这一个月的实习生活的时候,我点开了手机相册,里面记录了这一个月的点点滴滴。从初来六和,笨拙地打码,到跟随导师前往项目地,辗转慈溪、嘉善、杭州,这些画面像蒙太奇电影一般在我眼前闪烁。

正如鲁迅所说的,路是由人走出来的。而对我而言,这条实习之路,是由我的导师朱老师带领我走出来的,他不仅领我走路,更教我如何做人。

第一次见到朱老师,给我印象最深的就是他的眼睛——明亮且睿智,仿佛能看穿你的想法,但当我面对他的眼神时,又能感受到来自长者的关怀。在与朱老师的交流过程中,我没有感受到任何的代沟,他了解一切年轻人的事物,并不是"无趣的大人",而仿佛是一个成熟的学长。朱老师是一位严谨且幽默的导师,在工作中,他认真仔细,一丝不苟;在生活中,他幽默风趣,待人亲和。在实习过程中,我难免会犯错,但他从不生气,而是耐心地规劝,这比严厉苛责更能让我深刻认识到自己的错误。朱老师常说:"人靠两条腿走路。"要想成为一名优秀的律师,不仅需要深厚的知识储备,也需要丰富的社会经验,不断学习,不断涉猎各方面的知识。人何以立?一撇一捺即为人,缺其一,人则无法堂堂正正地立于世间。我相信,朱老师教育我的这个道理,我将受用一生。

大一的这个暑假,我十分难忘。与很多同龄人相比,我十分幸运,能够在这个时间段,得到一个这么好的实习机会。同我一样,在很多人眼里,六和都是一个非常优秀的律所,能够来到这样的大所实习,真的非常感激。感谢学院以及六和。同时,我更要感谢我的指导老师朱老师以及其他所有给予过我帮助和指导的人。如果没有老师们的悉心教导,我不会在这段时间内获益如此之多。

在这短短不到一个月的时间内,我不仅在律所里进行了一些基础性的工作,还跟随导师前往项目地学习非诉项目的实际操作过程。在我看来,两方面的学习，相辅相成，既丰富了实习生活，又能让我的能力得到综合性提升。在跟随导师学习的过程中，我认识到法律不仅仅是纸上的文字、刻板的条例，它更是一种贯彻生活的规则和态度，这丰富了我对法律的理解，使得我眼中的法律多了几分"烟火味"，变得更加生动、真实。在项目地实习期间，通过协助导师进行各项工作，我学习到了公司法在实际操作过程中的应用及有关股票方面的知识等书本上没有涉及的专业性知识；也学习了一些非诉业务的具体流程和事项，得到了许多宝贵的经验，相信这些体验会在我日后的学习生活中起到非常大的作用。除此之外，更重要的是，老师们以身作则，让我感受到了除学好专业知识之外，我们更应该学好的是处世之道，也就是怎么"立人做事"。正如朱老师所说的"人靠两条腿走路"，除了掌握专业知识之外，我们更应该广泛涉猎其他知识，例如掌握多种语言，了解其他领域的知识，这将对我们以后的工作生活有莫大的帮助。在人际交往中，我们也应该更加主动，抓住机会，做到有礼有格，学会利用自身的长处与人进行交流。最后，这次实习生活让我对律师这个职业有了更加深刻的理解，也有了不一样的体会，明确了方向，我会以此为动力，在未来的学习生活中更加努力。

再一次感谢学院、六和、朱老师以及给予过我帮助的人。

导师寄语[①]

2018 年暑假，六和迎来了又一期的浙江财经大学非诉实验班的两位同学：许龙成和李樟顺。站立在前台拍照留念时，从行政到团队，我们的一致感受是：真年轻，很真诚，会海绵般地汲取。

这是第三年安排浙财大非诉班的实习，六和也有的放矢，希望同学们对律师非诉业务的实习有所了解，有所收获，了解规则和礼仪，丰富学识和专业。

我们相信非诉团队里不同律师的特点和优势互补，所以先后安排了朱律师、孙律师、林律师、王律师等多名律师与实习生共同工作，希望能增加他们的感受量，丰富他们的体会，无论待人还是处事，无论交流还是思考。

我们一起交流了实习生的专业课程学习情况，并试图以感受、观摩、预习为目的，相助他们日后的课堂学习。为此，我们在一个月中先后重点接触了 IPO、上市公司收购两大类律师非诉业务，并投入项目实务中。借项目实务，我们一起交流讨论了这两类律师非诉业务的规则、公司法的基础性和重要性、法律人的思考方法和执业精神，以及律师工作的方法和技能。同时，我们还一起分析了如何把握和描述法律关系与法律事实的要点，比如针对一次股权转让，比如

---

① 朱亚元，浙江六和律师事务所律师。

分析某一类合同。

实习期间,我们交流较多的是如何细致、专业地开展律师非诉业务,包括核查、分析、思考、提炼,如何面对众多的资料、事实、法律关系,并强调细致、专业、谨慎是前提,是法律人的特性。我们也请同学们做了一些复印材料、装订案卷之类的工作,让他们从另一个角度去感受细致和谨慎。相信同学们对此印象深刻。

工作之余,甚至饭桌上,我们一起交流律师要两条腿走路:专业发展与待人处事能力并重。由于非诉律师是问题解决者,因而动手能力也是基础。同时,律师业务来源于客户的认可和口碑,来源于社会影响力,因此强调两条腿走路是必需的。为此,在工作之余,我们也一起和客户交流了一些工作之外的事项,共同感悟人生,体会社会。两位同学尽管年轻,但也很活跃,善于表达意见。

这一个月期间,我们的交流是双向的。同学们也介绍了学校、班级、同学的趣事,让我们更多地了解浙财大和非诉班,了解浙财大对非诉实验班的重视和期许,我们也又一次回忆美妙且充满朝气的大学生活,感叹年轻的机遇和美好。

通过这一个月的实习,我们感受到了两位同学的认真、真诚和专注,他们期待实习收获,并一直在为之努力。他们在实习中思考和总结,并每周撰写实习记录。倘若日后持之以恒,相信他们会打下坚实的基础。我们祝愿他们在法律专业的道路上走得更远、更扎实,取得更多的收获。

2018年暑假,注定让我们大家难以忘怀。

丢掉玻璃心，脚踏风火轮

——浙江天屹律师事务所实习感悟

尹思捷

实践感悟

实习开始前，我思考的是要怎么做才能学到更多东西，而不至于虚度时光；实习进行中，我感叹的是自己在专业知识上还有很多空白，不能够帮律师们多做一点事情；实习结束后，我遗憾的是，自己仍然是停留在一个"舒适区"里，没有逼自己跳出来挑战自己的极限，还带着一股刚投入一个领域时"事先想得很好，但最终发现自己还是没想好"的糙劲儿。

若要正儿八经地描述这段时间做了哪些事情，似乎也不是没话可写——检索案例、审查合同、阅读卷宗、分析案例、旁听庭审、撰写心得、发布文章、归纳知识，以及翻译英文合同，制作尽调报告，统计与计算受害人损失金额，查询整理与公司投资、涉诉等相关的信息……

但这些都不过是写出来用以自我安慰的，告诉自己："哇！我这段时间可充实了！做了好多事情呢！"自以为自己是个积极向上、勤奋努力的女孩。可事实上呢？"想到"与"得到"之间还有个"做到"，我真的做到自己现阶段可以做到的最好了么？

或许，真正的总结与反思，应当是丢掉所有闪闪发光的粉饰，去掉所有浮夸空大的伪装，丢掉自己那脆弱得不堪一击的玻璃心之后，对自己灵魂进行的一次拷问，甚至是鞭挞。

只有在这样的前提下，我才能对自己发出直击内心的质问——为什么没有在发表前发现微信文章里有一处笔误？为什么没有先行查询了解"营业执照编号"和"统一社会信用代码"的区别？为什么没有把英文合同翻译得更加通顺专业一点？做任务的过程中，我每分每秒都很专注而没有走神吗？我是否做到了自己的效率最大化？

实习之初，一旦遇到困难，我习惯性地会把问题归咎于"没学""短时间内不可能学会",并没有意识到自己的所思所想正是德肖维茨在《致年轻律师的一封信》中描述的那种——"他们希望目标一实现就不再有竞争和优胜劣汰。他们不喜欢苏格拉底式的提问,因为那样会让人难堪。他们要求别人遵守语言规范以避免被攻击。一旦面临现实世界的残酷竞争,他们便希望得到成年人的报酬,小孩子的待遇"。但渐渐地,我愈发觉得这是个能者居之的社会,业务不可能被交给因为"没学"而无法做好的人,客户不会因为你"短时间不可能学会"就留足时间让你学会再做——当真正步入社会后,没有人会为那些在学生时代能轻易被原谅的借口买单,我必须为自己的事情负责,而不能推脱或者找理由。

当然,如今反思这段时光,并不只有对自己的失望,也有发现自己此前并未意识到的优点的欣喜。在我的认知里,以前的自己有些情绪化,做事情时一旦有了偏差便难以接受,有时候甚至会有撂担子不干的念头,但其实我知道情绪不能解决任何问题,反而还会传播负能量降低工作效率。也许是意识到了自己身上的责任,这段时间里面对意外状况,我的第一反应是"我该怎么去补救才能解决眼下的问题?"在问题解决后再思考"为什么会出现这种意外? 我该怎样尽可能避免这种状况发生?"这一点点的进步,让我有一些开心。

希望此后的小尹能够彻底摒弃玻璃心,经得起赞扬,也受得了羞辱,话说重了不会哭天抹泪,遇到挫折亦不会怨天尤人,而是有则改之无则加勉,进行更加有效的总结与反思;唯有这样,蛰伏沉潜过后,方可在提升自我的路上,有如脚踏风火轮般飞速前进!

实习前,听从一位我非常钦佩的律师前辈的建议,我在寒假自学了非诉律助的培训课程,因此有着盲目的自信,以为自己总不至于在实习过程中抓瞎;但现实告诉我,没有专业功底的实务方法,学习是低效而无用的。实习前有多自信,实习时就有多打脸。这也恰好印证了德肖维茨的观点——激情是原动力,专业性则是完成任务的手段。

不得不感谢我的导师——金迎春律师对我的关怀与鼓励,她带给我的是"润物细无声"般的教育,既不会因为我的错误而大发雷霆,也不会纵容我的过失,而是一针见血地指出我的问题所在,并且道明该如何去改正;她对我提出的问题进行耐心而专业的解答,指导我养成法律人的思维,教会我凡事大道至简,作为律师应该多从客户的角度出发考虑客户所需,想办法用自己的专业知识去发现问题,解决问题……

我对"律师"的认识有一个变化的过程。"律师"这个词不再被我神化或者妖魔化,我感受到了律师之路有多么艰苦,但这仍然是我心之所向;我必将蛰伏沉潜,为之努力。

感谢上天,让我跟天屹有了这样一段缘分;感谢天屹的所有人,让我在这个过程中收获很多,感悟很多;感谢与我同行的小葛,让我感受到了沉稳踏实的人格魅力。

最后,引用一段德肖维茨的文字以自勉。

好好想想自己的标准是什么。

怀揣了不起的梦想。

去做了不起的事情。

永远记住 Hillel 的第二条训诫:如果只是为了我自己,我将成为什么样的人?

导师寄语①

思捷同学热情开朗,活泼友善,在和天屹团队相处学习的一个月时间内,遵守律所的各项纪律和制度,与同事友好相处;虚心好学,有较强的参与能力和独立思考能力;在协助参与的各项工作中,态度认真,勤恳务实。希望这段与天屹团队同甘共苦的短暂时光,对你以后的专业学习有帮助。

---

① 金迎春,浙江天屹律师事务所律师。

浅涉法律长河

——浙江浙联（萧山）律师事务所实习体会

应家琪

实践感悟

我的导师——来波律师，是浙联律师事务所的合伙人，浙联萧山分所的主任，一个十分干练的职业女性，在公司、金融、投资及建筑房地产开发项目等领域建树颇深，执业以来所获荣誉也是数不胜数。来律师工作认真负责，作为律所里资历最老的律师，不但不倚老卖老，反而虚心向年轻律师学习，她的办公桌上也是摆满了书，可见她还是一个虚心好学、求上进的优秀律师。

实习之前，我想象中的律师是不苟言笑、做事一板一眼的，他们业务繁忙，根本无暇顾及我们这些小小的大一实习生。但到了律所才发现，其实他们很和蔼，很友善，即使很忙也能关照到我们。虽然我们的实习只有一个月，但他们仍然把我们当成浙联大家庭的一员。

来律师身为主任，自然是律所里最忙的，经常在外奔波，即便现身在律所里，也是忙着谈案子、接待客户，很少有空闲。可即使这样，她仍旧会抽空找我们过去谈谈，让我们聊聊实习的感受，让我们说说对于实习的希望和要求。怕太忙照顾不到我们，她还特意找了所里的两位优秀律师带我们，让他们为我们解答困惑和问题，帮助我们丰富实习内容，增加实习收获。我们和四位实习生哥哥姐姐坐在一起，遇到事情时最常去麻烦的就是他们，他们总是不厌其烦地为我们解答，帮助我们。

很荣幸也很开心能在这样一个温馨的大家庭里实习，遇到这么多优秀的律师，从他们身上学到了很多，也有很多的感悟和收获。

浙联（萧山）律师事务所拥有一支高素质、专业化的年轻律师团队，实习的这一个月，跟着他们，我了解了律师工作的日常，也参与了他们的部分日常活动，对律师这个职业有了更深的了解和认识，也有了很多的收获和感悟。

(一)整理案卷

整理卷宗是我们到律所实习做的第一件事,这个活看似简单却十分有讲究。

起初整理卷宗,只是按照律师们给的整理顺序按部就班地整理,经常分不清原被告证据、财产保全材料,不知道哪些材料需要放进卷宗装订,哪些不需要,遇到模板里没有说明的情况时,就手足无措,装订的时候也不知道有文字的背面也要打码。遇到的问题很多,有时候实在分不清,理不顺,就干脆先理其中一类。

慢慢地整理多了,才摸出来一些门道。原来卷宗是按照时间顺序放置的,一份卷宗体现了一个案子从收案到结案的全过程,了解了这一点,即使遇到一些模板里没有的材料,也知道应该放在哪里。渐渐地,能分辨出不同当事人提供的证据以及财产保全等材料,知道什么情况下哪些材料需要出现在卷宗里、哪些不需要。

通过整理案卷,我对各类法律文书有了详细的了解,明白了调解书、裁定书、裁决书和判决书的区别;对民事、刑事等不同类型案件,对调解、仲裁、判决等不同处理方式以及从收案到结案的程序和流程,都有了一定程度的了解和熟悉。整理卷宗是一个案子最后的工作,也可谓最重要的工作,可以让我们纵观整个案子和律师工作的全过程,看到案子处理时的优处和不足。

(二)跟案子,拟写案例分析

在我们刚到律所的那一周,所里接到了一个十分经典的案子。来律师立马想到了我们,便让我们跟着办案的张律师去了解这个案子,为我们之后学民事诉讼法和证据法打基础。

张律师让我们两个人合写一份案例分析。案例分析是律师接到案子后最先进行的工作,通过对案情、救济方式和案由的分析,找到相关的法条和判例,加以对比、分析和整理,对案子进行风险和可行性分析。完成案例分析之后,就要收集证据和写起诉状。张律师给了我们一周的时间去完成这份案例分析,但事实上,他早上接到案子,立马就有了办案方案,下午便开始着手实施了。

这个案子标的额大而证据又很匮乏,律师们想尽了办法去收集证据,绞尽脑汁去查对方当事人的财产并申请保全。先通过我方当事人提供的可能线索,然后让法官开调查令,之后再到不动产登记部门、房管所、车管所去查,有些证据还要法官亲自去查,甚至要去外地才能查到。立案之后才能申请调查令,而立案之后的一定时间内,对方当事人就会收到传票,他们一旦得知此案,极有可能会将与案子有关的财产处分掉,那么,我方当事人就可能收不回此笔款项。因此留给律师的时间很短,一边要和法官沟通拖延寄出传票的时间,一边要抓紧时间取证,要准确地分析并找到对方当事人的财产所在地,对在多地有不动产的要权衡哪里查起来省时省力并且价款对我方有利,要在尽可能短的时间内拿到尽可能多的证据和资料。在取证之前还要做好充分的准备,提前了解需要的材料并备齐。

同时,随着案子的发展,又会有新的情况出现,律师们也要时刻准备着应对新的未知和变化,用新的思维和策略应对新的问题和挑战。

这个案子在我们实习结束时还处在取证阶段,希望经过律师们的努力会有一个好结局,我也十分希望在开学回杭州之后能有幸参加庭审。

这次跟案子带给我的收获颇丰。首先,我了解到拿到案子之后的流程,以及案例分析应该如何写;其次,我了解到该如何取证,对于一些不动产,要去哪里查,怎么查,要什么材料,走什么程序,以及在没有直接证据支撑的时候可以选择采用间接证据形成一个证据链,以达到同样的效果;最后,我知道了律师在处理一个案件的时候要用最灵活的思维、最快的执行速度,并做好随时应对变化的准备。

(三)取证

实习期间,我有机会去委托人公司取证。通过这次取证,我对相关的流程和做法有了一定的了解。委托人来律所委托律师时,会带来一些相关的材料和证据,在了解了相关情况和委托人诉求之后,便要对这些材料和证据进行整理,罗列出每一材料的证明对象以及需要的证据和已有证据的缺陷和漏洞,思考对方当事人对于我方证据会如何答辩,针对对方的答辩我们又要准备什么材料和证据。等一切都理清之后,再前往委托人处取证。在取证时,与委托人的沟通也十分重要,这十分考验律师的沟通能力。

(四)调解

相比庭审,调解更能体现一个律师的专业功底。庭审只需要把我们的诉求,把我们事先准备好的材料读给法官听一听,法官会依法酌情判决,而调解则需要双方委托人站在各自立场,找到那个对双方都有利的平衡点,这个工作就困难得多了,很多时候因为双方谁都不肯让步导致调解进行不下去。调解时,一定要语气强硬,态度坚定,如果你的底线是 95 万元,你也要告诉对方当事人100 万元是底线。同时,还要明确地告诉对方我们让步了多少,如果判决对他们不利,则要动之以情,晓之以理。

我旁听的这次调解,双方当事人都是公司,来参加调解的只是双方的委托人。好不容易商定一个价款,双方都要打电话和公司股东或法人商量。如果一方不同意,则还要再商定,再打电话询问。对方公司的股东又多,内部还要商定许久,这无疑增加了调解的难度。这导致当天上午的调解并没有达成协议,好在对方委托人回去和各股东进行商议后,最终在第二天下午达成了协议。

(五)庭审

庭审是律师的战场,之前一切的战前准备都是为了这场战争的胜利。通过旁听庭审,我了解了一场官司的流程,感受到了律师的处变不惊和有条不紊,体会到了法庭的严肃气氛。在这场庭审中也遇到了一些小插曲,有两个旁听庭审的人在法庭里大声聊天,险些被法官请庭警带出去;还有对方其中一个当事人,自己不懂法还不相信自己的委托律师,不相信法院,与其沟通起来相当困难,到最后连她的委托律师都对她无话可说。可见,这个社会上的法盲还是不少,普法还是相当重要的,让全社会知法、懂法、守法、敬法是每个律师义不容辞的责任。

通过这次实习,我明白了要用法律人的思维去思考、去看问题,要培养自己独立思考和分析的能力。在法律这条路上,很多时候我们面对的是社会的阴暗面,律师的存在正是去伸张正义,去追求这个社会的公平公正,而不是习惯黑暗,忘记自己的初心。选择了法律这条路就意味着要时刻保持一颗上进心,一颗进取心。社会在发展,法条法规时时在变,在进步,不断学习和进步是律师的宿命,要常怀一颗谦卑进取之心,不断提高自己,完善自我。

导师寄语①

家琪,很高兴能成为你的实务导师。在这短短一个月的实习期,你谦虚谨慎,勤奋好学,注重理论与实践相结合,将大学所学的课堂知识有效地运用于实际工作中,认真听取律师同事的指导,灵活运用自己的知识解决工作中遇到的实际困难。这正是一个法律人所必须拥有的素质。

在有限的时间里,我争取让你接触和参与到卷宗整理、法律检索、试写案件分析、调查取证、会见客户、调解和庭审等事务中来,相信你一定有所收获。同时,我也安排了与浙联总所的同窗、优秀律师间的聚会,让你贴近了解严谨、务实的律师也有可爱、有趣的一面。

---

① 来波,浙江浙联(萧山)律师事务所律师。

千里之行,始于足下,既然你已经选择了法律这门学科,就应风雨兼程。大学是一个可以让人静下心研究学问的地方,且将新火试新茶,希望你趁着这美好年华,勤学好问,更上一层楼,为今后从事法律职业打下坚实的基础。

最后,祝你顺利通过法律职业资格考试。

法律实践的初步探索

——浙江京衡律师事务所实习体会

张浩迪

实践感悟

浙江京衡律师事务所创始于 1997 年，英文名为"Capital Equity Legal Group"，简写为 CELG。"京"，capital，为首府之义，秉承中华之法统；"衡"，equity，为衡平、公正，继受英美衡平法之精义；"京衡"，寓意"京华照物，衡平天理"，兼收中外法系，渊源历史法理，寻求人间公平。

我的导师吕虹曾任杭州市滨江区人民法院二庭审判员、行政庭长（二级法官），任职期间，共审理各类诉讼案件一千余起，尤其擅长办理各类民、商事及行政诉讼案件，办案经验丰富、法律素养深厚，其办理的各类诉讼案件无一起上诉改判，或发回重审；其撰写的法律论文曾被最高人民法院《审判业务指导》采用，曾多次被评为杭州市年度优秀法官。2013 年 8 月至今，吕虹任浙江京衡律师事务所律师，浙江京衡律师事务所高级合伙人，杭州仲裁委员会专家顾问、仲裁员。她工作经历丰富，熟悉司法工作流程，善于沟通协调，具有法官和律师的双重视角，擅长办理各类诉讼案件及公司法律事务，尤其是涉及各类民事纠纷、经济合同、损害赔偿、建设工程、行政诉讼等的案件，成功代理了多起民商事案件，获得了当事人的高度评价。

在吕律师身上，我看到了身为一名法律人应该具备的深厚法律素养和敏捷的思维能力，以及对法律事业的负责之心。短短一个月的实习，收获颇丰，感悟良多。

为期一个月的实习对于法律专业一年级的学生来说，是一份新鲜而富有挑战性的实践活动。本次的实习不仅让我得到了一定的锻炼，更是提高了我的实践能力，也为我提供了一个良好的契机去接触和探索这个未知的社会，体验律师行业光鲜背后的辛苦付出，感知作为一名法律人所应具备的专业素养和职业要求。

（一）探索实践

就像法律的完善不仅仅是创设新的法律，还要增添法律解释，法律问题的解决不光是靠法律本身的强制性，还需要对于法律如何运用于实践的思考。法律是一种靠我们发挥主观能动性去使用的工具，纸上得来终觉浅，绝知此事要躬行。

世界上的一切事物都包含着既相互对立、又相互统一的两个方面，矛盾双方既对立又统一，由此推动事物的运动、变化和发展。矛盾也同样存在于法律中，贯穿法律发展过程的始终，同一法条既能作为原告的诉讼依据，也能作为被告的答辩理由，矛盾的两个方面在不同的条件下相互转化；而法官对案子做出判决也绝不是仅仅靠翻看法条就能解决的，具体问题具体分析、从不同的角度对法律条文做出实际的运用，这就是深入实践的具体体现。

实习期间，我也经手整理过几个案子的卷宗，阅读过起诉状、代理词、答辩状、判决书等法律文书，深知法律实践的难度之大。矛盾的普遍性寓于特殊性之中，并通过特殊性表现出来，没有特殊性就没有普遍性。前人总结出的办案经验并不是偶然单一的，而是每一个杰出的法律工作者从日常的工作中反复实践总结出来的，其中的精髓并不是轻易能体悟到的。我们只有通过众多个案特殊性的实践，才能掌握矛盾的普遍性；而特殊性离不开普遍性，因有前人经验的指导，个案的受理才更能体现法律的公平公正。反过来，个案的具体解决同样也推动着前人经验的总结完备。

（二）初学进阶

为期一月的实习虽然没有使我对专业知识的掌握程度突飞猛进，但让我打开了对法律认识的另一扇大门。从当初的"法律是统治阶级意志的体现"，到"法律是维系社会稳定发展的准则"，再到"法律是维护正当权益的手段"，法律从一个抽象的名词变成了一部法条、一个案例、一纸判决书、一项权利。作为法律专业的初学者，对专业知识的涉猎心是未知转化为已知的催化剂，但更重要的是保持一份上进求知的热情才能使自己一直处于求知的状态。学习是一个贯穿终身的体系性课题，对于法律，不仅要学习法律专业知识，提高专业素养，更要学会一个法律人应有的敏捷思维和沟通协调能力，这些素养并不是一朝一夕就能够获取的，而是在对法律的不断深入探寻中，在与法交融的生活中一点一滴沉淀下来的。

从实习中我学到了作为一名律师应当具备的三项法律素质。

首先，作为一名律师要具备敏捷的法律思维能力和灵活的反应能力，这是法律素质的核心。拥有流畅的思维才可以从已知信息中推出尽可能多的思维目标,做出正确的反应;变通的思维要求随机应变,不断开拓新的思路;考虑法律问题要拓宽思维的广度,我们不一定能为当事人提供完美无缺的无风险方案,但是能提供风险最低的最佳选择。

其次,法律表达能力很重要。准确、精练的表达是律师必须具备的职业技能素质,而深刻的、雄辩的、创造性的表达则是律师优秀的法律思维能力和高超的法律表达能力的具体体现。要求案情表达条理清晰,用语流畅,重点突出;要求与人建立联系时能打破以自我为中心的思维模式,体察对方感受,换位思考;要求根据实际情况能及时做出调整和回应,能够有意识地搭建沟通平台,通过机制建设确保沟通渠道的顺畅。只有充分的沟通协调才能达到解决纷争的目的。

最后,对待工作要细心、耐心,细节决定成败是一种看似偶然的必然联系。事物的发展存在一定的因果联系,前后的逻辑发展必然有一定的联系机制,往往对细节的忽视会导致不同的结果。对待繁杂的法律工作,要保持高度的谨慎和平和的耐心。对待工作的态度将会决定律师职业发展的高度。

(三)知弱而图强

法律如海,汇聚了中外古今的杰出智慧,作为社会发展的实践产物,法学吸收其他学科的认识成果来说明法律现象,从而使它能够深入法的本质和价值基础。法律在深层次上是对社会温度的感知,也是对人类文明进程的见证。此次的实习就像一面镜子,映射出我的诸多专业领域的不足。现代社会中法律已经渗透到社会生活的方方面面,有关法律现象的许多问题不是纯粹的法律问题,是包含其他学科双边甚至多边的问题,法治社会要求的人才是知识复合型人才。因此,我们不仅要加紧对专业知识的学习,更要拓宽自己的知识背景,用多样的知识提升自己,以独到的方式从生活中获取法律对于社会生活的实际含义,体悟法律职业的人文精神,培养法律人的文化素质。

法律的山峰要用一生去攀登,如今站在山脚抬头仰望,或许会因山高陡峭而望而却步,又或许会因满路的风景而憧憬向往,既可能会半途而废,也可能一鼓作气登上山顶。想要成为一名律师,要有追求真理、维护正义的崇高理想,还要具备崇尚法律、法律至上的坚定信念,不断提高探知法律事务的能力。

导师寄语[1]

　　律师是一个集专业素养与人文关怀于一身的职业,法律是约束社会行为的规范和准则,惩恶只是一种手段,法律的最终目的是维护合法权益,而律师则需要发挥自己的职业所长去体现法律框架下的人文关怀。怀一颗关怀善良之心,秉持认真负责的态度,用心去感悟法律对于社会、个体、群体的意义,这样才能领悟到法律职业真正的价值。

　　或许这为期一月的实习让你体会到工作的不易,让你对自己未来能否担任律师一职产生疑问,但这些疑问对你今后的成长之路都是有益的,吾日三省吾身,人要学会对自己发问、向自己解答,才能有所思考、有所成长。欲戴王冠,必承其重;欲享律师之福,必经行业之苦。滴水穿石,非一日之功,众多成功律师之所以有今日之成就,绝非一朝一夕而就,而是以勤学为基,凭借对职业的上进之心成就自己的一番事业。星光不问赶路人,时光不负有心人,这个世界上真的有人在过着你所向往的生活,而那些人大都隐忍过你尚未经历的挫折。东隅已逝,桑榆未晚。此次实习,相信你也有所收获,这些收获目前看来或许不能给你太多的帮助,但人生的旅途中你不知道会用到的下一件工具是什么,今天的努力终会化作明日的幸运,愿你以梦为马驰骋向前,投身法律行业,成为一名有所为的法律人。

---

[1]　吕虹,浙江京衡律师事务所律师。

法界初悟

——浙江允道律师事务所实习体会

章丽梅

实践感悟

浙江允道律师事务所,由杭州资深律师联合创办,是一家综合型的合伙制律师事务所。允道律所坚持"专业的人做专业的事"的立足理念,以专业化团队为基础,实现专属业务领域的专业分工和跨专业领域内的高效协作,目前形成了以公司股权、刑事辩护、投资并购破产、建筑房地产为基石的四大专业业务领域。

此次实习,我的导师是杨甜律师。杨甜律师是允道商事法律服务团队的负责人。杨律师不仅仅是允道律所的创始合伙人,同时也是杭州市律师协会企业法律顾问专业委员会副主任、杭州市西湖区法律服务中心商事纠纷特邀调节老师、上海智合知识分享平台特邀讲师、北京万法通平台特邀讲师、在行共享经济平台行家、浙江财经大学法学院实务导师、都市快报"律师来了"签约明星律师,曾获中国国际律师培训中心和华东政法大学律师学院颁发的"杭州市首届青年律师领航工程研修班"结业证书、2018年杭州市民最喜爱的公益律师等殊荣。杨律师所带的商事服务团队于2016年成立,至今不过两年,但已为数百家企业提供了创业法律问题咨询服务,为数十家企业的股权架构设计、股权激励、股权融资需求提供了专项法律服务,任数十家企业的常年法律顾问;主要提供常年法律顾问服务、股权激励法律服务产品、股权架构设计法律服务产品、股东争议解决法律服务产品等非诉讼法律服务。

初次遇见杨律师,是在学院的导师聘任仪式上,众多律师出席会议介绍自己擅长的领域。席上律师均是行业内资深律师,他们根据自己走过的路和获取的经验在各方面都给了我们许多宝贵的建议,其中杨律师的建议和一些观念令我印象十分深刻。犹记得她当时说生活和工作都要获得爱,当一名律师除了需要专业知识,还应掌握处理人际关系的能力,我初闻此语便被深深吸引,在后期的实习过程中更是深有体会。在会议后期的提问环节中,杨律师感觉到了我们学习中的浮躁,告诉我们很多时候的确是选择比努力重要,但是很多人因此忽视了努力,而把太多精力放在了选择上,把过多的期望寄托在做一个聪明正确的选择上。他强调法学的学习应当专注。这一席话给面对前路茫然无措的我当头一棒。总是不知道以后究竟要做什么,然眼下把基础打好才是最要紧的事,当下便做当下应当做的事情,在每个阶段做这个阶段该做的事才最是适宜。

实习时越发觉得杨律师是位具有生活品质与人文情怀的老师。相比学校老师偏于教授专业知识,杨律师更多的是让我们了解律师是怎么处理案件的,告诉我们很多律师行业的经验。初入律所的时候因为陌生所以很拘谨,也是杨律师借着各种机会,努力帮助我们融入其中。实习期间,杨律师不仅仅教导我们如何工作,对我们的生活也颇多关心与照拂,在这里再次感谢杨律师。

(一)实习内容

1.整理案卷

初入律所的第一份任务便是整理案卷。我们分到了两份案卷,其中一份是简单的离婚纠纷案,第二份则是经过二审的较为复杂的民间借贷纠纷案件。因为我还没学过诉讼程序法,面对很多程序上的问题还属于两眼一抹黑的状态。通过对案卷的整理归档,我清楚了诉讼的大致程序,对律师在接到一个案子之后前前后后做哪些准备也有了一定的了解。整理案卷的过程中,我了解到,一些涉及财产纠纷的复杂案子在正式开庭前会出现诉讼时效、管辖权、财产保全等抗辩申请,法院处理这些抗辩申请动辄一两月。律师告诉我们有些时候这些抗辩是有理由的,而有的时候可能只是为了拖延时间,让开庭时间不断往后延。因此实际操作中很可能出现因为程序的问题把一场官司拖得很久,这些都属于律师不可控的事件,这也就是为什么律师通常无法回答当事人案子可以在多久内结束。

杨律师在检阅了我们的办案小结后,建议我们看案卷应该带着一种批判的思维去看,要积极发现问题,提出问题。她给我们推荐了 Xmind 思维导图,让我们在看案卷时做出整理,厘清思维逻辑。

2.制作PPT

俗话说书到用时方恨少,真正到了要做图表、PPT 时才发现当年强顶着瞌睡把计算机课听完是值得的。我了解到这原来也是律师助理工作的一部分。非诉业务与诉讼业务大有不同,团队中亦有专门负责诉讼业务的律师,助理的日常工作与之也相去甚远。不仅仅是助理,律师们也需要处理大量琐碎而枯燥的事情,通常我们只见他们在法庭上自信从容的陈述,在谈判场上游刃有余的博弈,却不知他们亦是普通人,在背后需要耗费大量精力进行调查研究才能避免失误与意外。

3.寻找案例

负责诉讼业务的程律师告诉我们检索文书的几个网站——中国裁判文书网、无讼案例、OpenLaw,指导我们检索裁判文书,并给我们布置搜索无权处分房屋案例的任务。学着搜索案例,才发现原来搜索同类案例并不是那么容易的事,看了五篇以上的裁判文书后,就感到十分不耐烦,指导我们的助理过来询问情况,我们才知道他自己查询这几篇案例就花了一下午,对这些早已习以为常。我发现作为律师,还需在重复枯燥的事情中保持冷静,保持耐心和信心,这样才能在各种蛛丝马迹中找到有价值的东西,在大海中淘到有价值的宝贝,他们不一定比我们聪明多少,只是比我们走得更坚定,更善于忍耐寂寞。

杨律师根据我们查阅相关案例的情况让我们简述案件的基本情况,提醒我们日后在对待案件时,不能被当事人的陈述牵着鼻子走,而应当根据已有的案件材料和证据抓住其中的要件事实。

4.拟写起诉状

在对程序有所了解后,杨律师让我尝试写起诉状。虽然学校学习中也曾尝试过拟写诉状,但不是同类案由的,仍然有诸多不同之处。这是一份关于请求退还保证金的起诉状,在拟写过程中,我查阅了《公司法》的法条,自学了一些《公司法》的内容,弄明白了子公司与分公司存在的区别,以及分公司与总公司的关系。这份起诉书交给程律师后,我修改了两次,第一回写错了被告的地址,从而弄错了起诉法院;第二次修改完之后,又出现了时间错误,虽然律师没有说什么,但是我感到十分羞愧,一份简单的起诉书却在多处细节上出现错误,这是律师行业的大忌。在做任何工作时都应当谨慎小心,认真仔细,事后反复确认,避免任何失误。律师是一个要求十分严格的行业,任何小的失误、不准确的表达都可能带来歧义,影响效力。我们在工作和学习中一定要保持专注。

5.讲座旁听

这是杨律师在江虹科技馆做的关于劳动人事风险防控的免费讲座。讲座主要通过案例介绍劳动法中有关劳动争议解决的内容,通俗易懂。在讲座中我学习了招聘广告和劳动合同的相关规定以及有关试用期的法律规定。

6.模拟法庭

针对一起共有财产无权处分的案件,杨律师组织团队进行了模拟法庭演示,我和另一位实习的同学担任书记员负责记录工作。纸上得来终觉浅,绝知此事要躬行。看书的时候面对繁复的开庭流程常常恍恍惚惚不知其所以然,亲自参与一场模拟法庭后,我对流程的认识便直观深刻许多。同时我也认识到诉讼并不如我们想象得那么简单,律师在开庭审理之前,往往要进行大量的准备工作,通过模拟法庭演示、双方的辩论说理,律师能发现自己在案卷准备中存在的不足,找到容易忽视的诉讼焦点,为诉讼做更全面的准备。律师在庭上的运筹帷幄,是以大量的庭前调查、准备为基础的,他们大多也是普通人,背后所付出的努力亦是巨大的。

7.法院旁听

我们旁听的是一场民间借贷纠纷的二审,双方主要根据所签订的各项合同与协议进行论辩。一场庭审下来,我感触最深的便是法庭调查阶段。与我们之前所想象的有所区别的是,庭审过程中篇幅最大、最重要的不是法庭辩论过程而是法庭调查部分,我国的法院更注重事实调查。

(二)实践心得

2018 年 7 月 16 日

杨律师不出差的时候,总是比我们更早来到律所工作,今天也是如此。习总书记说,世界上没有坐享其成的好事,要幸福就要奋斗。成功的人不仅优秀,往往也付出更多。杨律师能将工作与生活合理分配,工作的时候专注投入,在周末又保留自己丰富多彩的生活。她对于生活和工作的态度让人十分佩服。在事业成功的同时,能平衡生活,兼顾好家庭,杨律师是我认识的第一位把生活过得像一门艺术的律师。初来允道的时候,她亲切的微笑给了我们勇气,她笑着把我们介绍给其他前辈老师,恰到好处地化解我们因不相识而产生的尴尬,帮助我们更好地融入其中。根据我们的学业状况,杨律师给我们安排适合的任务,希望我们能真正学到一些东西,细节之中体现着杨律师的温暖和她的人文情怀。

2018 年 7 月 17 日

今天整理了杨甜律师在股权观察室发布的文章,了解到一些股权激励方面的知识,杨律师在公众号的文章中,以案例或者故事开头,具有很强的代入感,把复杂的金融知识一下子变得通俗易懂。法律规定最终还是要运用到现实生活中并解决实际问题的,因此,怎么将自己的专业内容变得易于理解,方便接受,是非常关键的一点,这也是律师和法学学者之间的重要区别。当然实务也要以理论为基础,任何法条的操作运用都要以基本的理论为基础。律师以实务为主,因此在解释的过程中,更偏向于实务操作性的一面。在学校学习法律专业知识时,我们学习研究的是:如何正确认定事实,使用法律;如何做到公平,追求公正;什么样的价值选择才是正确的。而律师在实务操作中要更多地考虑怎么做对自己的当事人更有利,不是说律师就不讲正义,无所谓真相,为自己的当事人考虑只是律师的职业素养,就像法官要做到不偏不倚一样,在其位谋其职,每个角色都有自己的要求和定位。律师也不像一些电视小说中表现的那样,无条件偏帮当事人,答应当事人的任何请求。我在律所实习期间,曾看到一位律师处理他当事人的家庭财产纠纷,这并不是冷冰冰的事实证据与法条的结合。律师首先要向当事人了解具体情况,获知当事人内心真实的想法,并且尝试着从自己的角度来开解当事人,希望当事人能放下一些成见。可见律师并不是如我们想象那般利益至上。

2018 年 7 月 23 日

我观察到律师的桌案上摆有很多书,都是和专业有所联系的内容。即使他们已经离开学校,他们在生活中也不断汲取知识,补充新鲜血液。我突然意识到,学习不应该是一件被动的事情,学习是为了实践,作为一名法科生,无论是想将来成为一名法官还是一名律师,我们学习的目的,都是为了解决问题,解决一个个鲜活的、现实的、亟待解决的生活纠纷。我意识到作为一名法科生,平时应该带着问题去学习,这样才是最有效率的学习方式。

2018 年 7 月 24 日

今天照例整理了杨律师的几篇文章,我发现杨律师十分善于从生活中发现法律问题。关于家族企业的股权构架,杨律师可以通过一部电视剧来简单说明,并提出一些建议。法律和社会生活是紧密联系的,我们不可能脱离生活只谈法律,脱离了社会实际的纯理论是站不住脚的,因为法律本来就是维护社会秩序、稳定社会生活的工具。在学习法学的过程中,应当时时关注生活,带着法律的思维看待生活,从生活中寻找法律的依据,从生活中发现法律问题。

2018 年 7 月 27 日

下午有两位助理辞职,由于杨律师的办公需要,我们从原来临时的办公室转到了助理办公室,或许是因为受两位姐姐辞职的触动,我们和两位律师助理就律师这份工作讨论了许久。其中一位助理的观点对于时时由着性子选择、从不瞻前顾后的我来说,实在是有很大启发。她认为职业的选择不能只跟着自己的喜好走。诚然对一个专业感兴趣是好事,这能激发工作的动力,但是有些时候也要考虑自己是否真的适合这份职业。我们应从自己的性格、能力,并结合自己家庭、性别等个人情况来分析,做出一个理智的选择,这样职业生涯才能走得顺畅。对于法官和律师这两者,我们也进行了一番讨论。她说律师的工作其实更自由,法院上下班时间固定,而律师完全可以自己选择什么时候开工,接不接案子,接几个案子,多劳多得,如果想赚很多的钱就多接案子,但是如果想把日子过得悠闲,也可以少接案子,同时也相应地赚更少的钱,选择权在自己手上，由自己决定。关于其他职业，我们也讨论了一番，例如老师虽然福利多，可是他们平时工作强度很大，他们虽然有寒暑假，但是寒暑假期间还要批改卷子，开会、集训。每一份工作看似简单容易，但其实想要去做好都不容易的。既然选择了，就要坚定地走下去，不惧黑夜，不惧挫折。

导师寄语[①]

一个月的实习时光悄然而逝。非常高兴能够在这个暑假与你们一起教学相长。虽然事实上由于平时工作比较忙，教你们的时间确实不多，非常惭愧。不过我相信，在我们允道商事团队，除了我以外，你们的师兄师姐也在认真地与你们互动，教会你们一些实务知识。

这段不长的时间，我争取让你们接触和参与了团队内部的模拟法庭、合作园区商事实务讲座、法院庭审等我们日常的工作活动，相信你们一定有所收获。同时我也安排你们参加了在莫干山民宿举行的团建活动、读书会活动，让你们贴近了解严谨、务实的律师也有可爱、有趣的一面！相信我们的感情也在这些点点滴滴中慢慢增进。

最后，作为你们的实务导师，想送你们一句我个人非常喜欢的名言——亚马逊当家人贝索斯说："善良比聪明更难，选择比天赋更重要！"学会选择，选择自己力所能及的目标；学会坚持，坚持自己最初的梦想；学会担当，担当生活给你的所有挫折和机遇！加油！

① 杨甜，浙江允道律师事务所律师。

寻找工作与生活的平衡木

朱家蔚

实践感悟

当我第一次看到林华璐律师的资料时,就被深深地吸引了,也许是一见钟情,反正就十分希望林律师能当我的实务导师。皇天不负有心人,这次实习,林律师真的是我的实务导师。林律师擅长的是企业并购、改制,投融资,企业上市,新三板挂牌以及民商事法律服务。林律师是一名优秀的律师,被浙江省经信委聘为"浙江省中小企业创业辅导师"。

与林律师一个月来的接触,完全打破了以往我对律师的看法。林律师可以说是在工作与生活中来去自如。在工作中,林律师是一位十分尽职的优秀律师。她对待工作十分严谨,绝不允许出现任何差错,每一份小文件,她都会认认真真地看一遍,不会有半点疏忽。而在生活中,她就是个小姑娘,喜欢美食,喜欢拍照,喜欢吃零食,也会吐槽自己胖了要多运动,和我们聚餐时就如同龄朋友一样,可以交流甚欢。

林律师对于我们这些实习生十分有耐心,即使她工作再忙,也会抽出时间来看一下我们的工作状况,对我们细心指导。她完全不像我印象中的律师,只知道工作,每天忙得天昏地暗。她懂得如何享受生活,如何在烦劳的工作与生活中找到一个平衡点。

这样的导师,我怎会不喜欢呢!

"纸上得来终觉浅,绝知此事要躬行。"从古至今,人人都知晓纸上谈兵拥有的仅是一副空本事,没有真正带兵杀敌,哪会有胜利可言。一个月的实习时间,让我零距离地接触律师这个行业,从"小白"到略微懂点律师工作,中间的过程实在是妙不可言,我感觉自己成长了许多,实习的经验弥补了知识的不足,让我对今后的学习计划以及就业规划有了更明确、更细致的构想。

(一)实习过程及内容

1.了解实习律所的情况

这次我所实习的律所是北京中银(杭州)律师事务所。从百度百科上来看,该律所成立于 1993 年 1 月,是以金融证券法律服务和企业法律风险管理为主业的大型综合性律师事务所,对诉讼业务和非诉讼业务领域均有涉及,它是我国最早的合伙制律师事务所之一。中银的业务领域也十分广泛,是我国最早从事证券法律业务的律师事务所,现有已完成 IPO 上市的客户 100 余家,曾经或正在服务的上市公司超过 300 家,为全国社保基金理事会、国家开发银行、中国石化等上千家公司机构提供了优质的法律服务。中银律所至今已为四十多个行业(如能源、石油、矿产、冶金、化工、电力、造纸、生物医药、交通、航空、铁路、汽车、贸易、银行、保险、证券、房地产、通讯、软件和高新技术等)的数千家国内外企业提供各类法律服务,其中为数百家企业(在全国具有重要影响的中国企业和外商投资企业)的股票发行与上市提供了法律服务。其业务主要包括:重组与公司化、国内 A 股与 B 股首发、海外股票发行与上市、增发与配股、境内外并购、外商投资、债务重组、资产证券化、银行或银团贷款、商业与贸易融资、项目融资、保险等相关资本市场法律服务业务。同时,它也为上百家跨国公司、大型国内公司及行业组织提供法律风险管理服务。

总之,在我看来,中银律所是一个资深又优秀的大所,这也是我当初选择林律师作为我的实务导师的原因之一。

2.了解律师的主要工作

第一天来到律所,出了点小差池——迷路了,还好有林律师的助理带我们上去。一到律所,古朴的木材装修风格加上小方块的整齐规划,让我感受到了宁静与严谨。当来到自己的小小办公桌前时,我才真正意识到,一个月的考验要来了。从未有过实习经验、即将学习到的内容、和律师的零距离接触……这些都让我的内心既紧张又期待。

由于我的导师是一位非诉律师,因此我这次接触到的大部分都为非诉业务。实习前,我以为非诉业务只是帮公司制订合同,检查合同有无法律漏洞。实习后,我发现自己之前的认知太过简单。与法院工作者相比,律师虽然自由很多,时间都是自己分配的,没有条条框框的束缚,但是,律师经常自己给自己加班,一旦忙起来,节假日也都无法休息。在实习期间,我们"小白"一般到点就可以下班了,而助理间的其他哥哥姐姐们都会到晚上八九点才下班。我当时问了师兄一句:"你们怎么天天加班啊?"师兄却回答我:"律师是没有加班这个词的。"可见,律师工作的高强度与高压力。

而非诉律师在我看来更加辛苦,比起整天到处奔波的诉讼律师,非诉律师虽然大部分时间是坐在办公室里看资料,但这中间需要的仔细度是常人不可及的。一个非诉业务就需要我们反复地查看资料,核对资料,打电话核实情况,查找相应法律法规,账目的核对是一个小数点都不可以错的。可以说,非诉业务是一份完整尽职的法律调查报告,不能出半点漏洞,要仔细,仔细,再仔细。

律师这个职业可以说是三高:高强度、高水平、高收入。在能接受高强度的同时,还要有极高的自身素养与扎实的法律知识。

3. 学会法律汇编与卷宗整理归档

法律汇编和卷宗的整理归档是非诉律师的基本功,也是我实习期所做的第一件事。法律汇编并没有想象中的轻松,一个完整的法律汇编需要我们搜索各个法律法规、司法解释、红头文件、审判纪要和答复等等,从中找出需要的相关法条,按照发布主体的大小、发布时间来排序,而且还要特别注意找到的法条是否现行有效。在搜集好所有相关法条后,将其汇编到一个文档里,编辑目录,调整字体大小和格式。最后再次检查法律是否失效或者是否是网络上乱传的。

卷宗的整理与归档也是一个实习生所必须掌握的技能。我整理的是民事案件卷,首先要有律所的一份收结案表,这是律所用来记录各个律师所办理过的案件的,今后可以方便查找;接着是委托合同、授权委托书、公函以及收费的发票复印件;再次是起诉书、上诉书或答辩书及证据材料,其中包括了阅卷笔录、会见当事人谈话笔录、调查材料等等;最后便是申请书、承办律师的代理意见和代理词。如果该案件成功立案,那么将会有法院的出庭通知书、判决书、裁定书、调解书或上诉书。在案件办理结束后,还需要一份办案小结,来大致记录承办律师的办案过程以及办理该案件的心得等。

以上两件事,看上去似乎就是整理资料而已,却容不得我们有半点马虎。第一次做法律汇编时,就没有注意法条是否现行有效,也没有按照发布的主体大小和时间来排序,结果就要花更多时间来修正。法律汇编与卷宗整理可以让我们更熟悉律师的办案流程以及相应的司法程序,并且通过写办案小结,我概括与分析案件的能力也有了提高。

4. 绘制案件导图

对于我来说,这绝对是一个全新的尝试。案件导图就是在一张纸上,利用箭头、圆圈、线条、文字等呈现出整个案件最核心的内容,让人看了后对这个案件一目了然。这就很需要自身的分析与概括能力。刚开始的时候,我做的是一个相对简单的案例导图,主体间的关系很好掌握,很快就绘制出了一份导图。虽然在细节上还存在挺多漏洞,但得到了导师的肯定。于是,我又开始着手另一个案件的导图绘制,而这个案件比较复杂,牵扯到了十几个合同,我最后勉勉强强地交出了一份导图,果不其然,导师并不满意这次的导图。但是她很耐心地教导我如何绘制:首先,导图上呈现的必须是事实,比如某公司的实缴金额和认缴金额是多少,公司的股东是谁,占比多少,等等,都必须准确;其次,导图里的内容是最核心的内容。在分析案件时,就要抓住主要当事人以及他们之间的联系,然后把跟这个案件有关的当事人的信息给列举出来,别的细碎的东西就舍去;最后,绘制导图就像造房子一样,先要扎稳地基,再一层层地添砖加瓦。各个当事人之间的联系就好比树的主干,然后他们自身的信息以及涉及的合同就像树叶一样,一点点地添加到主干上,这样就绘制出既抓住了核心内容又简洁明了的案例导图。

5.掌握基础的办公技能

在实习中,对办公间里的各种机器需要熟练运用。对打印机、复印机、传真机、打码机、扫描转换、卷宗装订机等等办公机器的熟练掌握能让我们在工作中更得心应手。还有对 Word、Excel、PPT 等办公软件也要很熟练,而且不同法律文书的格式要求也需要熟记于心。

(二)学习的主要收获与体会

在中银实习前,我就是个"小白",只是在学校里学习了一年的纸上知识罢了。而实习结束后,我掌握了基础的办公技能,零距离接触了律师的工作生活,也初步培养了自己的法律专业素养。

首先,想做个合格的律师要有律师的职业素养。第一次与林律师交流时,她就希望我们可以在这一个月的实习中,培养出自己的职业气质与素养,包括谈吐、举止、着装等等。要求我们每天化淡妆,穿正装、小高跟上班,这些看似无关紧要的小细节,却会让客户对你产生好感与信任,你自己也会因为每天的好精神而提高工作效率。这是对自身的一种基本要求,也是对客户的基本尊重。

其次,一个人的外在决定了你能否爱上他,内在则决定了你能爱多久,我发觉,这句话用在法律上,也同样合适。很多人在一开始时很容易对法律一见倾心,有人为钱,有人为权,也有人为公平正义,总之法律的头上总是顶着各种耀眼的光环,吸引了人们拜倒在其脚下。然而一旦真正开始接触法律,理解上的困难、实务的险阻、理性与感性价值的冲突等各种问题一一暴露后,真正能对它从一而终的人寥寥无几。短短的实习时间里都让我深刻地感受到了,律师这个职业确实是很需要我们去持久地爱恋它,如果只是一时冲动,一见钟情,这漫长又辛苦的道路一定是无法坚持下来的。当实习最初的新鲜劲消失,我也感到过无助,每天一大早赶公交去上班,晚上有时候需要加班加点,甚至回到家还要继续工作。我也跟父母、朋友吐槽抱怨过,但是一想到我只是实习一段时间而已,律所里其他优秀的律师呢？他们有的都已经工作了十几年,他们一直是这样辛苦地度过每一天的,我又懊悔自己有什么好抱怨的。实习让我感受到了律师的高强度工作,但也让我对今后从事该行业有了更强大的决心与毅力。

最后,别让自己的生活只剩下工作。这个感悟是我在林律师第一次和我们交流时得出的。林律师让我们有空的时候就出去玩玩,或者培养自己的爱好,插插花、泡泡茶都好,不要只盯着实习这一件事。当一名律师,整天在高强度、高压力的工作环境中,一定要懂得松弛,懂得合理地安排自己的时间,要提高自己的工作效率。在工作之余还要充实自己,随时随地给自己充电,大脑里别全部都是法律的知识。当你能够在工作与生活中来去自如时,你的工作一定会完成得更优秀,你的生活也同样会更丰富多彩。

总之,将近一个月的实习,让我更加清晰地认识到今后的艰难险阻,也更认清了自己的不足。这段经历将会紧随我的一生,督促我认真对待现在的自己,也负责任地对待未来的自己,让自己变得更加优秀。

导师寄语[①]

朱家蔚同学,实习期间工作认真,勤奋好学,踏实肯干,在工作中遇到不懂的地方时,能够虚心向富有经验的律师请教,善于思考,能够举一反三;对于指导老师提出的工作建议,可以虚心听取;在时间紧迫的情况下,能够加班加点完成任务;能够将在学校所学的知识灵活应用到具体的工作中去,保质保量完成工作任务。同时,该学生严格遵守我公司的各项规章制度,实习期间,未曾出现过无故缺勤、迟到早退现象,并能与公司同事和睦相处,与其一同工作的员工都对该学生的表现予以肯定。

大学是梦开始的地方,希望你在剩下的大学光景里,怀揣着自己的梦想慢慢成长,学会学习与相处,懂得感恩与付出,最后长成自己喜欢的模样。

---

① 林华璐,北京中银(杭州)律师事务所律师。

心事浩茫连广宇，于无声处听惊雷

——浙江天册律师事务所实习体会

朱　远

实践感悟

纸上得来终觉浅，绝知此事要躬行——学习法律，绝不止枯燥的法律条文与试卷上的 ABCD，实务操作亦与其相辅相成。2018 年暑假期间，我有幸借学院的平台来到浙江天册律师事务所，在朱卫红律师的指导下进行了为期一个月的实习。

朱卫红律师是浙江省律师协会行政法专业委员会主任，长期担任政府机关法律顾问，并曾代杭州市人民政府、浙江省司法厅等机关出庭应诉，在民商法、行政法领域均有所建树。除了过硬的专业能力外，朱律师对瑜伽、围棋与茶艺也有自己的见解。不似常人印象中律师古板严肃的形象，他和蔼可亲，为人幽默风趣。某次，陈同学问："朱律师，您发起火来是什么样子啊？"他想了一想，回答道："我也记不清了，好久没有发过火了。"

跟着朱律师学习是一件令人有些胆战心惊的事。此"胆战心惊"之感并不与上文的和蔼可亲相矛盾。的确，他不似某些律师，寻个由头就莫名其妙地疯狂怼人，使人丈二和尚摸不着头脑，却只得笑呵呵承下。他的"令人可怖"之处，或许可称之为"威压"，给你几份合同，不限定时间地让你看，任你翻来覆去，咬文嚼字，几乎要将这几页纸看出花来，他再悠悠地问："看完了吗？有什么问题吗？"我们一群人大眼瞪小眼，相继再次埋下头苦看。接着，朱律师开始一个个点人，要我们提出问题。他并不会对我们这些约等于"法盲"的大一法学生提出的问题嗤之以鼻，而是详细地为我们解答，并会就问题本身衍生开去，讲一些相关知识。胆战心惊，惊就惊在朱律师会时不时地发问，什么"法律规定法庭上哪些人能参与审理啊""委托和授权有什么区别啊"，诸如此类，常问得在场四个实习生虎躯一震，心虚地互相使眼色。问题解答完后，我们继续垂头看字，而朱律师就要使出其撒手锏了："你们没问题了，那轮到我问了喽。来，都把材料合上。"在场众人倒吸一口冷气,无奈照办,而接下去他轻轻抛出的一个个问题,明明都是最简单的看文说话,却让我们不禁捶胸顿足质问自己为何刚才不再看仔细一些。或许这就是他想教给我们的吧,专注与细致,是作为一个律师必不可缺的品质。

在天册律师事务所里,除了朱律师外,我接触最多的律师就是同办公室的徐律师了。最初,我以为徐律师是个不苟言笑的女强人,而在渐渐深入的交往中,我发现,她更像是个满怀少女心的小可爱。对待工作时,她一丝不苟,其专业与细心使我敬佩万分,她也会如严师般时不时指导、监督我的学习;而闲暇时,她会每日纠结中饭吃什么,会和我吐槽家里养的猫猫狗狗,会悉心打理办公室的花花草草,也会在完成数份材料后仰天长啸"徐律师真是太优秀了"。她戏称自己是律师界王者荣耀打得最好的马拉松选手。这就是所谓反差萌吧。英国作家王尔德说:"漂亮的脸蛋太多,有趣的灵魂太少。"而她幸运地两者兼得。希望我二十年后也能是一位像徐律师一样有趣的人,实不相瞒,好久没有见到这么有趣的大人了。律师这一职业绝对不可说容易、轻松,正如无数人笑称"学法使人头秃",可岁月几乎没有在她身上留下印记,于她而言,年轻的心态或许就是最好的保健品。

和谐、专业、大气、进取——一出电梯间,天册律师事务所的标语就映入眼帘。看来简简单单的八个字,却蕴含着无穷的力量。

(一)律所情况

天册律师事务所("天册")创立于 1986 年,是中国著名的大型综合性律师事务所和长三角地区领先的律师事务所,也是市场公认的具有优异专业服务能力的精英律师事务所。天册的总部办公室位于杭州,并在北京、上海、宁波等经济中心城市设有 3 个分所办公室,共同构成一体化的服务网络。天册在金融、商事和争议解决领域的优异表现在业内外赢得了很高的声誉和很大的品牌影响力。"天册"同时获有中国律所的两项最高荣誉——中国司法部授予的"部级文明律师事务所"称号和中华全国律师协会授予的"全国优秀律师事务所"称号,并连年被国际权威法律媒体评为长三角地区或中国中东部地区年度最佳律师事务所。

"天册"目前拥有 300 多名专业人员,有专业型、复合型和精英化的法律服务团队。"天册"的大多数律师毕业于国内外著名院校,具有优秀的学历背景和丰富的实务经验;并且诸多律师还受过法律以外的专业教育或拥有专利/商标代理、注册会计师、注册税务师等其他专业资质/资格。

与许多律所不同,天册律师事务所给我的感觉是比较轻松、令人舒适的。

听闻某同学所在的律所,律师要求她每日穿正装上班。而在天册,西装革履的律师并不多见,许多人都穿着简单方便的 T 恤、牛仔裤,不少女律师也总是穿着好看的小裙子。朱律师总是背着他的小书包上下班,看起来仿佛一换上运动鞋就可以去登山,满满的青春与活力。

(二)实习经历

在这为期一个月的实习中,我总共接触到了五个案子,囊括了民事、刑事、行政三种类型。而我较熟悉的、接触较完整的是三个案件。在这三起案件中,有一起案件,原告的起诉状让我直冒冷汗。以我浅薄的眼光看,原告说得十分在理,作为被告一方实在难以辩驳。然而这个案子最终以被告的大获全胜而结束。朱律师从原告起诉状的细节着手,仔细分析多种答辩方式的利弊,找到关键点,层层突破,"于我们有利的要说,于我们不利的,对方不提我们就更不能主动提及"。听完朱律师的案件分析,我感触最深的是,化腐朽为神奇,变不可能为可能,很多时候,一个案子能否胜诉,真是要靠律师打出来的。

在实习时,我们还就买卖合同纠纷一案起草了起诉状。从我们幼稚的初稿中,朱律师为我们指出了很多问题,并传授了我们一些技巧。例如,原告简单化、被告复杂化。要考虑周到,不给自己挖陷阱,不增加诉讼的难度,也不能太机械化,要善于根据不同的案情进行思考;在书写事实与理由时,要说清事情的来龙去脉,但不能太过繁冗复杂,理由要写上相关的法律依据,有备无患;以及在格式上,应于起诉状的最后附上副本的数量。

世事洞明皆学问,人情练达即文章。人际交往、人情练达在生活中是非常重要的,而作为律师,更要与形形色色的人打交道。说话是一门艺术。说来惭愧,都已经是个大学生了,我还是很不会说话。有些话应说个明明白白,有些话就应点到即止,我却常常把握不好分寸。朱律师在与人交往方面十分有一套,在一个月的实习中,他说话的艺术使我受益匪浅。从酒店服务生到街边小贩,从热血青年到七旬老人,他都能游刃有余地与之交谈。

而我在一个月中学到最多的应该就是案件分析的能力。当试卷上的"案例分析"变为实务中的案情,再简单地以学生对待试题的方式及态度去思考肯定是不够的。从朱律师的言传身教中,我们学到了许多。作为律师,虽然代表的是己方当事人的利益,但在起诉与答辩中,思考对方的观点及对方对我们陈述的抗辩是非常重要的。只有尽自己最大的努力使准备工作尽可能充分,才有可能为当事人争取到更大的利益。

朱律师有一点原则让我印象非常深刻。他经手一个案件,一定会亲临实地进行考察、勘测。在七月份的一起民事案件中,他就是通过实地考察,发现了案情中非常重要的一个切入点。他说,对方的律师肯定没有去现场看过,不然就不会忽略那么重要的证据了。

耐心细致、善于表达、思维敏捷、勤奋刻苦——想要成为一个好的律师,这些素质是必不可少的。

(三)实习收获与感悟

朱律师曾经夸奖过一位年轻律师,称其"无论是理论功底还是实务能力都很优秀";有一位同为实习生的大三学姐,也常被称赞"基础扎实"——世界上优秀的人太多,对比之下往往自惭形秽。虽说"才上大一"几乎是个万能的借口,但借口终归只是为了掩饰心虚。不努力奋斗,只能远远落后于别人而被时代所淘汰。

许多人只看到了律师光鲜亮丽的一面,法庭上的答辩有条不紊、逻辑清晰,又或是相对自由的工作时间与高收入,可光彩背后,是对起诉状一遍又一遍的修改,是揣测对方律师各种切入点的绞尽脑汁,是临危受命被予以重任的艰辛与汗水。人生在世,无论是在什么领域,要想出类拔萃,都必须拥有更多的资本。看到律所许多"复合型人才",我深有感触,应该早些为自己的将来做一些打算,是考研还是步入社会,想要考出哪些证书,都应有所准备。

我不是一个喜欢或善于把所学所感如数家珍般逐一列举的人,总是觉得有些道理若用言语表达便失色一两分。尽管如此,我依然笨拙地写下这篇文章,以表敬意与感恩。我很喜欢张明楷教授的一段话:"法学是典型的先苦后甜、胜者通吃的长线专业。你们必须经受各种痛苦的经历,无法承受的人趁早出局。入学第一天你们就应该知道,这个专业要背最厚的书,参加最难的考试,忍受最低的就业率。更重要的是,必须在精神上脱胎换骨。法学是研究人性恶的科学,如果不深刻地直面邪恶,你们又怎么能彻底明白正义!"

接触法律,学习法律,从中你可以看到很多人性的恶,你会知道情理与法理并不统一,你会懂得引人向善的同时还要防人作恶,你会看到世界的另一面。但我相信法中自有正义,学了法学之后更明白自己要成为一个什么样子的人,更懂得自己要怎样用正确的手段去保护自己,保护身边的人。"心事浩茫连广宇,于无声处听惊雷。"世界充满罪恶,但依然值得为它而战。

导师寄语①

聪明,不是成功的充分条件,只是必要条件之一。

---

① 朱卫红,浙江天册律师事务所律师。

善于辩解、为人开脱，是律师的基本特征和职业道德。但若习惯于为自己的不作为或不当作为开脱，则不是一位好律师，也不会成为一位好律师。律师与客户、与当事人之间，是一种契约关系。受人之托，忠人之事。客户是最现实的，委托方只看他出钱聘请的律师为他做了什么，为他争取到了什么，而不会来听你为自己在法庭上的失败、在委托事项上的落空辩解，为具体工作上的失误开脱。基于结果，他压根儿不会！

由于实习生众多、大厅助理间"客满"而幸运地享受资深律师待遇的你，果真是幸运的吗？因为拥有较私密的空间，你失去了与同学们时时互动的机会，也失去了律师们监督特别是指导老师监督的机会……

一个月，稍纵即逝。师父建议你，抓住这次同学们实习总结的机会，看看大家都做了些什么、收获了些什么，再对比自己的收获。大家同为实习生，一个月的差距，若很明显、很大，那一年呢？四年呢？十年呢？一辈子呢？

附　　录

2017 级非诉法律实验班群英录（一）——全体学员

学 生	生 源	班级职务	校、院职务
胡昕瑜	浙江省		
朱家蔚	浙江省		院艺术团副团长
刘婧怡	浙江省	宣传委员	
王顺子	浙江省		校心理协会副部长
应家琪	浙江省		
陈怀政	贵州省		
章丽梅	浙江省	副班长	院办公室副主任
潘璐	浙江省	文娱委员	校艺术团麦浪主持朗诵组副队长
宋江	贵州省		
宋慧	贵州省		
吴心瑜	浙江省		校学生会新闻部副部长
黄雪倩	浙江省	组织委员	
陈梦瑶	浙江省		
瞿一敏	浙江省	生活委员	
李樟顺	浙江省		
李俊森	安徽省		院学生会学术部部长
尹思捷	湖南省		
刘艺琦	湖南省	团支书	

学　生	生　源	班级职务	校、院职务
樊雪平	河北省		院校友事务部副部长
洪晨旸	浙江省	体育委员	院体育部副部长
许龙成	浙江省	班　长	院艺术团副团长、校吉他社副社长
朱　远	浙江省		院艺术团团长、校艺术团干事、校青协礼仪队干事
张浩迪	云南省		
梁子阳	湖南省		
姜雨薇	宁夏回族自治区		校 kab 创业俱乐部会长
陈婷婷	浙江省	心理委员	
葛雅婷	浙江省		
徐祎涛	浙江省		
瞿欣怡	浙江省		
王　璐	浙江省	学习委员	班级信息员

2017 级非诉法律实验班群英录（二）——实务导师

学　生	实务导师	实务导师所在律师事务所
樊雪平	方　智	浙江铎伦律师事务所
胡昕瑜	方　智	浙江铎伦律师事务所
王顺子	何　远	浙江泽大律师事务所
宋　慧	何　远	浙江泽大律师事务所
葛雅婷	金迎春	浙江天屹律师事务所
尹思捷	金迎春	浙江天屹律师事务所
瞿欣怡	来　波	浙江浙联（萧山）律师事务所
应家琪	来　波	浙江浙联（萧山）律师事务所
朱家蔚	林华璐	北京中银（杭州）律师事务所
刘婧怡	林华璐	北京中银（杭州）律师事务所
王　璐	刘　涛	浙江仁谐律师事务所
刘艺琦	刘　涛	浙江仁谐律师事务所
张浩迪	吕　虹	浙江京衡律师事务所
麻　侃	李俊森	北京观韬中茂（杭州）律师事务所
潘　璐	史　源	浙江金道律师事务所
瞿一敏	史　源	浙江金道律师事务所
陈梦瑶	吴晓洁	北京盈科（杭州）律师事务所
黄雪倩	吴晓洁	北京盈科（杭州）律师事务所
章丽梅	杨　甜	浙江允道律师事务所
吴心瑜	杨　甜	浙江允道律师事务所
陈怀政	张海涛	浙江孚初律师事务所
梁子阳	张海涛	浙江孚初律师事务所
洪晨旸	张震宇	北京中伦（杭州）律师事务所
徐祎涛	朱建鎏	浙江浙联律师事务所
宋　江	朱建鎏	浙江浙联律师事务所
陈婷婷	朱卫红	浙江天册律师事务所

学　生	实务导师	实务导师所在律师事务所
姜雨薇	朱卫红	浙江天册律师事务所
朱　远	朱卫红	浙江天册律师事务所
许龙成	朱亚元	浙江六和律师事务所
李樟顺	朱亚元	浙江六和律师事务所

2017 级非诉法律实验班大事记

时　间	班级大事
2017 年 9 月 6 日	法学院发布 2017 级非诉法律实验班招生公告
2017 年 9 月 23 日	法学院 2017 级非诉实验班面试
2017 年 9 月 26 日	2017 级非诉实验班入围公示名单
2017 年 10 月 17 日	2017 级法学非诉实验班开班仪式
2017 年 10 月 25 日	第一次班会暨班委选举
2017 年 11 月 5 日	班级聚餐
2017 年 11 月	参加新生训练营
2017 年 12 月 8 日	开展第一次团日活动
2017 年 12 月 19 日	在院"星火传承,与法相约"先进团支部展选会评比中获二等奖
2018 年 4 月 1 日	参加法学院"悦跑"活动
2018 年 4 月 13 日	组织全班同学观看《厉害了,我的国》
2018 年 4 月 24 日	班级同学确认学术导师
2018 年 4 月 24 日	参加浙江省人民检察院王祺国副检察长来校的讲学
2018 年 5 月 10 日	在院"知行合一,信仰塑力"先进团支部展选会评比中获二等奖
2018 年 6 月 17 日	2017 级非诉班实务导师聘任仪式
2018 年 7 月 9 日	赴各大律所进行暑期实习
求学征途继续……	